KB063880

한국 족보 발달사

최 양 규
홍익대학교 사범대학 역사교육과 졸업, 동 대학원 문학박사, 한국성씨편찬위원회 연구실장. 기획실장, 홍익대학교 강사, 한국계보학회 부설 한국계보 인물연구소 책임연구원

논문 및 저서
「고려~조선시대 중국 귀화성씨의 정착」, 「18c 이후 조선에서 파보의 등장과 족보의 확산」, 「족보기록을 통해본 朝·淸의 적서의식비교」, 『한국인의 성보』 등 다수

한국 족보 발달사
최 양 규 지음

2011년 7월 8일 초판 1쇄 발행

펴낸이 · 오일주
펴낸곳 · 도서출판 혜안

등록번호 · 제22-471호
등록일자 · 1993년 7월 30일

㊒ 121-836 서울시 마포구 서교동 326-26번지 102호
전화 · 3141-3711~2 / 팩시밀리 · 3141-3710
E-Mail hyeanpub@hanmail.net

ISBN 978-89-8494-424-4 93910

값 20,000 원

한국 족보 발달사

최 양 규 지음

혜안

머리말

이 책은 종족의 혈연계통을 기록한 족보에 대한 연구서이다. 동양 특히 조선과 중국은 역사 이래 씨족을 중심으로 강한 혈연관계를 맺어왔고, 구체적으로 이것에 대한 가계기록이 오랫동안 유지되어 왔다. 따라서 족보는 그 시대를 반영하는 중요한 기록물이며 사료 가치가 풍부하기 때문에, 자료에 대한 비판의식을 갖고 객관적인 평가를 바탕으로 체계적인 연구가 필요하다는 문제의식을 갖고 출발하였다. 여기에서는 족보에 기록된 구체적인 내용을 중심으로 두 나라 계보 기록의 유사성과 차이성을 비교해 살펴보았다.

이제까지 족보는 단순한 가문의 혈통관계를 기록한 보책이라 생각하여 연구 성과가 많지 않았다. 또한 한 가문의 사적 기록인 만큼 위보 문제의 개연성이 있어 이를 확대 해석하여 중요한 역사적 문헌임에도 불구하고 그 사료적 가치가 폄훼되었던 것이 사실이다.

그러나 필자가 오랫동안 족보에 관심을 갖고 많은 자료를 수집하며 정리한 결과, 19C 이전까지의 족보는 매우 신빙도가 높을 뿐 아니라 많은 정보를 기록하고 있어 민중의 역사 연구에 있어서 중요한 자료가 된다는 것을 알았다. 따라서 족보에 대한 연구는 동양의 가족제도사를 구명하는 데 있어서 가장 기초가 되는 학문이라고 생각한다.

족보는 종족 구성원들의 계대 정보만을 기록한 것은 아니다. 오히려 족보는 그 시대의 정치적 기능과 사회적 기능을 담당하면서, 정치·사회·문화의 정보를 풍부하게 담고 있다. 여기에는 관찬사료에 나타나지 않은 가족과 종족, 그리고 향촌사회에 관한 많은 자료가 실려 있다.

족보를 편찬한 목적은 같은 조상의 자손이라는 종족 공동체의 결집을 통한 문벌의식의 강화와, 그 공동체 사회에서 족인들의 질서 유지 및 화목을 위함이었다. 또한 대외적으로는 종족 집단의 사회적 지위를 높이고 혼인을 통한 가문의 위상을 높여 정치적으로 족인들의 사회진출에 도움을 주기 위함이었다. 따라서 족보에 기재된 내용은 족인들의 세계표와 더불어 현조들의 자랑스러운 업적 등을 기록하여 족인들이 긍지를 갖게 하였다. 나아가 종족들의 권리와 의무를 명시하고 종족들을 제재 하기위한 규약이기도 하였다.

또한 국가는 호적과 더불어 백성들을 관리하고 사회 질서를 유지하며 문벌들과의 적절한 관계를 통해 권력을 지탱해 나가기 위하여 국가 차원에서 이들의 족보 편찬을 지원하기도 하였다.

이제는 역사연구에 있어서 관찬사료 중심이 아닌, 올바른 사료 가치를 판단한다는 전제 아래 개인적 자료에도 관심을 가져야 할 때이다. 이런 관점에서 이 책이 그 시대의 주역이었던 백성들의 혈연집단인 종족들에 대한 의식연구를 통하여 가족 제도와 종족의 의식, 사회와 신분제의 변화에 대한 연구에 조그마한 보탬이 되었으면 한다.

앞으로 더욱 더 연구에 매진하여 족보에 기록된 세거지의 이동사항을 통해 인구의 이동에 따른 국가의 변란이나 기후의 변화, 지역별 전염병의 발생상황 등 많은 새로운 사실을 통계적으로 분석해 그래픽으로 정리하여 족보에 대한 중요도에 이해를 높이는 데 노력하겠다. 또한 혼인을 통한 벌족들의 정치세력의 형성과 변화, 인물사 연구 등에 필요한 자료를 정리 축적하여 역사연구에 도움이 되도록 노력하겠다.

필자의 작은 바람이라면 족보에 관심이 없거나, 관심은 있어도 어려워서 이해하지 못하는 젊은 신세대들도 이 책을 통하여 동양 사회의 특수한 가족관계에 관심을 갖고 조상들의 자랑스러운 문화를 이해하며 긍지를 지녔으면 한다. 또한 현대사회의 가장 큰 문제점인 가족의 해체에서 오는 정신적 공허감을 채워주는 가족관계를 정신적으로 응집할 수 있는 기회가 되었으면 한다.

끝으로 평생 인생의 길잡이가 되어주시고 학문적으로도 진정한 학자의 길을 몸소 실천을 통해 가르쳐 주신 김구진 교수님께 감사드린다. 또한 유승주, 김위현, 이범직, 이기순, 이홍두 교수님께 감사드린다. 아울러 학문적으로 족보에 대한 냉소적인 시대적 분위기에서도 꾸준하게 논문을 발표하신 故 송준호 교수님을 비롯한 선후배 교수님들께 감사드린다. 특히 인내로 내조를 해준 소중한 가족인 아내와 형익, 윤 두 아들에게 감사하며, 이 책이 나오도록 도움을 주신 출판사 관계자분들께도 감사드린다.

2011년 1월 새해 아침에 새로운 희망을 안고

필자 씀

목 차

서 론

조선과 중국의 전통 사회는 부계 혈족 관계를 바탕으로 한 종법 질서가 사회 통합의 구심점으로 강력한 기능을 발휘한 사회라고 할 수 있다. 따라서 안정적인 종법 질서의 존속을 이어가기 위하여 종족간 혈연계통의 위계적 틀을 보존시켜야만 하였기 때문에, 종족 구성원의 계대 정보를 일정한 원칙에 의거하여 주기적으로 기록하는 일이 매우 중요시되었다. 이러한 계대 정보를 기록한 보첩의 발달은 독특한 사회 문화적 특징의 하나로 파악할 수 있다.

계대 정보를 차례대로 편찬하는 목적은, 명목상 부모에 대한 효도와 형제간의 우애를 근간으로 조상을 숭배하고 친족 간에 화목하며, 조상의 덕망을 세상에 높이 드러내고, 부계의 성을 중심으로 종통을 계승하는 것을 목적으로 하였다. 그러나 이러한 명목상의 목적 외에 직접적인 목적은 사회경제사의 입장에서 종족 조직의 강화라는 목적이 있었다. 즉, 일정한 사회경제의 영향력을 보유한 명망 있는 가문에서는 종족 구성원의 기록을 공유함으로써 종족 의식의 확산과 공동체의 유지를 위한 실질적인 수단이 필요하였던 것이다. 그 방안이 바로 보첩 즉, 계대 정보를 편차하여 보급함으로써 대내외적으로 종족 조직의 범위와 질서를 기록으로 명확히 확정하는 일이었다.

족보를 편찬하는 작업은 이러한 종족 의식의 확산과 공동체 의식을 높이려는 의도로 종족 조직에 의해서 장기간 지속되었다. 족보는 가족의 역사 기록으로서 가문의 전통 계승, 부계의 전승, 행동 규범의 제시, 조상 숭배 의식의 형성, 종족간의 유대감 형성, 사회 규범의 체득, 민족정신의 함양 등 학술연구 자료에 관한 풍부한 내용을 담고 있다.[1)]

족보의 편찬은 동양사회 특히, 조선과 중국에서 각기 독특한 성씨 문화를 바탕으로 발전하였다고 할 수 있다. 중국에서는 일찍이 주나라 때 가부장적 가족제와 부계 혈족의 종법 질서가 도입되었다. 이어 성씨의 사용 계층이 확대되면서, 초기에는 주로 집권세력의 계대 정보를 기록한 단순한 형태의 기록이 나타났다. 그러나 종족의 사회적 역할이 확대됨에 따라 종족 내부의 결속을 강화하고, 종족의 업적을 계보로 정리하는 일에 대한 사회적 관심이 증대되었다.

족보의 편찬 목표는 동일한 시조에서 나왔다는 혈연적 집단의식과 족인 상호간에 강한 종족의식을 갖도록 함으로써, 족인들의 단결과 친목 및 종족간의 질서를 유지하고 강화하려는 데 있다고 할 수 있을 것이다.

한편, 조선에서 성관이 정착하게 된 시기는 고려 초 중국의 성을 받아들이기 시작된 때부터라는 학설이 우세하다.[2)] 고려 태조는 중앙집권화 정책의 일환으로 사성과 분관을 실시하였다. 이는 호족층을 중앙집권체제하로

---

1) 阮昌銳, 「中國族譜的社會功能」, 『譜系與宗親組織』 1冊(1985), 臺北 : 中華民國宗親譜系學會.

2) 『高麗史』 卷2, 태조 23년조 ; 이중환, 『택리지』 總論條, "自新羅末 通中國 而始制姓氏 然只仕宦士族 略有之 民庶則 皆無有也 至高麗 混一三韓 而始倣中國氏族 頒姓於八路 而人皆有姓" ; 이수건, 「본관과 토성」, 『한국중세사회사연구』, 일조각, 1984 ; 송준호, 「한국의 씨족제에 있어서의 본관 및 시조의 문제－한중 양국의 전통사회를 비교하는 입장에서」, 『역사학보』 109호, 1986, pp.133~135 ; 송준호, 『조선사회사 연구』, 일조각, 1987.

편입시키고 향리의 지방분권을 일부분 인정하는 군현제를 정착시키기 위한 정치적 선택이었다. 이 과정에서 현재와 같은 성씨와 본관이 정착되기 시작하였다.

혈연집단인 종족은 그 시대의 사회성격을 결정하는 기본 요소이다. 특히, 종족은 국가의 견제와 융화를 통해서 권력을 공유하는 사회집단이었다. 또한 다른 종족들과는 상호 경쟁을 벌이거나, 혼인을 통한 종족간의 연합을 형성하여 사회적 변화를 주도하기도 하였다.

족보가 편찬된 시기별로 나타나는 기록은 당시 정치·경제·사회의 특성을 일정하게 반영한다. 따라서 족보는 가족제도사 연구에 있어서 매우 중요한 기초 사료라고 할 수 있을 것이다. 이에 종족의 계대 기록인 족보를 체계적으로 심층 분석하여 시기별 추이를 비교 연구하는 것은 전통시대 조선과 중국 사회를 이해하는 중요한 작업이라 할 수 있을 것이다.

족보는 종족의 헌장이라고도 할 수 있다. 이는 종족원들을 윤리적으로 통제하고 종족 내부의 자정 작용을 통해서 그 집단의 일탈행위를 사전에 막는 역할을 했다. 또한 국역을 부담시키기 위하여 만든 호적과 더불어 국가가 백성을 관리하고 통제하는 데 있어서 중요한 구실을 했다. 즉, 호적과 족보는 국가가 백성을 관리하는 기초 자료였으며, 호적이 국가에 대한 의무이자 권리였듯이 족보도 종족에 대한 의무이자 권리이기도 했던 것이다.

족보는 사회·문화의 통합기능을 수행하는 것과 다른 측면에서 그 자체로서 조선과 중국인들에게는 매우 신성시되었다. 그래서 '족보를 소장한다'라고 하지 않고 '족보를 모신다'라고 하였고, 위패처럼 공경하고 신봉하였다. 이사할 때에는 가장 먼저 족보를 챙기고 마치 살아있는 조상을 대우하듯 하였다. 즉 족인들은 족보를 통해 자신들만의 사회적 사명감을 느끼고, 조상들의 업적을 통한 생생한 교훈은 일생을 살아가는데 하나의 좌표가 되었던 것이다.

또한 세대간의 협동 정신, 동족간의 구휼을 통해서 얻는 혈연의식, 다른 사람과의 공생이라는 공존공영 의식 등을 체험하기도 하였다. 이러한 종족의식의 강조가 타 종족에 대한 배타성으로 작용하기도 하였지만, 종족을 중심으로 한 사회적 통합성, 가족에 대한 귀속성 등은 개인의 종족적 정체성에 입각한 사회체제의 안정적 확립에 긍정적으로 기여한 측면도 많았다고 할 수 있다.

한편 조선과 중국의 전통사회에서 족보를 편찬하기 위해서는 일정한 정치적 배경과, 경제사회적 조건을 충족하여야 하였기 때문에 족보의 편찬 간행 작업은 제한적일 수밖에 없었다. 따라서 현재까지 남아 있는 족보의 총량 분석에 의하면 그 비율이 상대적으로 미미한 실정이다. 그러나 조선의 경우, 후기 이후로 족보의 양적 증대가 급격하게 진행되었던 것으로 파악된다.[3] 이 시기는 사회 경제의 변혁기로서 특히 조선의 기본 신분질서

---

3) <표 5> [부록] 참고, 조선에서 편찬된 각 성관별 족보의 수를 살펴보면, 1931년 윤직구 등이 편간한 『만성대동보』에 수록된 족보는 119성, 343본이었다. 최재석은 일제강점기에 발간된 족보는 125성씨와, 526개의 본관이라고 한다. 필자가 조사한 바로는 150개 성씨와, 734본관이 족보를 발간하였다. 그 중에서 5회 이상 족보를 발간한 본관도 233본이나 되었다. 그러나 아직도 족보를 발간하지 못한 성이 전체의 48%에 달하는 136개 성과, 전체 본관의 82%인 3,400여 본에 달한다. 지금도 연평균 100종 이상의 족보가 간행되고 있을 것으로 추측된다. 더욱이 2000년대부터 족보를 인터넷에 탑재하는 새로운 출판 경향이 급속도로 확산되고 있음을 고려하면 족보에 대한 사회적 관심은 아직도 높다고 할 수 있다. 인터넷 포털 사이트인 '야후 코리아'의 분류에 따르면 2006년 4월 현재 214개의 성씨별 인터넷 족보가 운영되고 있다고 한다.
통계청 조사에 의하면 2000년 기준으로 한국은 286개 성씨(귀화인 제외), 4,179개 본관이 존재하는 것으로 나타났다. 인구 규모별 성씨 및 본관 수 중 인구 1천 명 미만의 구성비는 성씨 39.2%, 본관 66.5%로 나타났다. 인구 1만 명 미만 성씨는 전체 62.6%로 인구규모가 적은 성씨가 많은 편이다. 특히 본관 수를 보면 인구 1만 명 미만이 91.3%로 거의 대부분을 차지하는 것으로 나타났다.

가 근저에서부터 흔들리고 있던 시기였다. 즉, 조선 후기에 들어와 임진·병자 양란으로 인하여 국가의 필요에 의한 신분제도의 변화와 민중의 사회의식 성장에 따른 천민층의 양민화로 인하여 족보 편찬이 급증하였다.

그러나 일부에서는 조상들의 세계나 관력을 과장하거나, 기존 족보에 끼워 넣는 위보 문제가 발생하기도 했다. 족보의 위조는 권위와 명분을 대표한다고 자임했던 양반들의 독점적 권위가 도전받는 상징적 사건이었다. 나아가 위조를 자행하는 상민들에게는 출생이라는 원초적 굴레에서 벗어나 상위 신분층에 진입하려는 신분해방의 표현이기도 하였다. 더욱이 19세기 후반부터 20세기 전반에 걸쳐서 나타난 족보의 양적 급증은 족보 기록의 신빙성을 둘러싸고 끊임없는 논란을 불러왔던 것이다.

이제는 이러한 위보 문제로 인해 족보의 사료적 가치를 폄훼하기 보다는 그 가치를 재인식할 필요가 있다고 생각한다. 즉, 우리가 생각하는 것만큼 위조가 성행했던 것은 아니라는 점이다. 왜냐하면 조선사회는 향교나 서원을 중심으로 한 유림사회인만큼, 이들이 향안이나 향약을 통하여 그 지역 내에서 배타성을 갖고 서로 견제하며 지배층을 형성하고 있었기 때문에, 족보의 위조만으로 지역 사회에 편입하기가 실제로 용이하지 않았으리라는 것이다. 또한 엄격한 신분질서에서 신분 내혼제로 서로 얽혀있어 각 가문끼리 상호 견제하며 감시 역할을 했기 때문이기도 하였다. 이러한 이유로 19C 이전까지의 족보는 상당한 신뢰성이 있으며, 사료 가치도 충분한 것으로 파악된다. 따라서 족보 사료에 대한 비판의식을 갖고 객관적인 평가를 바탕으로 체계적인 연구가 필요한 시기이다.

계대 정보 기록으로서의 족보에는 관찬 사료에 기록되지 않은 가족과 종족, 향촌사회에 관한 많은 자료가 포함되어 있다. 족보에 수록된 비문이나 행장을 비교 검토해보면 그 시대 가족관의 내용을 살펴볼 수 있다. 나아가 족보에 나타난 역대 세거지 이동사항을 살펴보면, 인구의 이동에 따른 사회의 변화 및 국가의 변란이나 천재지변, 전염병의 발생상황, 기후의 변화 등 많은 새로운 사실을 분석적, 통계적으로 유추할 수 있다. 또한 혼인 등을 통하여 나타나는 족보의 정보는 정치세력의 형성과 변화, 인물사 연구 등을 가능하게 하는 것이다.

이 때문에 족보에 대한 세계 각국의 연구도 일찍부터 활발하게 이루어져 왔다. 대표적으로는 미국의 GSU(The Genealogical Society of Utah), 대만의 보계학연구소, 중국의 중국보첩학연구회, 일본의 가계도학회 등이 결성되어 많은 학자들이 족보에 대한 사회사적 분석을 활발히 진행하고 있다. 특히 미국의 후기성도그리스도 교회는 전 세계의 족보를 마이크로필름화하고 있으며,[4] 하버드 대학에서도 족보를 연구하기 위하여 각국의 족보를 수집하여 보관하고 있다. 또한 미국의 일부 대학에서는 계보 작성법을 별도 강좌로 개설해 놓고 연구 발표회도 활발히 진행 중이다. 특히, 중국의 경우에는, 종보를 이용한 종족제도와 족성의 원류 연구, 지역 인구사, 인물사, 민족사, 지방사에 대한 연구가 활발하게 진행되고 있다는 점을 고려할 때 우리도 족보에 대한 연구가 활성화되어야 할 시점이라고 할 수 있다.

이 책에서는 이러한 문제의식을 바탕으로 조선과 중국 족보의 비교연구를 통하여 두 나라 족보의 역사성을 구명해보고, 그 편찬 내용과 족보에 기록된 범례를 분석함으로써 두 나라 족보의 성격과 기능, 그리고 시대별 정치사회적 맥락을 파악해서 족보 연구의 새로운 분석의 틀을

4) Utah주의 Little Cottonwood Canyon에 위치한 록키산맥 중턱 바위 지하 동굴에 있는 Granite Mountain Record Voult(화강암산 기록보관소)는 700피트(213.4m)에 이르는 여러 인공 굴의 네트워크 속에 105개 국가에서 수집된 자료를 300쪽 분량의 책 6백만 권에 해당하는 마이크로필름 약 3백만 통이 보관되어 있다. 또한 마이크로피시 18만 세트도 보관하고 있는데, 한 세트에 900개의 이미지가 담겨있다고 한다. (후기성도그리스도교회 홈페이지 참조)

제시하고자 하는 것이다.

제1장에서는 조선 족보의 개념과 종족의 분화현상을 족보 분석을 통해 고찰하고자 하며, 족보의 기록형태가 어떻게 변화했는지에 대하여 알아보고자 한다. 이어 조선 족보의 성립과 성장의 사회 배경, 특히 18C 이후 족보 발간이 급증하게 되는 이유가 무엇인지를 고찰해보고자 한다. 또한 각 지역의 대표적인 다섯 성씨의 조선 족보의 기재 내용을 분석해 봄으로써 조선사회가 가족과 신분에 대한 인식이 어떻게 변화했는가를 살펴보려고 한다.

제2장에서는 중국 종보의 개념과 편찬체제를 분석하여 중국인의 종족제에 대한 인식의 변화를 살펴보고, 종족제의 발전을 위한 종인들의 의무와 지위가 어떠했는가를 사례에 입각하여 살펴보았다. 구체적으로는 중국 5대 성씨가문의 종보에 실린 성씨의 연원, 이동, 지역의 명망가인 군망, 범례와 서문의 사례를 통해 종보 기록 내용의 변천을 시대 상황과 연관지어 살펴보고자 한다.

제3장에서는 조선 족보와 중국 종보의 기록 형태 및 내용의 차이를 분석함으로써 두 나라 계보 기록의 역사적 상관관계를 조명하고자 한다. 구체적으로는 표제, 편찬주체, 편찬체제의 차이점과, 사회변동에 따른 입양제도와 서얼과 처첩의 기록에 대한 비교를 통해서, 양국의 종족의식과 사회신분사에 대한 인식 변화를 검토하였다.

그동안 국내 학계에서 성씨 및 계보 기록에 대한 일군의 연구가 이루어져 왔다. 이러한 연구는 정치사적으로는 지배계층 연구, 사회사적으로는 신분질서의 형성과 사회상의 변화, 경제적으로는 국가 수취체계의 형성과 유지라는 측면에서 족보 및 관련 가계기록의 연구를 수행한 것이 주된 흐름이었다. 따라서 정작 족보 편간에 대한 기초적인 접근이나 심층적인 연구는 상대적으로 소홀하게 다루어졌다고 할 수 있다.

여기에서는 세 가지 기본 관점에서 연구를 진행하였다. 첫째는, 가계 기록으로서 족보 기록 자체에 대한 기초적 조사 연구를 수행하여 양국 족보의 역사성을 살펴봄으로 그 역사적 의미를 부여하였다. 둘째는, 실제적으로 두 나라의 족보 연구를 통하여 구체적인 족보편찬 체제의 분석과 범례 연구를 통한 사회의식의 변화를 살펴보았다. 셋째는, 양국 족보 비교 연구를 통하여 기존 연구에서 부분적으로 또는 모호하게 언급되었던 두 나라 계보 기록의 상관성을 구체적으로 살펴보아 그 독자성과 영향력을 밝히고자 한 것이다.

더 나아가, 족보가 단순한 가문의 사적인 기록만이 아닌 사회적 의식의 결과물이라는 관점에서 양국의 족보에 대한 연구가 활성화되어야 한다고 생각한다. 전통시대 조선과 중국 사회의 가족제와 종족의식, 신분의식에 대한 해명은 근대 사회의 성격을 구명하는 데 있어서 선결 과제라고 할 수 있다. 이는 최근 학계의 소농사회론[5]을 비롯한 조선과 중국 근대사회의 성격 논쟁의 핵심 쟁점을 밝히는 단서가 될 수 있다고 생각한다.

5) 소농사회론에 대한 한일 학계의 최근의 주장은 이영훈, 「조선후기 이래 소농사회의 전개와 의의」, 『역사와 현실』 45호, 역사비평사, 2002 ; 宮嶋博史, 「소농사회론과 사상사연구」, 『한국실학연구』 5호, 한국실학학회, 2003 참조.

제1장 조선 족보의 특성

제1절 족보 편찬의 의미와 수록 내용

1. 족보와 종족의 분화

족보란 본인을 중심으로 자신의 혈통관계를 계통화하여 나타내는 것이다. 이는 한 조상을 정점으로 혈연을 같이하는 씨족 구성원들의 혈통관계를, 위로는 직계조상과 옆으로는 방계친족을 체계적으로 기재하였다. 족보에는 족인의 혈연적 위치에 관한 세계·세표 등을 기재함으로 족인들에게 모든 씨족 구성원은 같은 한 시조에서 나왔다고 하는 동질감을 갖게 하고 사회 집단적 이익을 취하려는 목적으로 편찬된 가계기록이다.

특히, 조선은 씨족 중심의 혈연사회로 타 씨족과의 배타성을 갖고 종족 중심의 종족촌을 이루며 생활해 왔기 때문에 중국보다도 더 강한 혈연의식을 갖고 있었다.[1] 더더구나 임진왜란과 병자호란이라는 참혹한 전쟁을

1) 중국은 봉후건국하여 사성명씨한 데서 성과 씨가 생성하고 분화되었다. 따라서 부계를 중심으로 한 동성은 한 조상의 자손이라는 의식을 가지고 있다. 조선은 이와 달리 봉군됨으로써 본관을 받게 된 것이 아니라, 고려 초 토성을 분정받은 뒤에 공신·외척·고관 등으로 인해 본관별로 봉작읍호를 받은 것이다. 따라서 조선은 같은 성씨라도 본관이 다르면 다른 혈족이라 인식되어왔다. 이수건, 『한국의 성씨와 족보』, 서울대 출판부, 2003, p.2 참고.

겪은 이후에 종족을 중심으로 집단적 경제 형태를 이루며 공동의 생활 속에서 종족의식이 더욱 강화되고, 견고한 종족의 결집이 이루어졌다. 이에 족인들의 결집과 동족의식을 갖고자 족보의 편찬이 성행되었다.

족보에는 씨족 구성원의 혈연적 위치에 관한 세계표 등 인적 관계에 대한 기록뿐만 아니라, 조상의 제사나 분묘에 관한 내용들을 기재하고 있다. 따라서 족보는 계통을 기록하는 것 이외에도 종족의 결합이나 통제·교훈에 필요한 기록과, 종족의 활동상황, 그리고 조상들의 자랑스러운 업적 등을 기록하고 있다.

족보의 편찬 목적에는 첫째, 유교윤리의 기본에 입각하여 조상을 숭배하고 둘째, 자기의 근원을 찾아 조상의 서열인 소목을 분별하여 세대를 정확히 하며 셋째, 종족간의 질서 유지 및 단결과 친목활동을 격려하고 넷째, 근친혼을 방지하기 위함이며[2] 다섯째, 씨족의식을 고취시키며 같은 조상의 후손으로서 효제하는 마음을 갖게 하고 여섯째, 자신이 소속된 종족에 대한 긍지로 다른 집단과의 차별화를 통해 특별한 종족의식을 갖고 유대를 강화시킴으로써 사회적 기반을 확고히 하여 씨족 구성원들의 이익을 얻으려는 목적이 있다.

족보의 기능은 구성원간의 공고한 단결을 통하여 그들끼리 서로 도우며 사회적 활동에 도움을 줄 뿐 아니라, 사회적 지위를 높여주고 의욕을 북돋아 주려고 하는 기능을 한다. 또한 유훈·가훈·가범·종범 등을 기재하여 씨족 구성원들을 교화시켜 종족 내 질서유지[3]를 하려는 기능도 가지고 있다. 따라서 족보는 백성에게 국가의 의무를 지우기 위해 만든 호적과

2) 『능성구씨 을해보』 서문에 "甚者矇不知所自至相婚嫁寔實家無譜宗無法之所致吁可歎也"라 하여 이때(1565년)까지도 혈족관계를 몰라 종종 근친혼이 있었던 것으로 보인다.

3) 종족의 질서를 통제하려는 의도는 족보의 규약에 관한 가규·가약·종규·종약 등을 기록하여 후손들에게 교육의 목적으로 사용하였다.

더불어 국가가 백성을 관리하고 통제하는데 있어서 중요한 기능을 하였다.

씨족 구성원이 번성하면서 종족의 규모가 커지면 그들의 조직을 관리하고 족보를 편찬하는데 어려움이 많다. 따라서 그들은 어느 정도 시기가 지나면 뛰어난 조상을 중심으로 새로운 파를 형성한다. 또는 종족들이 일정규모 이상이 되면 별도의 공동 주거지를 갖게 되며, 이러한 주거지를 중심으로 파를 형성한다. 파는 공동의 후손들이 파조를 중심으로 공동재산을 관리하며 제사를 지내고 족보를 편찬하며, 같은 항렬자를 사용하면서 동성동본보다도 훨씬 결집력이 큰 혈연집단으로, 어떤 무엇보다도 조직력이 강한 씨족 구성원의 최소집단을 말한다.

따라서 이러한 파가 언제부터 출현하였으며 어떠한 의미를 가졌는가를 알아보는 것은 족보연구에서 중요한 요소 중의 하나이다.

〈표 1〉 족보에서 파가 출현하는 시기

성씨	1400년대	1500년대	1600년대	1700년대	1800년대
문화유씨	1423	1562	(1689)	1740	1803
경주김씨			1685	(1784)	1873
풍양조씨			1678	(1731)	1826
기계유씨			1645	(1704)	1864
남원윤씨				1706 (1790)	1860
반남박씨			1642	(1706)	1831
능성구씨		1576	1635	1716 (1787)	1853
남양홍씨	1454			1716 (1775)	1834
양성이씨			1606 1659	(1773)	1804
영일정씨		1575	1649	(1720) 1774	1805

* ( )안의 연도는 족보에 파가 나타나는 시기임.

최재석에 의하면 파가 나타나는 시기가 문화유씨를 제외하고 모두 18C에 출현한다고 한다. 또한 필자의 조사에서도 비슷한 결론에 도달하였다. 이러한 파의 출현은 조선사회에 강한 종족집단을 구성하려는 시대적 요구의 산물이라고 생각한다. 왜냐하면, 이때는 양란 이후 종족 중심으로 새로운 집단 거주지가 나타나고, 종법사회가 체계적으로 형성되어 종족의식이 강화되는 시기이기 때문이다. 따라서 족보 체제에 있어서도 중국 종법의 영향을 받은 내외보 형태를 취했으나 점차적으로 친가중심의 내보가 등장하는 시기이다. 이로 인하여 외손의 수록범위가 점차 축소되고, 자손들의 남녀 기재 순위의 변화와 항렬자 사용범위의 확대가 이루어지는 시기이다.

위의 표에서는 초간본에는 파가 나타나지 않고 중수보나 삼수보에 이르러서야 비로소 파가 출현한다.[4] 그러나 필자가 조사한 바로는 이미 초간본부터 파보라는 명칭을 사용한 경우가 있다.[5]

〈표 2〉 17~18C에 편찬된 파보

성관	발간연도	성관	발간연도
함양박씨북청파보	1678	장흥마씨파보	1765
한양조씨참판공파보	1726	창녕조씨감무공파보	1767
평창이씨헌무공강릉파보	1740	담양전씨판추공파보	1774
진주소씨파보	1746	남양홍씨남양군파보	1781
의령남씨파보	1758	함양박씨파보	1788
진주유씨진양군파보	1762		

족보에서 처음으로 파보가 분리해서 나타나는 현존 족보로는 1678년 함양박씨 북청파보[6]가 있다. 이어서 1726년 한양조씨 참판공파보,[7] 1740

4) 최재석, 「족보에 있어서의 파의 형성」, 『민족문화』 7집, 민족문화추진위원회, 1981.12, p.131. 도표 인용.

5) 원본은 전해지지 않으나 기록에 의하면 1515년(중종 10) 『파평윤씨태위공파세보』가 있어 이미 16C 초에 파가 나타난 것으로 보이나 이는 확실치 않다. 또한 1543년(중종 38)에 『태인허씨송은공파보』, 1551년(명종 6) 『창원정씨만간파보』의 서문이 기록에 나타난다.

6) 국립중앙도서관에 소장되어있다. 청구기호는 한古朝 58-가22-31이다.

7) 국립중앙도서관에 소장되어있다. 청구기호는 古2518-72-68이다.

년 평창이씨 헌무공강릉파보[8]가 나타난다. 또한 이보다 훨씬 앞서 함양박씨와 평창이씨는 초간보부터 파보를 발간하였으며, 한양조씨는 1524년 갑신보와 1651년 신묘보에 이어 세 번째 발간보인 병오보(1726년)부터 파보를 발간했다.

위에서 살펴본 바와 같이 파보의 출현에 있어서 두 가지를 생각해 볼 수 있다. 그 하나는, 초간본 발간 이후 파가 형성이 되어 그 이후(중수보나 삼수보)에 파조가 족보에 기록되었던 경우이다. 또 다른 하나는, 이미 파가 형성되었지만 초간본에는 전체 문중에서 모든 파를 망라해서 발간한 것이 아니고 어떤 특정한 가문에서 주도하여 발간된 것으로, 이들 초간본이 편찬되자 이를 기화로 다른 파들이 후에 참여한 경우이다. 즉, 그 이전부터 파가 존재하였지만,[9] 어떤 특정 파가 단독으로 족보를 발간한 경우이다.

다음으로 파명의 변화와 그 의미는 무엇인가를 살펴보자.

파명은 처음에는 족보에서 파의 구분을 위하여 단순하게 갑파 또는 을파로 하는 순서나 조상의 이름 또는 거주지 명을 따라 파명을 만들었다가, 후에는 관직이나 시호에 이름을 붙여 파명을 정했다.

문화유씨를 보면 시조의 8세손에서 갑파·을파로 구분하였다가, 1689년 족보에는 시조의 13세에서 조상의 이름에 파를 붙여 파명을 만들었다. 파명을 기록하는 글자도 크지 않고 한쪽 구석에 쓰였기 때문에 해당 파를 찾기에 어려움이 있었다. 이후에는 더욱 세분화되어 갑파는 다시 갑갑·갑을·갑병으로, 을파도 마찬가지로 을갑·을을·을병으로 구분하여

8) 국립중앙도서관에 소장되어있다. 청구기호는 한古朝 58-가33-3207이다.

9) 조선 태종 5년(을유년 : 1405)에 당시 집현전 대제학이었던 황희가 찬술한 수원백씨 영락보 서문에 "보첩을 집성하지 못하였다면 족당의 친소와 분파의 원근을 어찌 자세히 알 수 있겠는가. 보첩이 있은 후에야 대의 끊어진 자를 이을 수 있고 파의 누락된 자를 합할 수 있을 것이다"라고 하여 이미 파가 존재하였음을 알 수 있다.

조상명과 같이 사용하였다. 이는 조선 말기 파명의 사용이 자기 파의 과시나 다른 파와 구별하려는 의식과는 다른 것이었음을 반영한다. 다시 말하면 적어도 문화유씨의 경우 18세기까지 족보의 파는 수많은 조상과 자손 가운데서 자기 직계의 조상과 자손을 쉽게 찾아내기 위한 수단으로 기능했다고 생각한다.

또한 파조가 고정되지 못한 점이 이러한 사실을 뒷받침하는 또 다른 근거가 된다. 즉 을파의 경우 1689년 족보에는 13세손이 파조였는데, 1740년 발간 족보와 1803년 발간 족보에서는 두 세대를 소급하여 11세손이 파조가 되었으며, 1846년 족보에는 다시 13세손과 14세손이 파조가 되었다. 또 1740년 족보에는 진파와 식파라는 파가 존재했으나 1803년 이후에는 두 파가 없어지고, 자성파가 새로 출현하여 아들 소를 갑을이라 하였다. 이렇게 볼 때 조선 후기와 같은 강한 파조 의식은 없었던 것으로 생각된다.[10)]

뒤에 가면 파명에 파조의 높은 관직이나 시호를 붙였는데, 이는 다른 문중과의 차별의식이나 과시욕에서 나타난 것이라고 할 수 있다. 이것은 앞에서 지적한 바와 같이 파조의 출현시기의 의미와 같이 역시 종족의식의 강화에 따른 현상이라고 볼 수 있다.

이렇듯 대성을 중심으로 한 대단위의 동성동본에서는 파에서 또 파를 낳는 분절된 파의 형성이 나타났으며, 이는 종족의 확대로 인하여 자칫 나타날 수 있는 종족의식의 약화를 사전에 방지하기 위함이었다. 파는 종족의 기본적인 단위로서, 혈족적으로 가까운 파조를 그 자손들의 결합의 구심점으로 삼아 강한 혈통의식 속에서 종족의식을 고취시키고 종족의 결합을 나타내려 한 것이다.

또한 중국의 씨[11)] 대신에 발달한 조선의 파의 발달은 조선 성씨의

---

10) 최재석, 앞의 논문, p.132.

11) 중국에서는 씨족의 규모가 커지면 반드시 분화하여 본종과 지파가 생겨난다.

종류가 조선시대 이후 250~280여 종으로 지금까지 늘어나지 않고 고정된 원인 중의 하나인 것으로 생각된다.[12)]

2. 족보기록의 형태

(1) 가승

가승은 기록한 사람이 직계조상으로부터 자기의 아버지에 이르기까지의 조상과 그 배우자를 세대별로 기록한 것이다. 이를 가첩, 가계 또는 세계라고도 한다. 여기에는 조상들의 생졸연대, 관직이나 경력사항, 배우자에 대한 기록, 자녀관계, 묘에 대한 기록 등이 기재되어 있다.

이것은 중국의 소종지법의 범위와 마찬가지로 오복친의 범위인 고조부터 그 자손을 수록한 것이 일반적이며, 이것은 후에 족보 작성에 매우 중요한 기초가 되었다. 가승은 범위가 작아 가족 몇몇이 보관하는 것이기 때문에 인쇄된 것은 거의 없고 조그마한 종이에 직접 손으로 써서 병풍처럼 접어 휴대하고 다니며 언제나 펴서 볼 수 있게 하였다. 따라서 이것은 이러한 편리함 때문에 부녀자들에 의해 한글로 쓰인 것도 있다.[13)]

수렵사회에서는 이동생활을 하므로 씨족이 커지면 여러 가지로 불편하였다. 만주족의 사회에서 보면, 300명 이상이면 사냥 생활에 불편하므로 본종은 가까운 혈족관계에 의하여 둘로 분화하였다. 그러나 황하유역에서 정착생활을 한 한족은 농경사회에서 농토가 한정되어 있기 때문에, 본종에서 적장자 계통만 그대로 남고, 둘째아들 이하 계통은 본종에서 분화하여 새로운 지파를 만들어 다른 곳의 농경지로 옮겨가서 새로운 마을을 건설하였던 것이다. 중국 고대에는 이러한 마을을 "리"라고 불렀는데, 상·주시대에는 대개 1리에 50가가 거주하였으므로, 1가를 5~6명으로 계산하면, 한 마을에 약 300명 정도의 사람이 살았던 것으로 추측 된다. 여기서 본종의 성은 그대로 남지만, 계속 분화하는 과정에서 새로운 지파의 씨족이름이 생겨나게 되는데 이것이 바로 "씨"인 것이다.

12) 한국의 성 수는 『세종실록 지리지』에 기록된 250개, 『신증동국여지승람』에 기록된 277개, 『도곡총설』에 기록된 298개를 비롯하여 2000년 경제기획원 통계의 286성이 나타난다. 이는 성 수에 있어서 변동이 거의 없다고 볼 수 있다.

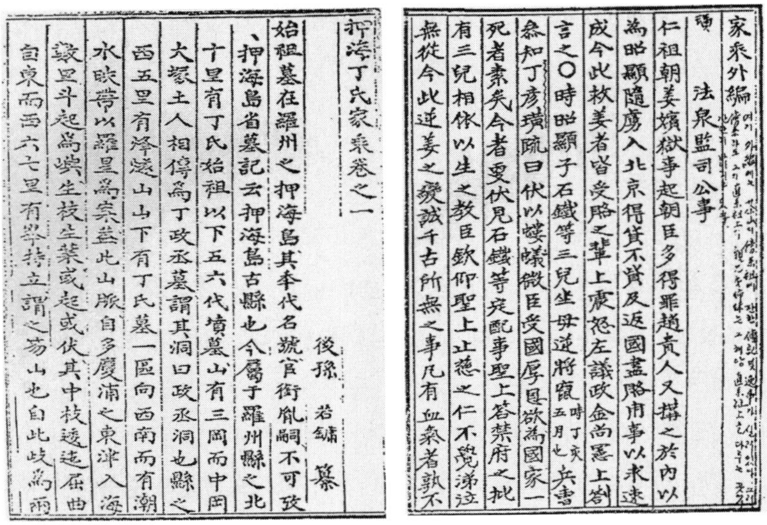

押海丁氏家乘卷之一
後孫 若鏞 纂
始祖墓在羅州之押海島其本代名號官銜胤嗣不可攷
、押海島省墓記云押海島古縣也今屬于羅州縣之北
十里有丁氏始祖以下五六代墳墓山有三岡而中岡
大塚土人相傳爲丁政丞墓謂其洞曰政丞洞也縣之
西五里有峰遙山山下有丁氏墓一區向西南而有潮
水映帶以羅星爲案茲此山脈自多慶浦之東渫入海
發黑斗起爲嶼生枝生葉或起或伏其中枝迤迤屈曲
自東而西六七里有峯特立謂之葛山也自此岐爲兩

家乘外編
法泉監司公事
仁祖朝姜嬪獄事起朝臣多得罪趙貴人又搆之於內以
爲昭顯隨虜入北京得貨不貲及返國盡賂用事以求達
成今此救姜者皆受賂之輩上震怒左議政金尚憲上箚
言之○時昭顯子石鐵等三兒坐母逆將竄 時丁亥五月也 兵曹
參知丁彥璜疏曰伏以螻蟻微臣受國厚恩欲爲國家一
死者素矣今者更伏見石鐵等定配事聖上答禁府之批
有三兒相依以生之教臣欽仰聖上止慈之仁不覺涕泣
無從今此逆姜之變誠千古所無之事凡有血氣者孰不

〈그림 1〉 압해 정씨 가승

(2) 십세보

십세보는 나를 중심으로 10대조까지 확대하여 기록한 계보이다. 이것은 10대까지의 조상과 그 배우자까지 기록하면 512명이 된다.

---

13) 지금까지 내려오는 가승 중에는 다산 정약용이 작성한 「압해정씨가승」이 있다. 이것은 내편과 외편 둘로 나누어져 있다. 내편에는 시조로부터 그의 아버지까지 직계조상의 이력을 밝히고 그들에 관한 각종 문헌에 나오는 기사까지도 기록되어 있으며, 외편에는 방계조상들의 인물사적에 관하여 기록하고 있다.
정약용은 서문에 "비록 선비나 서인이라 하더라도 가문이 있으면 조상이 있고 조상이 있으면 가법이 있는 것이다. 비록 조상의 훌륭함이 공자와 맹자에 미치지는 못한다 하더라도 우리들이 본받아야 할 바가 공맹보다도 더하니 이는 사사로이 높여서 훌륭하게 만드는 것이 아니며, 그것이 인간의 이치이다"라고 하여 조상의 유업이 공맹보다 더함을 지적하였다.

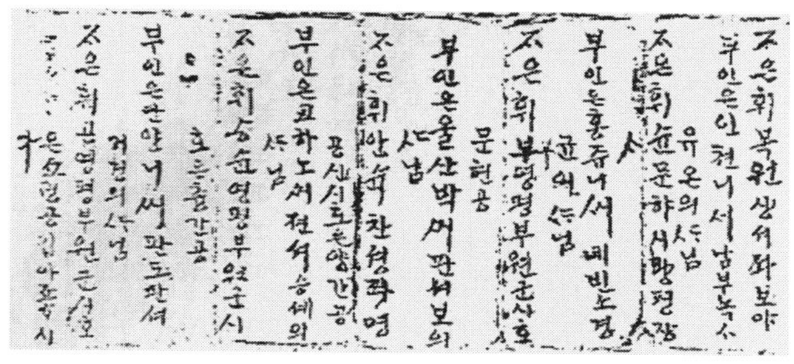

〈그림 2〉 파평 윤씨 한글 가승

이는 성호 이익의 『성호선생문집』의 「십세보서」에 나타나는데 그의 종질 이관휴가 만든 십세보가 모두 64개의 도표로 되어 있으며 거기에 작성자의 10대조 512명이 나타나 있다고 말하고 있다.[14)]

십세보는 조선의 일반적 족보 기재형태와는 다르며, 가승의 기록과는 정반대이다. 오히려 서양의 가계기록에서 볼 수 있는 본인을 중심으로 조상을 찾아가는 것과 유사하다. 이러한 것은 뒤에 서술할 팔고조도와 같이 매우 특이한 형태이다. 일반적 족보 형태는 '나'라는 것은 동양의 집단 소속의식 속에서 한 부분으로서의 존재로 조상을 정점으로 한 피라미드 형태인데 반해, 서양에서는 '나'를 주체로 하여 그 윗 조상을 살펴보는 것으로 나를 중심으로 한 역삼각형 형태를 띠고 있다.[15)] 이는 집단을

14) 이익, 『星湖先生文集』 卷50, 「십세보서」, "然則一人二凡爲祖者二 爲曾祖者四 以至於十世 則乃五百一十二祖 莫非我所從出也". 「십세보서」에 나오는 내용을 살펴보면 "사람이 자식을 양육함에 있어 남녀를 균등하게 사랑하며 자식이 어버이에게 대하여서도 역시 부모에게 균등하게 효도한다. 딸의 마음을 미루어 외손에게 생각이 미치며, 어머니의 마음을 미루어 어머니의 선조에게 생각이 미치며 부모의 마음을 미루어 부모의 선조에게 생각이 미침은 효자자손이 마지 못하는 바이다. 이는 한사람인데 무릇 조부는 두 명이고, 증조부는 네 명이어서 10세에 이르면 곧 512인의 조부인데 모두 내가 출생한 바이다"라고 하였다.

15) 『삼국유사』 돌백사 주첩주각에 "경주 호장 거천의 어머니는 아지녀이고, 아지녀의 어머니는 명주녀이며, 명주녀의 어머니인 적리녀의 아들은 광학대덕과 대연삼중인데……(하략)"라고 쓰여 있다. 또한 성경에 나타난 예수 가계기록에도 후손으로

중시하는 동양사상과 개인의 특성을 중시하는 서양사상의 차이에서 오는 경우라 하겠다. 십세보 이외에도 『오세보』·『팔세보』 등이 있다.

(3) 팔고조도

팔고조도는 본인을 중심으로 위로 고조까지 기록한 가계도를 말한다. 여기에서는 본인의 외가가 포함되어 부모는 2명이고, 할아버지 대는 4명, 증조부 대에는 8명, 고조부 대에는 16명이 된다. 숫자는 16명이지만 고조부가 8명이기 때문에 팔고조도라 한다.

중국은 부계 위주로 족보가 작성되었으나 중국의 종법제도가 들어오기 이전의 조선은 내외손의 친속관계가 강하게 유지되어 부계 못지않게 모계가 중시됨으로서 내외 동일한 비중으로 기록된 보첩이 등장하게 된다.

팔고조도는 최소의 친족단위로 고려시대에 신분과 혈통의 유래를 증빙하고 재산상속과 승음에 필요했던 4조호구식[16]이나, 부인의 4조를 합쳐 만든 팔조호구식을 횡적으로 확대한 것이라 할 수 있다.

지금도 고조부까지는 제사를 집에서 지내고 그 위부터는 시제를 지내는 것이 일반화되었다. 그 이상은 또다시 팔고조도 단위로 올라가서 기록하였다. 즉 아버지와 어머니의 팔고조도를 각각 만들고, 다음에 조부와 조모의 팔고조도를, 이어 외조부와 외조모의 팔고조도를, 또한 마찬가지로 증조부, 외증조부. 고조부, 외고조부의 팔고조도를 만들었던 것이다.

부터 조상을 거슬러 올라가는 형태가 나타난다.

16) 고려와 조선시대에는 관인의 임명이나 법령의 제정 등에 있어 대간으로부터 서경을 받아야 하는데, 그 서경단자에는 본인의 부, 모, 처계의 4조가 구체적으로 기재되어야 했다. 그 성립 연대는 10세기말 고려 성종대로 보인다.

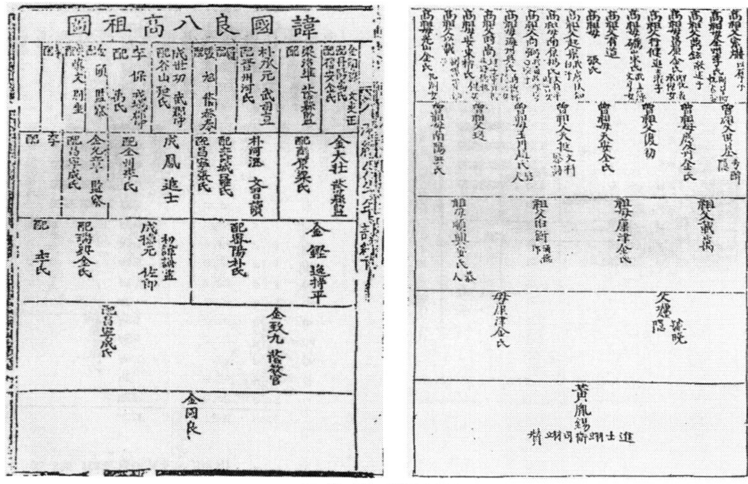

〈그림 3〉 팔고조도

이렇게 팔고조도를 한 단위로 한 것은 그 이유가 반드시 지면상의 제한이라는 데에 있었던 것은 아니다. 어느 한 사람의 가계배경을 살필 때 그의 고조의 선까지를 한계로 하는 관례는 그 기원이 고대 중국의 종법에서 나온 것이지만, 조선에서도 상당히 오래 전부터 있었던 것으로 생각된다. 예컨대 조선왕실에서 왕비를 간택할 때 그녀의 가계를 팔고조의 범위까지 밝히는 것이 일찍부터의 관례였다. 왕실의 족보인 『선원보략』을 보면 그 첫 권에 태조 이래의 역대 왕의 팔고조도가 수록되어있다. 이러한 것이 작성될 수 있었던 것은 역대 왕비의 팔고조에 관한 자료가 일찍부터 있었기 때문이다.17) 이것은 부계와 모계를 동일한 차원에서 놓고 동일한 비중으로 다루었던 기록이며, 중국 종보의 기록형태인 부계중심의 족보기록과는 매우 차이가 있다.

이것이 작성되게 된 요인은, 고려시대에는 종실·귀족·공신과 고급관인

17) 송준호, 「한국에 있어서의 가계기록의 역사와 그 해석」, 『역사학보』 87집, 1980, pp.100~111 참고.

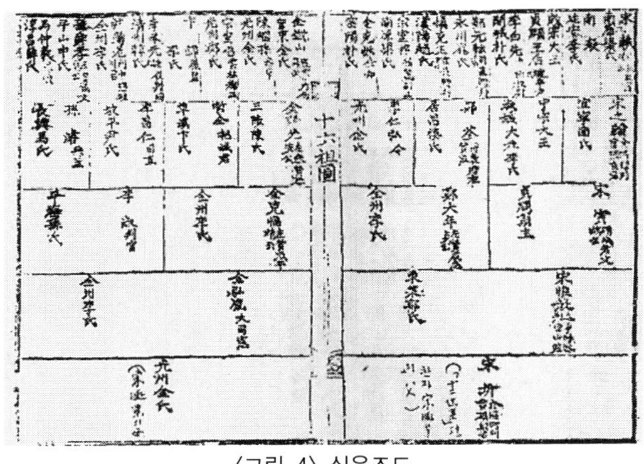

〈그림 4〉 십육조도

의 내외자손에 대하여는 내외조음 또는 문음을 승계하는 길이 여러 대에 걸쳐 지속될 수 있었기 때문이다. 따라서 각 명문가에서는 부모의 세계를 증빙하는 이른바 '씨족도'·'세계도'·'족도'·'가첩' 류가 작성되어 비치되었던 것이다. 이것의 기초자료가 바로 '8조 호구'였다. 이것은 입학이나 응시, 또는 관리에 임용될 때 제출하는 '씨족'이나 관인의 이력서인 '정안' 기재의 자료로 활용되었으며, 호적과 함께 비치되어 출사에 참고로 했다.[18] 또한 당시 자녀균분상속제와 관련한 내외조업의 재산상속 범위와도 대체로 일치하며, 사심관이나 경재소 임원의 참여 범위와도 직접 관련이 있었던 것이다.

(4) 십육조도

십육조도는 기록자가 아버지의 팔고조도와 어머니의 팔고조도, 또는 할아버지와 할머니의 팔고조도를 하나로 합쳐서 부른 것이다. 즉 자기 계대는 빠지고 그 윗대 부와 모의 팔고조도를 합한 것이다.

---

18) 이수건, 『한국의 성씨와 족보』, 서울대 출판부, 2003, p.38.

(5) 내외보

내외보는 중국 종법의 영향을 받기 이전의 조선 특유의 족보 형태로 친손·외손을 차별 없이 기록한 것이다. 내외보는 가승을 확대한 계보[19]이며 직계조상을 중심으로 종적으로 단순하게 기재되었다. 이것의 특징은 친손뿐만 아니라 외손까지 세대에 제한 없이 모두 기록하고 있다는 것이다.[20] 이는 부부평등이나 내외손을 동일시하던 당시 사회상인 솔서혼이나 남귀여가혼의 혼인형태[21]로 나타났으며, 이로 인하여 17C 중엽까지는 자녀가 똑 같이 재산을 나누어 상속하였을 뿐 아니라 아버지가 사망한 경우 어머니가 재산 상속자가 되었다.

제사에 있어서도 아들과 딸 구별 없이 제사를 돌아가면서 지내거나 분할하였다.[22] 고려 때에는 주요한 제사인 '사중월제'에도 부인이 아헌을 담당하였는데 부인이 없을 때에는 형제들이 이것을 대행하였다.[23] 또한 부계와 모계 그리고 처계를 대등하게 친족으로 여겨 자녀가 없을 때에는 양자를 입양하지 않고 외손으로 하여금 제사를 지내게 하였다.[24] 이러한

---

19) 『문화유씨 가정보』 발문, "癸酉 家君作宰龜城 內外八寸之譜 則刻於其邑 以壽其傳".

20) 과도기에 편찬된 족보가 다 내외보는 아니다. 『강릉김씨족보』와 같이 친손위주로 기록한 것도 드물지 않게 나타난다.

21) 이는 오래된 풍속으로 남자가 결혼을 하면 처가에서 생활을 하는 것인데 단순히 머무는 것이 아니고 오랫동안 거주하였다. 이는 딸에게도 재산상속을 하게 됨으로 몇 대에 걸쳐 거주하는 경우도 있으며, 족보에서 묘소의 위치를 살펴보면 본거지가 아닌 외가나 처가에 있는 경우도 있다.
예를 들어 벽상삼한삼중대광인 능성구씨의 시조 구존유는 송나라 한림학사로 몽골의 침입을 피하여 8학사와 함께 고려로 피신하여 전라도 능성현에 은거하였던 신안주씨 시조인 주잠의 딸과 결혼하여 처가인 능성에 뿌리내리면서 능성을 본관으로 하여 지금까지 내려온다.

22) 최재석, 「조선시대의 상속제에 관한 연구」, 『역사학보』 53·54 합병호, 1972.

23) 『고려사』 권63, "頒行士大夫家祭儀 四仲月祭 曾祖考妣 祖考妣 考妣三代 (中略) 主人初獻 衆兄弟終獻 主婦有故 衆兄弟代之 三獻人各致齊一日 其餘宗族散齊".

제도는 조선 초기까지 이어져 남편이 자식 없이 사망하면 그 부인이 제사를 행하였다.[25] 따라서 이것은 족보의 기록에도 영향을 미쳐 자녀를 출생순서로 기재하고, 적서를 구분하지 않고, 생졸연원일과 배위 등을 기록하지 않았다. 아울러 과거와 관직에 관한 기록도 봉군과 소과인 진사, 생원을 포함하여 매우 간략하게 기재되었다.

가장 대표적인 족보가 『안동권씨 성화보』[26]와 『문화유씨 가정보』 그리고 『능성구씨 을해보』인데, 17C에 들어서면서 이들의 영향을 받은 『진성이씨족보』·『의성김씨족보』·『창녕성씨족보』·『남양홍씨족보』·『전의이씨족보』등은 친손과 외손을 함께 기록한 내외보였다.[27]

(6) 내보

내보는 현재 우리가 접할 수 있는 족보의 일반적인 형태이다. 17C에 중국의 종법제도가 들어오면서 가족제도와 상속제도의 변화와 함께 중국 종보의 기재형태를 따른 것이다. 조선은 17C 중반부터 사위에게는 호구원의 자격을 없앴으며, 부계친족 집단의 문중조직과 그들의 동성촌이 성립되었다.[28] 또한 중국의 종법제도 영향으로 적서가 명확히 구분됨과 동시에 큰아들이 제사를 지내는 '장자 봉사제'와 양자제의 확립 등 본종 중심의

---

24) 『고려사』 권7, 문종세가 원년3월 신묘조, "門下侍郞平章事皇甫款上言 臣無嗣乞以外孫金祿宗爲後從之官祿宗九品".

25) 『명종실록』 권17, 9년 9월, 을축조, "憲府啓 我國則與中國不同 中國則有大宗之法 故夫亡無子之婦 不得主祭矣 我國則大宗之法不行於世久矣 長子之妻 父死無子者 入居奉祀之家 主其先世之祭 其來已久".

26) 『안동권씨 성화보』는 내외손을 7대손 14촌까지 수록하였다.

27) 이외에 『청송심씨보』·『청풍김씨족보』·『구안동김씨족보』·『남원윤씨족보』·『한양조씨족보』 등의 범례에 구보에서는 외손을 제한 없이 수록한 사실을 기록하고 있다.

28) 嶋陸奧彦, 「大邱戶籍にみる朝鮮後期の家族構造の變化」, 『朝鮮學報』 144, 1992.

가족제도가 확립된 시기였다. 따라서 족보의 기록에도 "친손을 상세하게, 외손은 간략하게" 기재하고, 선남후녀의 기재방식과, 기록자들의 자나 생졸연월일, 과거와 관직, 배우자에 관한 사항, 묘소의 위치와 방향에 대해 구체적으로 족보에 기재하였다.

또한 외손을 기재하지 않은 족보의 범례에는 본말[29]이나 주객,[30] 또는 내외지별[31]을 밝히려 한다 하고 경제적 이유[32]에서라고 한 족보도 있다. 그러나 또 다른 이유는 『안동권씨 성화보』와 『문화유씨 가정보』의 발간 이후 그곳에 기재된 외손 가문에서 족보를 발간하기 시작했고, 따라서 굳이 외손을 기록할 필요가 없었을 것이다. 또한 후기에 들어오면서 인구의 증가로 외손까지 기재한다는 것은 상당히 어려웠을 것이라는 현실성도 하나의 이유라 하겠다. 전기 족보 가운데 1565년(명종 20)에 발간된 『강릉김씨 을축보』[33]는 후기의 족보체제 형태인 친손 중심으로 편찬되었다. 이외

---

29) 『양성이씨보』, 1659년간, 범례. "外派則限外孫 非厚內薄外 明其本末 而刪其繁也".

30) 『청풍김씨세보』, 1750년간, 범례, "子姓漸繁 非但卷帙穰 主客未免混亂 故改以限外孫之子女 各註於其名下".

31) 『남원윤씨족보』, 1790년간, 범례, "非但卷秩之浩汗 亦不可不稍存內外之別 故各其女婿名下 分註子女".

32) 『남양홍씨보』, 1876년간, 범례, "年表圖外裔圖 亦艱於財力 依舊闕焉".

33) 『강릉김씨 을축보』는 이전의 『강릉김씨족도』(1476년)가 친·외손이 다 기록되어 있는 내외보였으며, 이후에도 『갑오보(1714년, 숙종 40)』와 『계해보(1743년, 영조 19』)에서도 외손까지 수록하는 등 내외보에 관한 특별한 일관성이 없었다. 특히, 『갑오보』는 성과 이름 모두 기록하여 내외를 구분하였으며 선남후녀의 순서로 기록하였다. 이는 족보에서 성을 계승하는 것이 중요하고 예의에 있어서도 남녀의 순서가 다르기 때문에 남자를 우선하였다. 『계해보』에서도 외손까지만 기록하였는데, 다만 외증손 이하의 기록은 높은 관직을 가진 자에 한하여 내외 구분 없이 모두 소주로 기록하였다. 이는 외손을 친손과 동일시 했다기 보다는 자기가문에 대한 우월성을 과시하기 위한 방법이었던 것으로 생각된다. 차장섭, 「조선시대 족보의 편찬과 의의-강릉김씨 족보를 중심으로-」, 『조선시대 사학보』 2, 조선시대사학회, 1997.6, p.54 참고.

에도 16C말 이노에 의해 편찬된 매우 희귀하고 독특한 보첩형식인 사성강목의 족보체제가 있다.

이렇듯 조선에 있어서 가계기록은 다양한 형태로 나타났다. 처음에는 단순한 자신의 직계를 기록으로 남기려 하였고, 이것이 발전되어 세계가 확대되면서 10대까지 기록한 십세보가 나타났다. 이어 재산상속이나 자녀들의 관직 진출인 승음의 필요에 의하여 부계와 모계의 조상을 기록한 팔고조도와, 이를 확대한 십육고조도가 나타났다. 자녀수록의 범위도 처음에는 부부평등이나 내외손을 동일시하던 당시 사회상의 반영으로 내외손을 전부 기록한 내외보가 주축이었으나, 중국의 종법의 영향으로 가족제도와 상속제도의 변화와 함께 본종 중심의 의식이 확립되면서 친손만 기록하는 내보로 변화하였다. 이러한 족보의 형태의 변화는 그 시대를 조명할 수 있는 중요한 자료이기도 하다.

3. 족보의 편찬체제

(1) 서문

족보 서문의 내용은 성씨를 얻게 된 연유와 시조의 활동상 등 종족의 연혁, 본관을 얻게 된 유래, 씨족의 일반적 내력, 족보를 편찬하게 된 동기와 의의, 가풍의 전통, 족보의 편찬 역사와 수보의 의도, 자손에 대한 희망과 덕목 등을 서술하고[34] 있는 것이 보통이지만 타인에게 의뢰한 경우에는 특별히 의뢰받은 사정을 서술하고 있다. 이의 기능은 족보를

34) 족보에는 효제하는 마음을 돈독히 하고, 조상의 유업을 계승하는 것과 같은 일과, 그들이 족보편찬에 현지를 방문하여 조사하는 중 어려웠던 점, 그리고 종족을 망라하고 옛것을 잘 살펴 다른 종족을 배척 하는데 노력한 일 등이 기술되어 있다. 자손에 대한 희망에서는, 족보를 거울로 삼아 몸을 신중히 하고, 업을 닦아서, 종족의 영예를 높이는 일과, 족보를 잘 보존하고 또 계속하여 수보하는 것을 게을리 하지 않을 것을 당부하고 있다.

널리 알리고 조상의 덕을 숭앙하여 자손들로 하여금 오랫동안 기억하도록 하는데 있다.[35)]

여기에는 맨 처음에 편찬 당시의 서문(신서)을 게재하고 이어 족보의 초간본(창간본) 구서문부터 이수서, 삼수서의 순서로 싣는다.

서문의 문장은 대부분 후손 중에 족보편찬에 간여하였거나 덕망이

---

35) 『안동권씨 성화보』 서문에 "옛적에는 종법이 있어서 소목의 질서와 지서의 분별을 자손들이 비록 백세 후에라도 상고할 수 있었으나, 종법이 폐지된 후부터는 보첩이 성하였다. 보첩을 만드는 것은 태어난 근본을 찾고 분파된 연유를 상세히 기록하여 지파를 밝히고 친척 간에 멀고 가까움을 분명히 함으로서 은혜로운 정의를 돈독히 하고 윤리를 바로 잡으려는 것이다. 수와 당 이전에는 '도보국'을 두어 낭리가 그 찬술을 맡았으며 혼인과 선거가 모두 보첩에 관계되었던 것이다. (중략) 조선에서는 옛부터 종법이 없었고 또 보첩도 없어서 비록 거가대족이라도 가승이 전혀 없어서 겨우 몇 대를 전할 뿐이므로 고조나 증조의 이름과 호도 기록되지 않은 집도 있다. 자손이 점점 멀어지고 거주지가 떨어져 있으면 시공(오복친)의 근친이라도 알지 못하고 길가는 사람처럼 보게 될 것이니 어찌 복이 다하고 정이 다하여 소원하여질 때까지 기다릴 수 있으랴. 이러고서야 어찌 부모에 대한 효도와 형제에 대한 우애를 일으키고 예의를 이룰 수 있겠는가. 이것이 문경공과 익평공이 보첩 저술에 힘쓰는 바이고 내가 그 뜻을 달성시키려고 힘쓴 까닭이다. (후략). 성화기원지 십이년 창룡병신정월일 달성군 서거정 강중서.

안정복이 쓴 『안동권씨족보서』에 나타난 내용을 보면 "옛날 소노천이 소씨보를 만들되 고조로부터 시작하면서 말하기를 친(8촌내의 복친)이 다하면 정이 다하고, 정이 다하면 기쁜 일이 있어도 축하하지 아니하고 슬픈 일이 있어도 위문하지 아니하며, 기쁜 일이 있어도 축하하지 아니하고 슬픈 일이 있어도 위문하지 아니하면, 길가는 사람이나 같은 바가 있다. 이를테면, 7세 이하는 이제 모두 일가로 알고 일가라 부르니 소원하다고 말할 수가 없다. 한 번 보책을 열어 보면 각 세대가 나열되어 있고 자손이 차례대로 기재되어 있어 마치 동당에 합석해 있는 것과 같다. 비록 친이 다 되고 복이 없다 하더라도 기쁜 일에 축하하고 슬픈 일에 위로함을 마지못할 바가 있다"라고 하였다.

황희가 쓴 『수원(수성)백씨족보』 서문에는 "보는 종족을 기록하는 것이다. 보가 없으면 종족을 어찌 알 수 있으며, 종족이 아니면 어찌 족보를 만들겠는가. 사람이 있으면 종족이 있고 종족이 있으면 족보가 있는 것은 오래 전부터다. (중략) 진실로 족보야말로 백세의 친목을 돈독히 하는 것이며, 이 족보를 보는 자들은 어느 누가 효제 하는 마음이 나지 않겠는가"라고 되어 있다.

있고 집안의 대표인물들이 쓰는 것이 일반적이나, 때로는 족보의 명망과 가치를 높이기 위해 당대의 유학자로서 이름을 떨치는 명인으로 하여금 서문을 쓰게 하기도 한다.[36] 특히 조선 초에 발행된 족보 중에는 외손들이 쓴 글이 많이 남아 있다.[37]

서거정이 쓴 안동권씨 족보서문(1476년)을 제외하면 15C까지 가보·가첩·족도·세계도·초보 류에 관한 서문은 있으나 간행된 족보의 서문 중에서 현존하는 것은 없다. 이후 권씨족보 간행을 계기로 보첩에 대한 서문이 나오기 시작했다.[38]

(2) 범례

범례는 '보례'라고도 하며, 족보의 편집 방침을 명시하고 있는 것으로 종족의 범위를 결정하는 기준으로 제시되는 것이다. 여기에는 수록의 범위와 각종 규칙, 이전의 구보와 다른 특성을 기록하고, 본 족보에 수록한 각 항목을 설정한 배경 및 적용범위 등을 수록하였다.

범례는 당시 족보 편찬시의 범례만을 싣는 경우가 대부분이고 이미 발간되었던 이전의 족보범례는 싣지 않는 경우가 많다. 또한 대부분 이전의 범례에 따르는 것이 보통이지만 시대변화에 따라 수정하고 보완 또는 첨가해야 할 경우에만 문중 회의에서 결의를 거쳐 그 내용을 보충하기도 한다. 이는 조상들이 편찬한 의도를 그대로 따르려는 후손들의 뜻을 반영한

---

36) 이익은 『단양우씨족보』의 서문을, 황희는 『수원(수성)백씨족보』서문을, 송시열은 『능성구씨병신보』의 서문을, 최석정은 『풍양조씨족보』의 서문을 썼다. 황희의 가문인 장수황씨는 수원백씨와 혼인관계에 있었다.

37) 대표적인 것은 『안동권씨 성화보』 서문으로 당대의 문장가였으며 안동권씨의 외손인 서거정이 서술하였다.

38) 정병완의 『한국족보구보서집』에서 조선시대 편찬된 구보서문을 분석한 성의 수는 총103성, 본관 수는 305본이며, 이를 시기별로 구분해 보면 조선 전기가 22종, 17C가 89종, 18C가 57종, 19C가 114종, 연대미상이 97종으로 분석하였다.

것이라 할 수 있다.

그 내용은 시조로부터 몇 세를 기준으로 하여 파를 형성하게 되었으며 파조는 누구이며 파명은 무엇인지, 총 몇 권으로 편찬되어 몇 권부터 몇 권까지는 어느 파의 자손을 수록하였는지, 각 면의 체제는 어떻게 하였는지, 각 면에 기록하게 될 내용(방주)은 어떻게 기록할 것인지, 자녀들의 기재방법을 어떻게 할 것인지 등을 기록하고 있다. 특히 범례는 그 시대의 사회상을 그대로 반영하여 기록하였기 때문에 족보의 역사연구 자료의 가장 중요한 역할을 하고 있다.

(3) 시조

시조는 그 가문의 대표적인 인물이며 후손들이 그를 정점으로 세대가 형성된다. 또한 이를 추앙함으로써 그 가문의 위치를 대외적으로 과시할 수 있는 중요한 인물이다. 각 가문에서는 시조 선정을 중요시 하여 계통이 분명치 않은 가문에서는 특정인물을 원조로 하고 이후의 세대는 세계불문으로 처리하고 중흥조를 내세워 가문의 세계를 나타내는 경우가 많다.

시조의 구분은 그 출신성분에 따라 대략 네 가지 유형으로 나눌 수 있다. 첫째는 고려 태조의 통일사업에 참여한 개국공신과 관료, 삼한공신들이다. 이들은 개국공신 2,000여 명과 삼한공신 3,000여 명으로 후삼국 시대의 성주나 장군 또는 촌주 등으로 각 지역의 호족들이었다. 이들은 고려 개국 후 관료나 태조의 혼인정책의 일환으로 왕비의 아버지가 되었으며, 출신지나 거주지 고을 단위로 성관을 분정 또는 하사받거나 스스로 성관을 갖으며 고려의 중추적인 역할을 하였다.

이들 중에는 상경하여 귀족 또는 관료로 발전한 경우도 있고, 그 지역에 토착하여 호장직을 세습하다가 후손이 상경하여 관직에 종사하는 경우가 있었다.

둘째는, 고려시대 본관의 읍사를 장악한 호장층으로 향리 직역을 세습해 오다가 과거나 선군·군공·기인 등을 통해 사족으로 성장한 부류이며 이러한 계통을 시조로 한 가문이 가장 많다.

셋째는, 귀화인으로서 국가로부터 사관이나 사성을 받아 정착하며 후손을 이룬 경우이며, 이들은 한때 고관 등 요직을 담당하였으나 그 후손들이 명문가로 발전한 경우는 그리 많지 않다.

넷째는, 신생 본관으로 조선시대에 와서 성장한 가문이며 역시 명문으로 발전한 가문은 그리 많지 않다.

족보에 기재된 대다수의 시조의 생존연대는 일반적으로 12~13C 경으로 주로 호장 이상의 관직자였으며 이들을 먼 조상으로 설정하고 있다. 그러나 실제적 시조는 3~4세대 후나 심지어 10세대까지의 세계가 불분명하여 방계는 기록되지 못하고 단선이나 독자로 이어내려 왔으며, 또는 세계미상으로 처리하여 계대를 뛰어 넘는 경우가 많다.

〈표 3〉 각 성관의 선조세계 자료를 통해 본 시조의 성분 유형

1. 삼한공신과 호장을 겸한 성관							
강릉 金	금천 姜	벽진 李	순천 朴	영암 崔	전의 李	토산 崔	홍주 洪
강릉 王	나주 羅	부평 李	신천 姜	영천皇甫	정주 柳	파평 尹	황주 黃
개성 王	나주 吳	서흥 金	안동 權	예안 李	죽산 朴	평산 朴	황주皇甫
견주 李	남양 洪	선산 金	신안동 金	예천 林	중화 金	평산 申	횡성 尹
경주 金	능성 具	성원 廉	안동 張	용인 李	진천 林	평산 庾	횡성 趙
경주 裵	면천 朴	성주 裵	양근 咸	울산 朴	철원 崔	풍양 趙	흥덕 張
경주 李	면천 卜	수안 尹	양천 崔	원주 元	청주 金	합천 李	
경주 崔	문화 柳	수안 李	양천 許	의성 洪	청주 李	해주 吳	
광양 金	밀양 孫	수원 金	여주 金	이천 徐	춘천 朴	해주 崔	
광주 金	배천 趙	순천 金	영광 田	장단 韓	충주 劉	해평 金	

2. 삼한공신과 호장 관련 자료가 없는 성관						
개성 高	교하 盧	봉산 智	수원 白	연안 李	장연 文	하음 奉
견주 宋	남평 文	부여 李	안산 金	우봉 李	장흥 任	행주 奇
고창 吳	대흥 韓	사천 睦	안협 孫	이천 申	정선 文	
곡산 盧	목천 于	수녕 魏	양주 韓	인천 李	토산 李	

3. 토성이족(호장층)을 시조로 한 성관							
감천 文	기계 兪	무송 庾	순창 趙	영일 鄭	인천 蔡	청도 金	하양 許
강릉 崔	기계 尹	무송 尹	순흥 安	영천 李	일직 孫	청도 白	한산 李
강릉 咸	김포 公	무안 朴	승령 崔	예안 金	장사 兪	청송 沈	함안 趙
강화 崔	김해 金	문경 宋	신녕 李	예천 權	전주 李	청주 郭	함양 吳
개령 洪	김해 裵	밀양 朴	안산 安	예천 尹	전주 崔	청주 孫	함창 金
개성 金	나주 陳	밀양 卞	안성 李	오과 趙	정산 李	청주 宋	함평 李
거제 潘	낙안 金	반남 朴	안정 羅	옥구 林	제주 高	청풍 金	해남 尹
경산 全	남양 宋	배천 劉	압해 丁	용궁 金	제주 梁	초계 卞	해평 吉
고령 金	남원 梁	보성 吳	야로 宋	운봉 朴	제천 智	초계 鄭	현풍 郭
고령 朴	남원 尹	봉화 鄭	양주 申	울산 金	죽산 安	충주 石	홍산 李
고령 申	남원 晋	부계 洪	양주 趙	울산 李	직산 崔	충주 安	화순 崔
고봉 高	능성 具	비안 朴	언양 金	울진 林	진보 李	충주 梁	회덕 黃
고산 高	단양 禹	삼척 金	여산 宋	울진 張	진주 姜	충주 崔	회원 甘
고산 拓	단양 池	삼척 沈	여주 吏	원주 金	진주 鄭	탐진 崔	회인 李
고성 李	담양 鞠	상주 金	여흥 閔	원주 安	진주 河	평창 李	효령 司空
공주 李	담양 李	상주 朴	연안 宋	은진 宋	창녕 成	평해 孫	흥해 崔
광주 石	대구 徐	상주 周	영광 金	은풍 申	창녕 張	평해 黃	
광주 安	덕산 李	서산 柳	영덕 金	음성 朴	창녕 曺	풍기 秦	
광주 李	덕산 黃	성주 呂	영산 辛	음성 蔡	창원 黃	풍산 金	
광주 卓	덕수 李	성주 李	영양 金	의성 金	천녕 崔	풍산 柳	
괴산 陰	동래 鄭	수원 崔	영양 南	의흥 朴	천안 申	풍산 洪	
교동 高	동복 吳	순창 薛	영월 嚴	인동 張	천안 全	하빈 李	

4. 귀화 성씨를 시조로 한 성관							
강음 段	광주 董	달성 夏	서산 鄭	용궁 曲	절강 施	청해 李	함평 牟
개경 錢	광주 氷	덕수 張	성주 呂	원주 邊	절강 彭	태안 李	항주 黃
거창 愼	광평 田	두릉 杜	소주 賈	원주 元	절강 片	태원 安	해주 石
경주 偰	괴산 皮	배천 趙	연안 印	의녕 余	정선 李	태원 李	현풍 郭
곡산 延	김포 金	보성 宣	영양 金	의녕 玉	제남 王	태인 柴	황주 邊
공촌 葉	낭야 鄭	상곡 麻	영양 千	임구 馮	죽산 陰	하남 程	
광동 陳	달성 賓	상주 李	온양 方	전주 扈	청주 史	함종 魚	

* 이수건, 『한국의 성씨와 족보』, 서울대학교출판부, 2003, pp.260~261, <표 2> 참고하여 필자가 첨가함.

(4) 세계표

세계표는 족보에 있어서 중요한 것으로 계보도·세계도·세파·과등도·종파도·종지도라고도 한다.

시조로부터 파조에 이르기까지를 나타내어 일목요연하게 파악할 수 있게 정리한 간단한 도표이며 계대가 제대로 파악이 안 되어 독자로 내려오다가 중흥조에 이르러서야 제대로 기록된 것이 대부분이다. 이는 가승에서 정리된 가계이기 때문에 방계의 기록이 나타나지 않기 때문이다. 이를 보면 파가 어디에서 어떻게 분파되었는지를 알 수 있고, 이어 세대를 순서적으로 기재하여 그들의 인적사항을 기록하였다.

자손의 계보를 나타내는 계보표는 족보에 있어서 실질적인 내용으로 양에 있어서도 대부분을 차지한다. 초기의 족보는 편찬자의 직계조상을 제외하고는 친손이나 외손에 관한 관련기사가 거의 없으며, 단지 과거와 관직에 관한 간략한 기사만 실려 있다. 그러나 후기의 족보는 수록된 개개인에 관하여 이름 외에 자와 생졸년, 과거와 관직을 중심으로 하는 이력, 묘의 소재지 및 방향을 기재한다. 배우자에 관한 사항으로는 배우자의 생졸년, 소속 씨족, 그녀의 부와 조부 및 증조부의 이름과 직위를, 그리고 외조부의 성명과 본관 및 직위 등을 기재한다. 아울러 딸인 경우에는 '여' 또는 '여부(사위)'라는 글자 밑에 사위의 성명과 본관을 기재하고 있다.

형제는 행을 바꾸어 부모 밑에 나란히 옆으로 기재하되 오른쪽으로부터 순서대로 표시하였으며, 시대에 따라 남녀를 가리지 않고 출생순으로 기재하였거나 또는 선남후녀의 방식에 따라 기재하였다. 부자는 종렬로 기재하여 상하 존비의 구별을 나타내었다. 각 족보마다 다르지만 일반적으로 5~8단으로 나누어져 있다. 또한 매 면마다 좌측 상단에 일정한 기호를 순서적으로 표기하였다. 마지막 단에는 휘 다음에 다음 세대로 연결되는 혈을 기재하는데 이 면 수를 따라 찾아보면 다음 세대를 쉽게 찾아볼 수 있게 하였다.

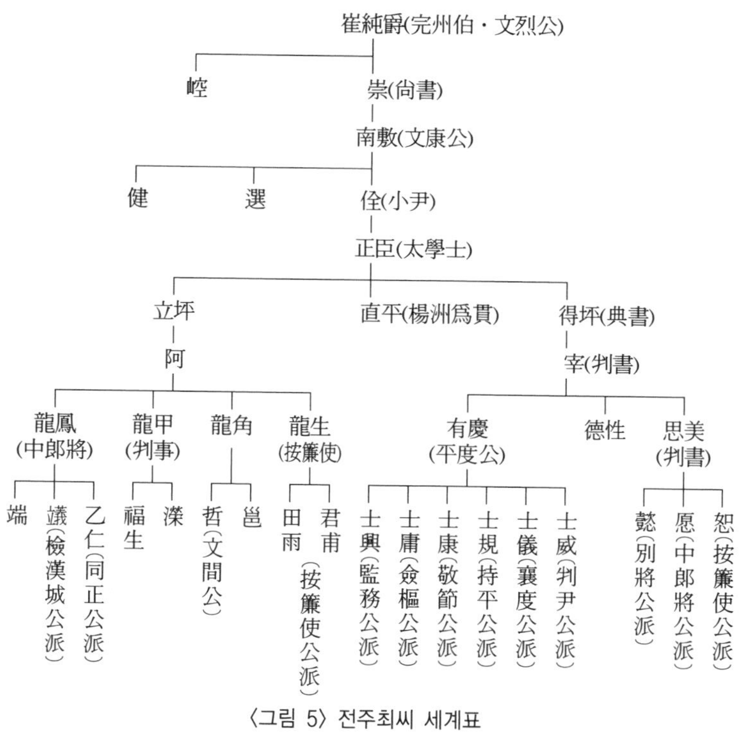

〈그림 5〉 전주최씨 세계표

특히 그 문중에서 왕비가 탄생하면 자녀의 항렬에 나란히 쓰지 않고 본란에 네 개의 둥근 점을 표시하고 맨 윗단에 올려 기록하였다.[39] 또한 후궁일 때에는 2개의 원을 표시하여 그 높음을 명기하였다.[40]

이는 왕조실록에 기록된 것과 같은 형태로, 이를 본떠 족보에도 같은

39) 『청송심씨족보』 계묘보, 범례.

40) 『안동권씨족보』 후갑인보, 범례 .

형태로 기록하여 가문을 높이려 하려는 의도로 보인다.

(5) 항렬표

항렬이란 같은 조상의 자손이라도 오랜 시간이 지나고 후손이 번창하면 그 종족간의 소목과 계대를 알 수 없어 어떤 규칙을 정해놓고 종족간의 계대를 나타낼 수 있도록 한 것이다. 이를 위해 일정하게 정해진 글자를 항렬자 또는 돌림자라고도 하고, 표로 나타낸 것이 항렬표이다. 이러한 항렬자의 제정은 종족의식을 강화하고, 종족간의 위계질서를 분명히 하고자 하는 의도에서 출발한 것이다. 항렬자는 문중회의에서 중론을 모아 제도화한 것이며 항렬을 따라 이름을 짓지 않으면 계대를 식별하는데 혼동이 와서 법도가 없는 가문의 자손같이 인식되기 쉽기 때문에 항렬을 제정하였다.[41)]

이는 종법사회에서 친손을 중시한 데서 나타났으며, 외손에게는 정해지지 않았다. 그러나 엄격한 문중에서는 여자에게도 적용을 하기도 했으나, 일반적으로 남자에게 적용되는 남성중심사상의 발로이기도 하다.

항렬은 시대에 따라 변화하였으며 이러한 변화는 시대적 사회구조의 의식변화로 나타나, 이에 대하여 살펴보는 것도 중요하다고 생각한다. 고려시대의 항렬자 사용은 양인에 있어서는 형제간에도 항렬자를 사용하지 않았다.[42)] 명문거족에서의 항렬자 사용은 형제간에는 사용한 가문도 있고 그렇지 않은 가문도 있다. 사촌간에는 사용하기는 하였으나 가까운 그 전 세대와 후 세대에는 형제간에만 사용한 사례도 있다(예 : 이자연 가문과 최충 가문).[43)] 또한 형제간에 사용하다가도 다음 세대에 사용치

41) 『안동권씨족보』 항렬편.
42) 최재석, 「고려후기가족의 유형과 구성」, 『한국학보』 3호, 1976.
43) 藤田亮策, 「李子淵と其の家系」(上·下), 『靑丘學叢』 13-14, 1933.

않은 가문도 있다(예 : 조인규 가계).[44)]

고려시대는 조선시대만큼의 친족의식이 강하지 않아 항렬자가 보편화되지 않았으며 단지 초기형태의 형성 시기라고 볼 수 있다. 조선에 들어와서도 처음에는 형제와 사촌에게만 사용되다가 종법제도의 정착으로 점차로 확대되어 18C에 와서는 일반화 되었으며, 19C 대동보 발간으로 종족 전체에 항렬자를 사용하게 되었다.

〈표 4〉『문화유씨족보』에 나타난 항렬 사용범위

연도	세대	항렬사용범위
1360~1460	13~15	형제~4촌
1430~1640	16~21	형제~6촌
1610~1730	22~24	형제~10촌
1700~1820	25~27	형제~14촌
1790~1910	28~30	형제~24촌
1864	31	대동항렬

위의 도표는 『문화유씨족보』를 조사하여 연도별·세대별 항렬 사용범위를 나타낸 것이다. 여기에서 보듯이 점차적으로 확대되어 1864년에 와서 전체 대동항렬을 제정하여 사용하였다.[45)] 이러한 항렬자의 범위 확대는 외손의 기재범위 축소와 남녀 기재순위 변화와 거의 일치하고 있다.

항렬자를 정하는 규칙은 각 씨족마다 다르고, 같은 규칙을 정한다 하더라도 쓰이는 글자는 각기 다르다. 같은 종족의 동성동본이라고 하더라도 대성일 경우 조선 후기에 들어와 합동대동보를 편찬하게 됨에 따라 대동항렬을 사용하기도 하나 파에 따라 항렬을 다르게 쓰고 있는 곳도 많다. 또한 같은 이름이 중복되는 것을 막기 위하여 같은 세대라도 몇 개의 항렬자를 따로 설정하기도 한다. 따라서 동성동본일 때 항렬자만을 보고도

44) 최재석, 「조선시대의 족보와 동족의식」, 『역사학보』 81집, 1979, p.68.
45) 최재석, 앞의 논문, pp.69~71 참고.

시조의 몇 세손이고 상대방 친족과 어떤 계촌인지 알 수가 있는 것이다.

종종 집안에서 사용하는 이름과 호적이나 족보에 올리는 이름이 다른 경우가 있는데, 이는 족보나 호적 등 문서상으로는 그 문중의 항렬법칙에 따르기 때문이다.

문중에서 항렬자를 정함에 있어 어떤 규칙을 갖고 미리 정해놓아 후손들이 이를 따르게 하는데 이는 매우 다양하다.

첫째는 오행법이다. 이는 오단위 기준 반복법이라 하여 우리가 일반적인 가문에서 가장 많이 사용하는 것이다. 이는 목·화·토·금·수의 다섯 자를 상생의 법칙을 적용하여 만든 것으로 목생화·화생토·토생금·금생수·수생목을 말한다. 이것의 사용에는 부수로 사용하거나, 이들 모양이 있는 글자와 뜻이 있는 글자와의 관계가 있는 글자로 계대에 따라 차례대로 반복적으로 사용하는 것이다.

(전주최씨 등)	鎭 —	澈 —	植 —	炳 —	奎 —	鍾 —	洛 —	東 —	燮 —	遠
	(金)	(水)	(木)	(火)	(土)	(金)	(水)	(木)	(火)	(土)

(능성구씨 등)	熙 —	奎 —	鍾 —	洙 —	相 —	燮 —	均 —	鎭 —	泳 —	根
	(火)	(土)	(金)	(水)	(木)	(火)	(土)	(金)	(水)	(木)

둘째는, 천간 기준법으로 10단위 기준 반복법이라 하는데, 갑·을·병·정·무·기·경·신·임·계를 계속 반복해서 사용하는 것이다. (강릉김씨 송오공파 등)

萬○ —	○九 —	命○ —	○寧 —	茂○ —	○紀 —	庾○ —	○宰 —	聖○ —	○揆
(갑)	(을)	(병)	(정)	(무)	(기)	(경)	(신)	(임)	(계)

셋째는, 지간 기준법으로 12단위 기준 반복법이라 하며, 자·축·인·묘·진·사·오·미·신·유·술·해를 계속 반복해서 사용하는 것이다. (강릉김씨 송오

공파 등)

學○ — ○秉 — 演○ — ○卿 — 振○ — ○起 — 南○ — ○來 — 東○ — ○猷醇 — 成 — 玄
(子) (丑) (寅) (卯) (辰) (巳) (午) (未) (申) (酉) (戌) (亥)

넷째는, 숫자 일에서 십까지를 순서적으로 반복하는 10단위 기준 반복법이다.

(안동권씨 등) 丙 — 重 — 泰 — 寧 — 五 — 赫 — 純 — 容 — 九 — 升
(一) (二) (三) (四) (五) (六) (七) (八) (九) (十)

다섯째는, 차례나 위치를 나타내는 문구를 순서적으로 사용하는 것이다. 예를 들어 순서를 뜻하는 맹·중·숙·계(말) 또는, 수와 부를 기원하는 구·수·천·만·억·조 등의 문자나 원·형·이·정·이라든지 인·의·예·지, 그리고 효·제·충·신 등이다. (여산송씨 밀직공파 등)

元—亨—利—貞—仁—義—禮—智—孝—弟—忠—信

이외에도 오행에서 목-수(고령신씨), 수-토(전주김씨), 토-금(수원최씨)자를 반복해서 사용하는 경우와, 화-토-수(한산이씨), 화-토-금(밀양대씨), 화-수-토(인천채씨)를 순서로 반복해서 사용하여 항렬자를 사용하였다.

이렇듯 항렬자는 각기 문중에서 특성에 맞게 미리 정하여 후손들에게 사용하도록 하였지만 강제성은 없어서 모두 사용한 것은 아니다. 항렬자는 성씨 또는 종파마다 다를 수 있고, 한꺼번에 수백 대까지 항렬자를 정하는 것은 거의 불가능하기 때문에 성씨마다 필요에 따라 20~30대로 한정해 항렬자를 정하는 것이 일반적이다.

항렬자의 사용은 혈연적인 근친관계에 사용하는 것이 가장 기본적이나, 촌수가 멀더라도 동일한 거주지에 거주하여 상호교류가 활발하게 되어 족적 유대가 강한 종족끼리 사용한 경우도 있다. 또한 이외에도 두 가문간의 양자의 교환으로 인해 동일한 항렬자를 사용하는 경우와 중앙 정치무대에서 활동하는 유력한 가문의 항렬자를 사용함으로써 자기 가문의 지위향상을 갖기 위해 그들의 항렬을 사용하는 경우도 가끔 있었다.[46]

> 항렬은 같은 혈족 사이의 세계에 위치를 표시하기 위하여 마련된 것으로서 이는 문중 율법의 하나이다. 그런데 항렬자를 몰라서 이에 따르지 못한 사람이나 항렬을 알면서도 이를 무시하고 제각기 마음대로 이름을 짓는 일이 적지 않았다, 만약 항렬자를 떠나서 이름을 짓게 되면, 첫째로, 세대를 분간하기 어렵고, 둘째로, 문중의 율법을 배반하고 독자적인 행위를 범하였기 때문에 가문의 질서를 문란케 하는 일이라 생각하여 그를 대하는 사람들이 항상 그의 신의를 경계하게 하였다. 셋째로, 문중의 법도가 없는 가문의 자손으로 인식하게 되기 때문에 자신의 발전과 영달을 위하여 매우 불리하므로 항렬자를 사용하도록 하였다.[47]

(6) 기 · 지와 발문 · 부록

記와 誌에는 시조 또는 중시조 및 파조의 전기, 묘지, 묘소 지형도,

---

46) 차장섭, 앞의 논문, pp.60~62 참고. 원래 양자는 혈연적으로 근친관계에 있는 가문끼리 이루어지는 것이 원칙이지만, 시간이 흐르면서 양자의 범위는 확대되었다. 이는 혈연적 관계가 멀다고 하더라도 동일 거주지의 종가끼리 혹은 이름있는 집안끼리 양자가 이루어졌다. 강릉김씨 족보에 있어서 27세 득원은 몽호의 아들로 44촌간인 여에게 양자로 갔다. 이들 두 가문은 시조 김주원의 5세손으로 각기 다른 파이다. 그런데 이들 가문끼리 양자를 교환함으로써 득○의 항렬자를 같이 사용하였다. 그런데 서로 양자를 교환하는 것은 두 가문간의 교류가 활발함을 의미한다. 따라서 양자교환으로 족적 유대가 강화되면서 동일한 항렬자를 사용한 것이다.

47) 『강릉김씨족보』.

신도비문 등을 수록한다. 또 높은 관직을 지냈거나, 문중을 빛낸 유명인물, 국가에 공훈이 있는 인물, 학자로서 존경받는 인물들의 전기나 언행록 등을 기록한다. 오늘날에는 시조의 묘소나 묘의 전경, 산 지형도, 시조의 사당이나 서원, 초상화, 문중에서 내려오는 가보 등을 사진으로 찍어 기록하기도 한다.

발문은 편집후기에 해당하며 내용은 서문과 비슷하나, 편찬 경위가 보다 구체적이고 족보 편찬에 필요한 수단과 물질적 도움을 준 종족들의 기록이 자세히 수록되어 있다. 발문은 족보 편찬 때마다 쓰여지는 것이 보통이지만 반드시 발문을 수록하는 것은 아니었다.

부록에는 족보에 필요한 지식, 친족간의 호칭, 역대 왕계표, 역대 관직표, 품계표, 관직 해설표, 연대 대조표 등이 실려 있다. 또한 축문, 혼례나 제례 때에 의식의 순서를 적은 홀기를 기록하여 후손들에게 이를 따르도록 하고 있다.

이상에서 살펴보듯이 조선에서는 씨족 구성원이 확대되면서 일정기간이 지난 후에 뛰어난 조상을 중심으로 새로운 파를 형성한다. 이러한 파는 결집력이 큰 혈연집단으로 조직력이 강한 최소 단위의 집단이다. 따라서 이들을 결집시키고 종족의식을 강화시키는 데 족보가 큰 역할을 하였던 것이다.

조선에서의 족보 형태는 여러 가지로 나타난다. 직계조상을 세대별로 기록한 가승을 비롯하여, 기록의 범위에 따라 팔고조도, 십세보, 십육조도, 기록된 자의 친·외손 범위에 따라 내보와 내외보로 나타났다.

또한 조선의 족보는 중국과 달리 편찬에 있어서도 일정한 체계를 갖추고 정형화 되었다. 여기에는 계대를 나타내는 세계표뿐만 아니라 종족의 내력과 편찬 동기를 나타낸 서문과 발문을 비롯하여, 편집 방침인 범례, 현조들의 사전·묘지·신도비문·언행록 등을 기록하여 후손들이 가문의 내력을 알게 하고, 조상에 대한 긍지를 갖게 하였다. 또한 종족간의 계대를 알 수 있도록 일정한 규칙을 정해놓은 항렬은 종족간의 위계질서와 후손의 영원성을 나타내기도 하였다.

제2절 족보의 변천과정

1. 구보의 성립

조선에 있어서 족보의 성립이 언제부터 이루어졌느냐는 이론이 많다. 앞에서도 언급했듯이 정확한 사료가 전해지지 않고 또한 족보라는 형태의 기준을 어디에 두느냐에 확고한 이론이 정립되지 않았기 때문이다. 그러나 분명한 것은 조선도 중국과 마찬가지로 종족의 성립이 이루어지고 성씨의 개념이 정착되었을 때, 어떤 형태로든 자신의 가계기록이 이루어졌다는 것이다. 하지만 조선은 그 기록이 중국과는 달리 거의 전해지지 않아 중국보다는 훨씬 후대로 내려갈 수밖에 없다.

조선은 오래 전부터 집단적 혈통의식의 표현으로 제사나 축제의식 같은 행위를 통해 종족의식을 강화시켜 나갔다. 이는 종족간의 일체감을 형성하기 위하여 같은 혈연의 씨족집단들이 공동의 조상을 섬기며, 다른 집단과의 경쟁과 차별을 주기 위한 행위이기도 하였다. 이러한 종족의식의 강화는 스스로 혈통의 계보를 보전하기 위한 노력으로 나타났고, 문자시대 이전에는 암송[48]이나 구전을 통하여, 이후에는 기록을 통하여 이어져 내려왔던 것이다.

---

48) 예전에는 전문적인 보학자가 많이 배출되어 자기의 가계를 시조부터 줄줄이 외어 암송하는 자들이 많았다. 지금도 경상도 지역에 가면 보학에 해박한 노인들이 자신의 가계뿐만 아니라 다른 가문의 가계도 줄줄이 외우고 있는 경우도 있다.

모든 역사의 흐름이 그러하듯 족보의 성립도 중국에서 전해져 왕실이 이를 적극 수용하여 왕통의 후계자 문제와 혈통의식을 정리하기 위해 계대를 기록하였다. 이후 왕실과 혼인관계가 있는 지배계층으로 점차 확산되었던 것이다. 조선은 왕실과 지배계층의 혼인에 있어서도 족내혼의 범위를 벗어나 다른 성씨와의 족외혼이 이루어졌다. 각 가문에서는 혼인을 통하여 집단과 집단의 결합으로 인한 신분의 상승을 꾀하였고, 이를 위하여 자신이 속해있는 가문의 등급을 매우 중요시하여 기록으로 남기려 하였던 것이다.

고대 국가가 성립되면서 정치적 지배 권력들은 가문의 우월성과 후계자 선임의 정통성을 강조하면서 독자적인 가계 전승의 중요성을 깨닫고 그 기록을 남기게 된다. 이러한 것은 문헌에는 실전되어 나오지 않지만 비문이나 묘지명에 나타나고 있어 가계기록의 연구에 많은 도움을 준다. 특히 묘지명을 작성할 때 그 가문에서 그 당시의 어떤 기록이나 또는 구전으로 전해오는 가계 내역을 참고하였을 것이다.

그러나 반드시 가문이 흥성했던 집안만 가계기록을 남긴 것은 아니다. 다른 한편으로는 중대의 전제왕권으로부터 소외되거나, 하대의 혼란 속에 정치적으로 몰락하는 가문이 점차 늘어나면서, 그들의 불우한 처지를 극복하고자 하는 혈족집단들의 가계기록도 많이 만들어졌다. 이러한 것은 고려시대에는 일정한 형태를 갖춘 가계기록이 존재하고 있다는 것을 나타내주고 있는 것이다.

또한 특정한 가문에서 전기류의 저술이 활발해짐에 따라, 그 개인이 속한 가계에 대한 관심도 높아지게 되었다. 뛰어난 가문에서는 후손들에 의해 선조에 대한 기록을 독자적으로 정리하고 작성하는 경우도 있었다. 그러므로 이 시기에 전기물 등이 많이 저술되었다는 사실은 여러 가지 이유에서 독립되고 분화된 가계의 기록을 정리할 사회적 필요가 생겨났음을 말해 주는 것이라 할 수 있다. 아울러 이러한 기록이 정리되면서 그 가계 구성원들의 가계의식과 소속감도 더욱 증대해 갔을 것이다.[49)]

조선에서의 족보 원형이라 할 수 있는 가계기록은 『가승』·『가보』·『세보』·『가록』·『가전』·『가장』·『세계』·『가첩』·『가계』·『보첩』·『내외보』·『팔고조도』·『십육조도』·『십세보』 등으로 나타난다. 이 중에서도 가승은 가장 일찍부터 출현하였으며, 어느 시기에나 보편적인 형태의 가계기록이었다. 이는 주로 필사본에 의해 제작되고 일부 소수의 가족만이 가질 수 있어 그 편찬된 수가 적었기 때문에 지금에 전해지는 것은 매우 적으나, 이후 조선시대에 들어와 족보의 제작에 중요한 자료가 되었다. 또한 가승은 족보 출현 이전에만 발달하였던 것이 아니고 이후에도 각 가정이나 가문에서 형태와 내용을 다양화시켜 작성되었으며 이를 보관하고 전승하여오고 있다.

고려시대에는 국가가 정책적으로 고려개국의 공신들에게 사성을 하고 본관을 주어 왕실의 안정을 꾀하려 노력하였던 시기였다. 또한 호족들과의 정략적 혼인정책으로 여러 가문들과 관계를 맺으며 왕실의 기강을 바로잡고 계대를 바로 세우기 위해 노력하였다.

고려 성종대에는 종묘제가 실시되어 왕실에서 선조들에 대한 제사를 지냈으며, 왕실의 족보를 관리하는 전중성[50)]을 설치하여 왕실의 계보를 정리하였다. 의종 때 김관의에 의해 최초의 왕실 족보인 『왕대종록』이 2권으로 정리되었고, 임경숙은 1228년(고종 15) 최보순·김양경·유승단

49) 김용선, 「족보이전의 가계기록」, 『한국사 시민강좌』 24집, 일조각, 1999.2, pp.4~10 참고.

50) 고려시대 왕실의 보첩을 맡아보던 관청으로 목종 때 전중성이라고 하던 것을 뒤에 전중시로, 1298년(충렬왕 24)에 종정시로, 다시 전중감으로 바꾸었다가 1310년(충선왕 2)에 종부시로 개칭하였다. 1356년(공민왕 5)에 다시 종정시로, 1362년(공민왕 11)에 종부시로 여러 번 개칭되었다.

등과 함께 『경원록』을 만들었다. 또한 친족의 등급에 따라 상복을 차별되게 입는 오복제가 제정되었으며, 음서제도의 시행으로 문벌의 형성과, 그 문벌끼리의 위치상승을 위한 혼인관계를 맺게 되었다. 이러한 이유로 각 가문들은 그들 자신의 가계기록[51]을 필요로 하였던 것이다.

고려시대에는 종실·귀족·공신과 고급 관인의 내외자손에 대하여는 내외조음 또는 문음을 승계하는 길이 여러 대에 걸쳐 지속될 수 있었다. 본인의 4조(부·조·증조·외조)는 물론, 종실과 각종 공신들의 친손과 외손자손에게는 승음의 길이 열려있어 이러한 내외(부모)세계를 증빙하는 이른바 '씨족'·'세계도'·'족도'·'가첩' 류가 작성되어 비치되었던 것이다.[52]

이러한 기록들은 과거에 응시하거나,[53] 관직진출 또는 승음을 위하여 제출하는 '8조 호구'와 같은 형식이었다. 이는 입학·응시·초입사에서 제출하는 '씨족',[54] 또는 관인의 이력서인 '정안'의 기재 자료로 활용되었으며 호적과 함께 비치되어 관직으로 나아가는데 참고로 했다.[55] 특히 고려

---

51) 김의원의 묘지(1152년, 의종 6) 기록에는 "옛날에는 족보가 없어 조상의 이름을 모두 잃었다"라고 적혀있어 고려 초기에는 가계기록인 보첩 같은 것은 없었다고 생각된다.

52) 『고려사』 권75, 선거3, 凡敍功臣子孫條.

53) 『고려사』 권73, 지 권27 선거, "內史門下奏氏族不付者 勿令赴擧" ; 『고려사』 권95, 열전8. 최충조, "及第 李甲錫 不錄氏族 不宜登朝" ; 『고려사』 선거지 과목2, 원종 14년 10월條, "其赴試諸生 卷首 寫姓名本貫 及四祖糊封 試前數日 呈試院".

54) 고려시대에 군현토성에서 상경하여 관리가 된 사족들의 성과 본관, 그리고 내외세계 및 이력 등이 기재된 문서.

55) 각 군현의 읍사에는 향리의 명부인 『이안』이 비치되어 향리직의 선임과 승진, 향공과 기인선발 등에 활용했다. 이것은 각 읍 향리의 세계와 족파를 구체적으로 파악할 수 있는 문서로서, 그들의 내외세계와 가문의 높고 낮음 및 개별적인 인적 사항이 기재되었다. 이러한 중앙과 지방의 성관 자료가 조선조에 들어와 『세종실록 지리지』 '성씨조'의 기본이 되었다고 본다. 특히 각 읍사에 비치된 『이안』은 조선시대 각 고을마다 재지사족의 명부인 『향안』이 유향소나 향교에 비치되었던 것과 같다. 읍사에서 소장한 『이안』과 관리의 「세계도」·「족도」가 원형대로 현존하는 것은 없지만 여말선초의 호구 또는 호적관계 단간에서 살펴볼

말 이후부터는 각 읍마다 유향소가 설치되고 그 구성원과 임원들의 선거에 있어서 향안이 작성되면서 족도가 활용되었다.[56]

이러한 족도는 15세기 후반에 편찬된 족보와는 다른 형태였다. 이는 직계 내외 조상의 세계나 부·모·처와 본인을 중심으로 한 승음의 한도에서 주로 아버지와 어머니 조상의 세계를 대상으로 하였고 방조나 방계의 족파는 제외하였다. 즉, 본인을 중심으로 부계와 함께 모계·조모계·증조모계와 그들의 외조모계 및 처 내외조 계통 등을 계보화한 것이었다. 이렇게 기록자를 중심으로 종적으로 조상 세계를 계보화한 것이 세계도이며, 횡적으로 자녀 및 내외손의 계통을 정리한 것이 족도였던 것이다. 세계도와 족도는 하나의 가첩류로서 어디까지나 본인의 혈통 유래를 추적하는 동시에 당시 자녀균분상속제와 관련한 상속 범위와도 대체로 일치하였다.[57]

고려 후기에 들어와서는 「이씨보」, 「완산지최씨보」, 「서원정씨보」 등과 같이 선조로부터 자신에 이르기까지 각 조상의 배우자를 세대별로 기록하고 전기사항을 밝힌 기록물들과, 「김천세계도」[58]·「압해정씨세계도」[59]·「강릉김씨선대세계표」·「김숙자보도」[60]등 신보의 모델이 될 만한

수 있다.

56) 이수건, 「조선전기 성관체제와 족보의 편찬체제」, 『박영석교수 화갑기념 한국사학논총』 상, 1992, p.762.

57) 이수건, 「족보와 양반의식」, 『한국사 시민강좌』 24집, 일조각, 1999.2, p.35.

58) 의성김씨 호구단자(1390년) 끝에 첨부된 세계도로 본인의 부와 모, 그리고 처의 삼족이 6대조까지 기재되어 있다.

59) 「압해정씨 세계도」는 고려 말 조선 초에 작성된 호구단자로서 그 세계도의 후손인 정수강 대에 와서 「월헌첩」으로 정리하면서 후대에 계보가 첨가된 것이다. 이것은 다시 후손 정시걸에 의하여 「압해정씨술선록」에 후대 계보와 선조들의 기년과 행적이 재수록되어 현존하는 것이라 볼 수 있다.

60) 김종직의 조상은 고려 초기부터 선산의 호장직을 세습하였으며, 김종직의 조부 김광위가 고려 말에 명법업(율령에 능통한 사람을 뽑던 잡과)으로 급제하여

구체적인 가계기록이 간행되었다.

고려 후기 원나라의 지배 아래 정치적 혼란기로 인한 사회의 변화로 신분에 동요가 일어나, 이전의 문벌귀족이 쇠퇴하고 향리와 선비 등 다양한 계층들이 중앙정계로 등장하였다. 이들은 기존 문벌귀족에 대응하고자 자신들의 사회적 위상을 높이고 가문을 빛내기 위한 가계기록을 정리하면서 이것들의 확대재생산을 통해 조선시대 신보의 발달을 확대시켰다. 그러나 고려는 일가를 중심으로 한 협의의 가문일 뿐 광의적 가문의 형성이 나타나지 않음에 따라 조선에서와 같은 족인 전체를 대상으로 한 족보 형태는 나타나지 않았다. 이때는 자신의 직계를 중심으로 단순히 혈연계통을 기록한 것을 기반으로 출사 및 승음, 혼인에 필요한 가계기록의 형태로 나타났던 것이다. 또한 방계 계통은 제외된 직계 조상의 세계를 기록한 족보였던 것이다.

2. 신보의 발달

위에서 살펴본 15C 이전의 가계기록이나 족도가 나타난 시기의 족보를 구보라 하고, 15C에서 17C까지를 족보 편찬의 과도기라 부르며, 중국 종보의 영향을 받아 내보의 형태를 갖춘 17C 이후의 족보를 신보라 구분하여 서술하고자 한다.

다음의 표와 그래프는 조선에서의 시기별 족보 편찬 발간 추세이다.

출사하면서 비로소 향역에서 벗어나 사족으로 성장하였다.

〈표 5〉 족보의 왕대 시기별 발간 빈도표

연대별 시기	왕대별 시기	회수	빈도
1476~1505	성종·연산군	1	0.033
1506~1544	중종	1	0.026
1545~1567	인·명종	2	0.087
1568~1598	선조전반	1	0.032
1599~1622	선조후반·광해군	1	0.042
1623~1649	인조	8	0.296
1650~1674	효·현종	9	0.360
1675~1700	숙종	14	0.539
1701~1724	숙종후반·경종	16	0.667
1725~1750	영조전반	19	0.731
1751~1776	영조후반	45	1.731
1777~1800	정조	47	1.958
1801~1834	순조	129	3.794
1835~1863	헌·철종	183	6.310
1864~1884	고종전반	159	7.571
1885~1910	고종후반·순종	346	13.308
1910~1945	일제강점기	2584	73.829
1946~1970	현대사회1	769	30.760
1971~2005	현대사회2	3865	110.429
1476~2005	전체	8199	15.467

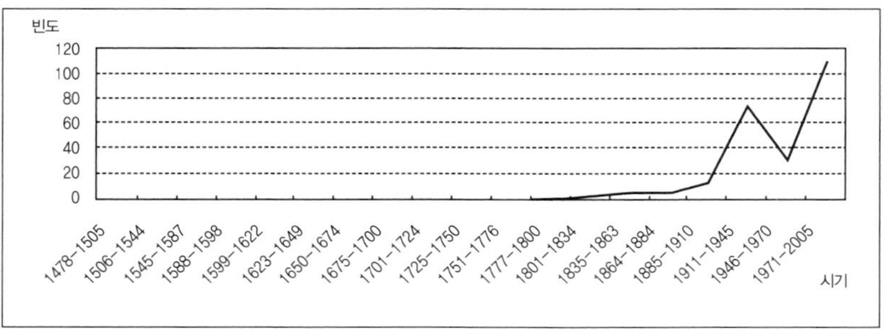

〈그림 6〉 족보의 왕대 시기별 발간 그래프

조선에서의 족보 발간 수는 1476년『안동권씨 성화보』발간 이후 1700년까지 37여 종이 발간되어 연간 편찬 빈도수가 0.16으로 매우 적었다. 이후 1700년부터 1910년까지 944종이 발간되어 연평균 4.5종이었다. 특히 양란 이후 인조 대인 17C 중반에 들어와서 그 빈도수가 급증하여 이전보다 10배 이상 증가하는 것을 알 수 있다. 이어 서서히 증가하다가 18C 중반인 영조 대부터 또 다시 급증하기 시작하여 조선 후기까지 계속하여 증가하는 것을 알 수 있다. 따라서 조선에서의 시기별 족보 편찬 증가의 변화에 대한 정치·사회·경제적 요인을 중심으로 살펴보겠다.61)

〈표 6〉 1476~1910년간 연대별 족보의 발간 추세표

연대별 시기	회수	빈도	연대별 시기	회수	빈도
1476~1500	1	0.04	1801~1810	52	5.20
1501~1600	4	0.04	1811~1820	11	1.10
1600~1700	32	0.32	1821~1830	48	4.80
1701~1710	7	0.70	1831~1840	34	3.40
1711~1720	8	0.80	1841~1850	69	6.90
1721~1730	4	0.40	1851~1860	77	7.70
1731~1740	6	0.60	1861~1870	67	6.70
1741~1750	10	1.00	1871~1880	93	9.30
1751~1760	9	0.90	1881~1890	47	4.70
1761~1770	30	3.00	1891~1900	124	12.40
1771~1780	10	1.00	1901~1910	195	19.50
1781~1790	19	1.90	1476~1910	981	4.50
1791~1800	24	2.40			

* 1476~1700년까지는 발간회수가 적어 100년 단위로, 1700년 이후부터는 10년 단위로 하였다.

61) 이 자료는 국립중앙도서관·한국학중앙연구원·정독도서관을 비롯한 국·공립도서관과 서울대학교 규장각을 비롯한 대학 도서관, 그리고 부천족보도서관에 소장된 계보 중에서 발간연도가 확인된 8199종(중복 삭제)을 관계형 자료로 입력하여 분석한 조선시대 족보 발간수 변화 통계이다. 시기의 분류는 왕의 집권기에 대한 상황을 살펴보기 위해 연대를 균분하게 나눈 왕대별과 18C 이전에는 100년 단위로 그 이후는 10년 단위의 연대별로 나누어 구분하였다.

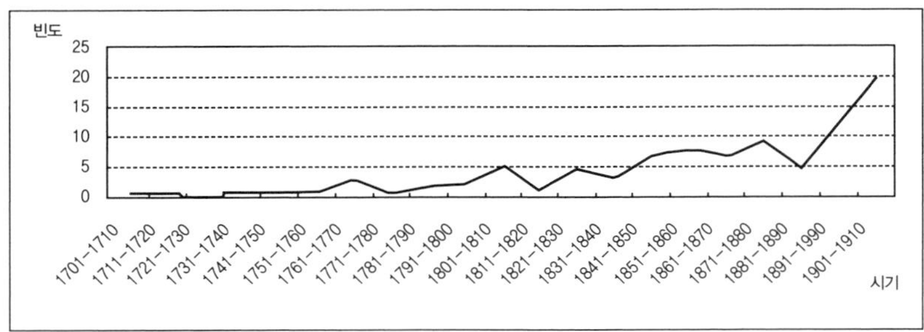

〈그림 7〉 1701~1910년간 연대별 족보의 발간 추세 그래프

조선을 건국한 이성계는 고려 말부터 중앙정계에 진출한 신진사대부들을 적극적으로 등용하며 유교를 통치이념으로 조선을 건국했지만 고려의 문화나 사회질서를 한꺼번에 변화시킬 수는 없었다. 더구나 오랫동안 지배계층으로 기득권을 지켜오던 명문거족들을 무시하고는 나라의 안정을 꾀할 수 없었다. 따라서 이들 지배계급에 의한 사회구조는 고려 말과 크게 달라질 것이 없었다. 물론 정치적으로는 새로운 법령 아래 체제를 구조적으로 바꾸어 놓았으나 사회구조를 바꾼다는 것은 그리 쉬운 일이 아니었다.

조선은 고려 말에 정주의 성리서적과 『주자가례』가 전래되고, 안향과 백이정·이제현, 그리고 이색과 우현보 등이 성리학에 일가를 이룬 덕분에 건국의 이념인 성리학적 유교사회의 전통을 성립시키고 이론적 명분을 쌓아갔다. 또한 14C 이후부터 5세기 동안에 걸쳐 누적적으로 이루어진 국가와 사회의 '유교적 전환(Confucian Transformation)'을 주요 기초로 하고 있다[62]고 할 수 있다.

조선은 중국 문화의 영향을 받은 사대부들을 중심으로 주자학적 예제와

62) M. Deuchler. *The Confucian Transformation of Korea-A study and Ideology,* Harvard University Press. 1992 참고.

종법제의 요소인 부계친족 중심의 가족제도와, 같은 성은 결혼하지 않는다는 '동성불혼'[63] 및 다른 성에서 양자를 들이지 않는다는 '이성불양', 그리고 신랑이 신부집에 가서 예식을 올리고 신부를 맞이하는 '친영례'와 큰 아들이 제사를 지내는 '장자 봉사제', 자녀차등 상속제와 같은 사회구조적 변화가 점차적으로 진행되고 있었다.

고려 말 사대부들은 지방 균현의 향리 가문 출신들로 중소지주의 경제적 기반을 바탕으로 과거나 군공, 임시로 벼슬을 주는 '첨설직' 등을 통해 중앙 관인으로 등장하였다. 이들은 원나라로부터 전래된 신유학을 적극 수용하면서 유교이념에 따른 조선왕조 건설에 참여하게 된다. 이들은 가문의 번성과 문중의 결집을 위해 족보 편찬에 앞장서고, 새로운 종족집단을 이끌어 가며 종족을 바탕으로 조선사회의 신진세력으로 부상하게 된다.

족보에서의 진행과정도 사회구조의 한 부분이기 때문에 새로운 국가가 건국되었다고 해서 그 형태나 구조가 고려와 크게 달라지지는 않았다.[64] 그러나 이전까지 가계기록의 형태를 벗어나 새로운 형태의 족보들이 나타난다. 이들 족보를 시작으로 일부 양반가를 중심으로 족보 편찬이 이루어지고, 임진왜란과 병자호란이란 조선최대의 사건을 겪으며 획기적인 사회구조의 변화과정 속에 족보에 대한 관심이 높아지면서 족보 편찬의 활발한 전기를 맞는다.

과도기의 족보로는 1476년에 발행된 『안동권씨 성화보』와 1546년에

---

63) 『春秋左傳』, 僖公 23년, '男女同姓 其生不蕃', 주나라 시대의 혼인제도 규범에는 "남자와 여자가 동성이면 그 자손이 번창 하지 못한다" ; 『國語』, 晉語, '同姓不婚 惡不殖也', "동성끼리 혼인하지 않는 것은 자손이 번식하지 못하는 것을 싫어하였기 때문이었다"라고 하여 근친혼을 방지하였다.

64) M. Deuchler. *The Confucian Transformation of Korea-A study and Ideology*, Harvard University Press. 1992 참고.

발행된 『순흥안씨 가정보』, 1565년에 발행된 『문화유씨 가정보』,[65] 1575년의 『능성구씨 을해보』, 그리고 형태가 다른 1565년에 발간된 『강릉김씨 을축보』 등이며, 이 시기를 전후하여 많은 족보가 발간되었다. 이 시기에 발간된 족보를 살펴보면 다음과 같다.[66]

그러나 이들은 서문만 전할 뿐 전해지지 않는다.

고려와는 달리 조선에서는 왕실족보가 활발하게 편찬되었다. 이러한 왕실족보의 활성은 조선의 족보 편찬의 원동력이 되었다. 1392년(태조 원년)에 왕실의 족보를 편찬할 관서로 전중시를 설치하고 왕실 내부의 일과 보첩을 맡아보았다.[67] 이후 1401년(태종 원년)에 종부시로 개편된 후,[68] 재내제군부에 통합하였다가, 1430년(세종 12)에 종부시로 독립되었다.[69] 이들의 족보는 선원록과 돈녕보첩으로 구분되며[70] 선원록의 종류에

---

65) 이긍익, 『연려실기술』 별집, "我東族譜 嘉靖年間 文化柳氏 最先刱". 『문화유씨 가정보』는 의흥현감 유희잠이 숙부인 유관이 을사사화에 연루되어 문소(의성)에 유배되었을 때, 종매서인 경상도 관찰사 정종영 및 삼남 각 고을 수령들의 도움을 받아 1542년(중종 37) 임인년 겨울에 시작하여 24년 만인 1565년(명종 20) 을축년 4월에 완간된 10권의 족보이다. 이 보는 각서 영인본으로 각 고을의 관장 191명이 사업에 호응하고 경상도 40여 고을에서 각수 48명이 동원되었다. 원본은 경북 안동군 도산서원에 소장되어 있다.

66) 여기서 형태가 다르다는 말은, 앞의 3가지는 출생 순으로 친손과 외손을 모두 기록한 '내외보'의 형태를 띠었고, 『강릉김씨 을축보』는 친손 중심으로 선남후녀 방식의 부계중심으로 기록된 전형적인 조선 후기의 족보형태인 '내보' 형태를 띠어서 필자는 이 시기를 족보편찬의 과도기라고 하였다.
조사에 의하면 족도와 약 2세기 동안에 창시보로 출간된 족보는 약 60여 개 정도이며 이중에서 지금까지 내려오는 것은 약 30개 미만이다.

67) 『태조실록』 권1, 원년 7월 정미조, "殿中寺 : 掌親屬, 譜牒及殿內給事等事. 判事二, 正三品 ; 卿二, 從三品 ; 少卿二, 從四品 ; 丞一, 從五品 ; 直長二, 從七品".

68) 『태종실록』 권2, 원년 7월 경자조, "殿中寺爲宗簿寺".

69) 『세종실록』 권50, 12년 11월 병인조, "吏曹啓 : '前此宗簿寺, 屬於在內諸君府, 兼掌府中雜物, 今本寺別爲衙門, 專掌糾察, 故本府無僚屬. 自今在內諸君府, 改稱宗親府, 設僚 屬, 稱爲典籤司. 典籤一人正四品, 副典籤一人從五品, 以事簡各司祿官, 隨品兼差 ; 錄事一人從八品, 副錄事一人從九品, 以事簡功臣都監丞錄

는 『종친록』·『유부록』[71]·『가현록』·『유부가현록』·『선원가현록』·『당대선원록』·『각왕선원록』·『각왕종친록』·『각왕류부록』 등이 있다. 이들의 등장은 사대부 가문에까지 영향을 끼쳐 조선조 족보 발달을 자극했다.

〈표 7〉 15~16C初 과도기에 발간된 족보

족보명	발간연도	편찬자
해주오씨세보서[72]	1401	오선경
수원백씨세보서	1405	황희(서문)
광주안씨족보	1400~1421년간	안성
문화유씨영락보	1423	유영
진주하씨족보	1451	하연
남양홍씨세보서	1454	홍일동
원주원씨천순보	1457	원구
전의이씨족보	1476	이린
남원양씨족보	1482	이숙왕함
양성이씨족보	1480년대	이승소
창녕성씨족보	1493	성현
김숙자보도[73]		김종직
한양조씨세보	1524	

事, 各一移差, 俾掌雜務.'從之".

70) 선원록류는 대체로 종부시에서 작성하였으며, 왕의 내외 후손인 왕친을 대상으로 하였다. 이에 비해 돈녕보첩은 돈녕부에서 작성하였으며, 왕의 내외 후손인 왕친과 함께 외척이 대상이었다. 선원록류는 다양하지만, 돈녕보첩은 단일 종류이다.

71) 『유부록』에는 왕들의 본처소생 딸들인 종녀와 왕들의 서자를 기록한 족보다, 이는 직계 및 적자로 이어지는 정통 계보만을 수록한 종친록과 차별화함으로 자신의 정통성과, 후에 일어날지도 모르는 왕권후계자 문제를 해결하기 위함이었다. 이 두 가지가 돈녕보첩과 함께 왕실 족보를 대신한다. 후에 이들을 함께 선원록이라 부른다. 일반 백성들은 이와 비슷한 『별보』를 만들어 서손만을 따로 모아서 만든 족보가 있다.

72) 원래의 이름은 「건문삼년신사족도」이다. 이 족도는 1세부터 9세까지와 해주오씨 3세에서 5세까지의 혼인관계를 이루는 집안의 가계를 상세히 기록하였다.

73) 1458년(세조 4)~1475년(성종 7)에 완성된 김종직이 쓴 『이존록』의 「선공보도」는 조계와 족계를 '보'와 '도'로 구분한 보도이다. 보는 시조 이하 각 조상의 내외

조선왕조가 주도적으로 왕실 계보를 편찬하게 된 이유는 여러 가지가 있지만, 중요한 몇 가지를 살펴보면 첫 번째는, 신라와 고려를 거쳐 계속되던 왕실 족내혼이 조선에 이르러 철저한 족외혼으로 바뀌면서 혼인에 관계된 보첩이 필요했기 때문이었다. 두 번째는, 태종의 왕권강화책으로 인하여 조선 초 혼란기에 일어날 수 있는 왕위계승분쟁의 우려를 사전에 방지하고 왕위 계통의 정통성을 마련하기 위함이었다. 세 번째는, 왕족들의 인적 정보를 체계적으로 관리하여 혈통의 순수성을 유지하게 하고, 나아가 국가에서 왕족들을 견제하며 도움을 주기 위함이었다.

태조는 혁명을 일으키며 자신의 이복형제들인 이원계와 이화의 도움을 많이 받았다. 이들은 개국공신 1등에 녹훈되었을 뿐 아니라 태종 즉위에도 상당한 역할을 했으며, 태조의 묘정에까지 배향된 인물들이다. 또한 이화의 7명의 아들과 이원계의 4명의 아들들은 조정의 고위관직을 차지하며 상당한 세력을 형성하고 있었다. 따라서 불안했던 개국 초의 왕권은 힘 있는 종친에게 돌아갈 수도 있었다. 이러한 상황에서 태종은 2차례에 걸친 형제간의 왕권 다툼을 거쳐 왕위에 오르며 이복동생의 제거 명분을 적서문제로 몰고 갔다. 자신이 정종의 후계자가 되었을 때에도 명분상 정종의 적자가 없어서였다는 이유를 들어 여론을 이끌어갔던 것이다.

태종이 가장 불안했던 것은 사후 왕권후계자 문제에서 태조의 이복형제인 이화와 이원계의 후손들과, 비록 적자는 없었지만 15남이나 되는 정종의 많은 자식들 사이의 예상되는 왕권다툼이었다.[74] 태종은 이들을 조선

세계 및 기록자의 고조부터 자녀까지를, 도는 시조 김흥술로부터 김숙자의 손자까지 부계의 직계조상을 싣고, 다시 보로써 시조 이하 각 조상의 내외 세계 및 기록자의 고조부터 그 자녀까지를 상세히 기록하였는데 이는 구양수의 『구양씨보도』의 편찬체제와 비슷한 것이다. 이는 후에 『선산김씨족보』의 모태가 되었다. 이수건, 『한국의 성씨와 족보』, 서울대학교 출판부, 2003, p.55.

74) 『태종실록』 권3, 2년 정월 신묘조.

왕권 후계에서 배제시킬 목적으로 왕실족보를 직계 시조까지의 조상계보를 기록한 『선원록』과, 태조와 태종의 본처소생인 적자만 기록한 『종친록』, 그리고 본처 소생 공주들을 종녀로, 후처의 소생들인 서를 기록한 『유부록』으로 분할 작성하여 왕실가계의 계통과 적서를 분명히 구분하고자 하였던 것이다. 이 세 가지 왕실족보를 『왕친록』이라고 하였다.[75)]

태종은 그 당시 출생 순서대로 자손을 수록하는 선례가 있었지만, 적자상속의 명분을 세워 태조－정종－태종의 남계 후손을 왕위계승의 후계자로 삼을 정통성을 갖게 하였다. 또한 종친록과 유부록에 기록되지 못하고 봉군이 박탈된 태조의 방계 자손들을 국가에서 보호하기 위해 태종 14년에 돈녕부를 설치하였다.

그 이유는, 조선 건국 직후에는 왕자들과 종친들, 그리고 외척과 부마들은 모두 봉군되어 정치, 군사적 실권을 장악하였다. 그러나 건국 후 태종의 왕권 강화는 필연적으로 이들의 권한을 박탈할 수밖에 없었다. 이에 태종은 공신을 제외한 외척의 봉군을 금지하고 여흥민씨와 청송심씨 등의 외척 제거에 나서게 된다. 이어 1412년(태종 12)에 태조의 방계로서 봉군된 종친 이화·이원계의 자손과 외척으로서 봉군된 자들의 봉군을 박탈하였다. 따라서 이들을 회유하고 대우해야 할 필요성으로 1414년(태종 14)에 돈녕부를 설치하였다.

국가에서는 돈녕보첩을 작성하면서 왕후의 일가 촌수를 돈녕부에서 보단자와 족도만을 가지고 계산했는데 착오가 생길 우려가 있었다. 이에 왕비의 친족 중에서 직위가 높고 명망이 있는 자를 선발해 그로 하여금 친족간의 촌수를 살펴서 돈녕부에 올리도록 하였다. 또한 종친들에게 세금을 면제하여 주기 위해 그들의 계보를 파악해 직접 국가에 제출하도록

75) 『태종실록』 권33, 17년 2월 임술조.

하였다.[76] 태종은 이성계가 사망하자 『태조실록』을 편찬하면서 실행에 옮긴다.[77]

이러한 일련의 사건은 태종 때 서얼금고법과 처첩분간 실행으로 나타나며 이후 서얼의 차별대우로 조선사회에 엄청난 파문을 가져올 뿐 아니라 족보 기재형식에도 획기적인 차별화를 가져온다.

이어 1424년(세종 6)에는 이성계의 4조의 자손과 두 왕비의 친척 세계를 파악하여 『족파록』을 만들었다.[78] 나아가 관부인 충훈부와 충익부에서는 각기 역대공신과 원종공신들의 족보를 작성하고 보관하였다. 왕실과 관부의 이러한 보첩편찬은 명망있는 가문들의 족보 편찬을 촉진하게 된다.[79]

당시의 권문세가들은 왕실의 족외혼으로 왕실과 혼인관계를 맺었다. 따라서 여기에 연관된 가문에서는 어떠한 방법으로든지 보첩을 만들었을 것이다. 이 자료를 바탕으로 탄생한 것이 조선의 최초 족보이자 만성보 성격을 띤 『안동권씨 성화보』[80]이며, 이어 1565년에 편찬된 『문화유씨 가정보』라고 생각된다.[81]

초기의 족보는 개인의 기록이지만 민중의 인적사항을 기록했다는 점에서 호적과 더불어 인적자원을 관리하는 중요한 역할을 했기 때문에 국가의

---

76) 『태종실록』 권23, 12년 5월 기묘조 ; 『태종실록』 권27, 14년 2월 계묘조.

77) 신명호, 「조선전기 왕실정비와 족보편찬」, 『경기사학』 2호, 경기사학회, 1998.2, pp.51~59 참고.

78) 『세종실록』 권24, 6년 6월 기유조 ; 『세종실록』 권27, 7년 2월 임인조 ; 『세종실록』 권27, 7년 정월 병자조 ; 『세종실록』 권28, 7년 6월 을축조 ; 『세종실록』 권39, 10년 정월 신해조 ; 『세종실록』 권78, 19년 9월 정사조.

79) 중국에서도 황실 종보인 옥첩의 편찬이 간접적으로 개인 종보를 편찬하게 하는 주도적 역할을 하였다.

80) 실제로 『안동권씨 성화보』를 살펴보면 왕비 또는 후궁이 6명이나 기록되어 있다.

81) 여기에서 말하는 왕실이란 반드시 종부시에서 관리하는 적자손만을 일컫는 것이 아니라 돈녕부에서 관리하는 방계자손을 포함한 왕의 인척들을 일컫는다.

지원을 받아 편찬되기도 하였다.

이는 관리들의 세계와 족파를 계보화 한 고려시대의 족도가 향리의 승진에 활용되었기 때문에 읍사에 비치한 것과 같은 경우였다. 실제로 『안동권씨 성화보』는 안동부에서 간행되었다. 이는 족보 간행의 경비도 안동부의 공금에서 충당하였다는 것을 의미하기 때문에 공적 사료의 성격을 띠었다고 볼 수 있다.[82] 또 『안동권씨 성화보』와 같은 시기에 간행된 『강릉김씨족도』는 강릉부사였던 외손 이거인에 의해 작성되어 강릉부에 보관되었다.[83] 이러한 것은 호구단자의 기록과 족보의 기록이 동일하며 오히려 족보의 기록이 더 상세한 경우가 많다는데 주목할 필요가 있다.[84] 후대에 와서도 이런 경향이 있었는데 대표적으로 1760년(영조 36)에 편찬된 『풍양조씨 경진보』는 경상감사 조엄에 의해 대구감영에서

---

82) 조선 초기의 족보는 대부분 지방의 감영이나 군현의 감사나 수령에 의해서 간행되었다. 그리고 그 편찬 비용은 감사나 수령이 국고에서 지출하거나 수령이나 찰방 등 각종 외직에 있는 친손이나 외손이 분담하였다.

83) 고려 공민왕 때 이부상서 이거인은 시조의 17세손인 계초의 외손이다. 강릉부사에 부임하여 만세사에 봉안되어 있는 명주군왕 김주원의 세계를 '강릉김씨 왕족도'라 칭하고 김알지에서부터 신라와 고려에 이르는 세계도를 편제하여 부사에 보관하였다. 또한 조선 초기에 작성된 족도도 강릉김씨 19세손 보손의 외손사위인 이의흡의 둘째 아들인 이신효에 의해 작성되었다. 그는 1476년(성종 7)에 강릉부사로 부임하여 부사에 전해오던 왕족도가 훼손되었음을 알고 새로 전사하여 계속 부사에 보관하였다. 이 2종류의 족도는 임진왜란으로 소실되어 현재는 전해지지 않는다. 그러나 이 족도의 편찬과정을 강릉김씨 을축보(1565)의 서문에 기록되어, 족도를 기준으로 족보가 편찬되었다는 것을 알 수 있다. 차장섭, 「조선시대 족보의 편찬과 의의－강릉김씨 족보를 중심으로－」, 『조선시대사학보』 2, 1997.6, p.38 참고.

84) 『세종실록』 권13, 2년 12월, 경오조 ; 『세종실록』 권39, 10년 정월 신해조 ; 『세종실록』 권88, 22년 2월, 신축조 ; 『성종실록』 권63, 7년 정월 기미조.
족도는 고려에서 조선 초기까지 왕실은 물론 사가에서도 세계를 증명하는 하나의 증빙서류로 활용되었다. 특히 조선 초기에는 노비를 둘러싼 송사가 많이 발생하자, 아예 국가에서 이를 증빙하는 방법으로 족도를 만들게 하였다. 또한 조정에서는 성종이 양성지에 명하여 『해동성씨록』을 편찬하게 하였다.

간행되었으며, 1826년(순조 26)에 간행된 『풍양조씨 병술보』는 경상감사 조인영에 의해 대구감영에서 간행되었다.

『안동권씨 성화보』[85]는 외손인 경상감사 윤호에 의해서 안동부에서 간행되었고, 외손인 서거정이 서문을 썼으며, 10여 년의 세월을 거쳐 목판본으로 1476년(성종 7) 병신년에 간행되었다. 이 족보는 가보 소첩에서 출발하여 도보로 발전하였으나, 정식 명칭은 '안동권씨족보'로 표기되어 있고 우측 상부에 '성화병신보'라고 부기되어 있다. 그 뿐 아니라 서문 제호에는 '가보'로, 그리고 발문에는 '족보'로, 본문 서두의 제호는 '세보'라고 되어있는 점으로 보아 성화보가 족보라는 사실은 부인할 수 없을 것이다.[86]

이들은 이러한 족보를 편찬하면서 자신 가문의 기록인 족보의 우월성을 보여주었고, 일반인들에게 씨족의식을 고취시켰으며, 족보에 대한 관심을 높이고 후대의 족보 모델을 제시하였다. 이후 이들 두 족보의 외손관계에 있던 여러 성씨들이 자기들의 족보를 정리하는 데에 많은 도움을 주면서 16C 후반부터 족보 편찬이 활기를 띠기 시작하다가 임진왜란의 발발로 한때 중단되었다.

16C에 들어와서 사림파는 지주전호제를 근간으로 지역에 뿌리를 두고 적극적인 지역개발에 앞장서면서 지방에 근거를 갖게 된다. 이들은 조정의 적극적인 유교 교육의 장려와 선비 양성책을 기화로 재지사족으로서의 자리매김을 하게 된다. 사림파들은 향촌의 권력을 장악하며 유향소와

---

85) 성화보는 1476년(조선 성종 7, 명나라 헌종(성화) 12)에 안동권씨 가문에서 창간된 족보다. 여러 전쟁으로 소실되고 오직 안동 도촌의 권정하의 집에 소장되어있던 유일본도 1849년(헌종 15)에 충원 칠기인 권치인에게 대출된 후 행방이 묘연하다가, 1882년(고종 19)에 환수되었던 것을 1919년에 이르러 중간하기로 합의됨에 따라 1929년 비로소 간행되어 널리 세상에 알려지게 되었다.

86) 권영대, 「성화보고」, 『학술원논문집』, 인문사회과학편 20, 1981, pp.307~308.

사마소를 설치 운영하고, 향약과 서당·서원을 기반으로 하여 씨족과 문중을 중심으로 그들의 세력은 급격히 신장되었다.

17C는 사족세력이 향리세력과 수령 및 훈척세력의 영향력을 벗어나 향촌사회에 대한 지배권을 더욱 더 확대해가며 사족 주도의 정치사회 질서가 정착된 시기다. 이 시기는 사상적으로 퇴계와 율곡이 정립한 조선 성리학의 성과를 조선사회의 기본이념으로 정착시키기 위한 실천 방향으로 예학과 종법을 구체화 시키는 성리학 의식의 확산을 위한 실천의 단계였다.[87] 또한 서로 통혼을 통하여 신분상승을 꾀하였으며, 한미한 가문에서도 과거를 통하여 자신의 가문을 한층 높이려 노력하였다.

이들은 종법제도의 정착 및 예학의 발달과 함께 자신의 조상 중 특정인물을 명조로 받들고, 종가를 중심으로 한 족인들을 결속하고자 동성촌을 기반으로 문중을 조직하였다. 또한 문중 재산을 공동으로 소유하면서 서원이나 사묘를 세우고 문집이나 족보를 편찬하였다. 이는 사회생활에서의 성공이 개인적인 능력보다도 가문을 중심으로 한 집단의 힘에 좌우되었던 사회 현상을 반영하는 것이라고 볼 수 있으며, 동양의 인적 조직의 배타성과 폐쇄성을 그대로 나타내는 것이라 할 수 있다.

이때부터 조선의 보학은 건국이념인 유교사회가 자리를 잡으면서, 종족질서를 규제하고 관리하는 예학과 더불어 유교사회를 이루는 통치 철학의 기본서가 되면서 눈에 띄게 발전한다. 이즈음 각 문중에서는 『진성이씨족보』·『의성김씨족보』·『창녕성씨족보』·『남양홍씨족보』 등이 간행되면서 활기를 되찾았다.

앞의 표에서도 확인되듯이 18C에 들어오면서 족보 편찬은 급속도로 확산된다. 구보인 초기의 족보는 자신의 단순한 가계를 기록하거나 관직진

---

87) 이기순, 「17세기 인물 연구의 동향과 과제」, 『조선인물사연구』 3, 2005, pp.359~360.

출의 요구에 의한 순수한 사회적 기능의 역할이 강조되었다면, 18C 이후에 나타난 신보는 족인들의 정치나 사회의 신분상승을 위한 역할로서 편찬되는 경우가 많았다.

그러면 이처럼 족보 편찬이 급격히 확산되게 된 요인이 어디에 있었는지를 살펴보겠다.

첫째는, 정치적 요인이다. 조선 후기에 들어와 여러 사정으로 향촌세력의 교체가 이루어진다. 특히 당쟁을 야기시킨 한정된 관직은 이들로 하여금 향권 장악을 위한 문중간의 세력 경쟁으로까지 이어진다.[88] 사대부들은 격이 높은 가문과의 혼인을 통하여 가문의 세력을 확대시키려 하였으며, 현조들을 드러내어 가문의 격을 높이기 위하여 족보를 편찬하게 된다.

또한 양란 이후 중앙정부의 통제가 약화됨으로 인하여 지방에서는 서원의 발달과 유향소의 발달로 종족집단의 자율 및 자치성을 확보하는 계기가 되었다. 동시에 중앙정부에서는 정권의 양분화라는 입장에서 지방벌족과의 관계를 유지하기 위하여 강력한 종족 집단의 조직화를 필요로 하면서 이를 지원하였던 것도 하나의 요인이었다.[89]

또 다른 요인은 군역의 문제였다. 그 당시 군역은 신분구조와 밀접한 관계에 있었으므로 족보에 대한 관심을 더욱 갖게 하였다. 군역은 국민 모두가 부담하는 것이 원칙이었다. 그러나 조선은 종친과 공신 그리고 관리와 예비관리들에게 면제 특권을 주어 16C 이후 양반들은 현실적으로

---

88) 이와 같은 현상은 중국에서도 나타나는데 馬端臨의 『문헌통고』와 何柄棣의 『중국과거제도의 사회사적 연구』에서는 "송나라 때의 중앙 정계의 고위관직은 북중국 지방 출신들에 의해 독점되었으며, 남송 이후 인사 적체로 진사로 선발되었어도 중앙의 관료로 나아가는 길이 어려웠다. 따라서 사대부들은 차선책으로 각 지역에서 지역적 권위와 위치를 확보하고자 노력하였다."라고 지적하였다.

89) 松原孝俊, 「朝鮮の族譜と始祖傳承」에서 18C 이후 족보간행의 증대 요인을 서원의 발달과 정치집단의 대립과 분열(당쟁), 그리고 임진왜란과 정유재란 양란 등을 요인으로 지적했으며, 최재석도 역시 이와 비슷한 분석을 한 바 있다.

군역 부담에서 제외되었다.[90] 군역면제를 양반의 특권으로 인식한 향반들은 족보가 양반의 신분을 인정해주는 문서라 인식하여 서둘러 족보를 편찬하게 되었다. 당시 족보의 개수를 추진한 사람들은 그 개수의 필요성이 절박하다는 이유의 하나로 군역문제를 지적하였다.

즉, 같은 한 조상의 후손임에도 족보가 제때 개수되지 않은 관계로 지방으로 낙향한 일부 가문이 가계 배경을 인정받을 길이 없어 억울하게도 군역을 짊어질 처지로 전락하고 있다는 것이 그들의 호소였다.[91] 또 조선 후기에는 '이역소지'라는 탄원서를 관에 제출하여 군역, 즉 군포 납부자 명부에서 이름을 삭제하여 줄 것을 호소하는 사람들이 각 지방마다 많았다. 그러한 사람들은 탄원의 정당성을 자기들의 가계 배경에서 찾았으며 그 입증자료로서 반드시 족보를 제시하였다. 이는 탄원서를 접수한 관에서도 족보에 나타난 가계에 근거하여 결정을 내렸기 때문이다.[92]

둘째는, 경제적인 영향이다.[93] 17~18C의 조선사회는 농노제 해체 이후의 중세 후기로서, 유리한 국제적 시장 환경에서 경제적으로 번영과 안정을 누렸다. 여기에 기초적 자급자족의 경제주체인 소농은 생산의 기초단위로서 친족 및 동리 공동체를 발달시킨 주체였다.[94] 또한 이 시기에는 이앙법의

---

90) 이성무, 『조선양반 사회연구』, 일조각, 1995, pp.41~43 참고.

91) 『정조실록』 권23, 정조 11년 4월 갑자조.

92) 송준호, 앞의 논문, pp.124~127 참고. 임경창은 국가의 특별한 보호를 받은 전문 보학자였다. 그가 1679년 역모의 투서사건에 부고지죄로 유배를 당하였을 때, 대신들은 보학에 능통하다는 이유로 그의 사면을 청하였으며, 왕도 "보학에 관한 일은 매우 중요한 일이므로 특별한 은전을 베풀도록 하라"라고 하였다. 이는 당시 사회의 심각한 문제인 군역 문제를 해결하는데 족보가 중요한 역할을 하였기 때문이었다.

93) 중국에서도 북쪽에 비해 남부의 미작지대에서 종보의 발달이 많이 이루어졌다, 이는 다른 지역보다 경제적인 이익의 축적으로 족보 편찬의 경비 조달이 용이하였으며, 집약적인 농업방식에 따른 노동력의 동원과 족인들에 의한 상부상조의 필요에 의하여 종족의 조직이 쉽게 이루어졌기 때문이다.

보급에 따른 집약적 영농활동이 증대되고, 밭고랑에 파종하는 견종법으로 농업생산력의 향상과 상업의 발달은 경제적 여유를 갖게 하였다.[95]

또한 시장경제의 발달과 대동법의 실시 등으로 재정 개혁을 이루면서 많은 부를 축적하였다. 특히 청은 나라를 건립한 후 명나라 유민들이 저항을 계속한 대만을 봉쇄하기 위하여 자유항해 금지를 하였다. 이에 바다를 통해 중국의 백사를 직수입한 일본이 중국과의 해양무역을 통한 직거래가 어려워지자, 조선이 중국과 일본의 중계무역을 하면서 은이 다량으로 조선에 유입되었다.[96]

이러한 부의 축적을 바탕으로 지방의 양반들은 국가에 곡물을 바치고 관직을 얻는 '납속보관', 군인의 직분인 군직, 직함은 있으나 맡는 직무가 없는 관직인 '영직', 지방의 품계인 '향품'으로 지역적 기반을 닦고 자녀들을 향청과 향교에서 교육시키며 향시와 도시에 응시하게 하였다. 이들은 이러한 노력으로 사마시에 합격함으로써 점차 사회의 지위를 향상시켜 가문의 흥성을 다져갔다.

또한 수보 비용도 초기에는 관직에 있는 어느 특정인이 부담했지만, 후기에 들어와서 종족들의 적극적 참여로 수단을 통해 공동부담으로 편찬되면서 더욱 족보 편찬의 활성화를 가져왔다.[97]

---

94) 소농사회론으로는 이영훈의 「18~19세기 소농사회와 실학」, 「조선후기 이래 소농사회의 전개와 의의」, 宮嶋博史의 「동아시아 소농사회론과 사상사 연구」가 주목할 만하다.

95) 이기순, 「조선후기 고령신씨의 가족규모」, 『백산학보』 58집, 2001.3, p.149.

96) 田代和生, 『近代日朝通交貿易の研究』, 創文社, 1981, pp.257~261 ; 鄭成一, 『朝鮮후기대일무역』, 신서원, 2000, pp.182~190. 1684년에 청의 해금이 풀리지만 조선의 중계무역은 이후에도 한동안 번영을 누렸다. 예컨대 1684~1710년 조선과 일본의 무역규모는 연평균 22,500㎏의 거액에 달했다.

97) 족보 서문을 살펴보면, 초기에는 족보 편찬에 있어서 수보 비용의 조달에 어려움이 많았다. 따라서 그 비용은 내외손에 관계없이 관직에 있던 유력자들이 부담하였다. 따라서 처음에는 경비를 부담한 파들만이 수록되었다가, 경제적 발달로 인하여

또 다른 요인으로 당시에는 국가에서 주자소 설치로 인하여 상당한 인쇄술의 발달을 가져왔으므로 필사본의 형태가 아닌 목간판 인쇄본으로 출간이 용이하였다. 이들은 주로 사원의 인쇄술을 이용하여 보급[98]하였으나, 후기에 들어와서는 일반인들에게도 인쇄[99]가 가능해 족보의 확산을 가져왔다.

셋째는, 사회적인 요인이다. 조선은 양란으로 혼란을 겪으면서 인구의 이동으로 동족촌의 증가를 가져왔다. 17C 이후 사림들은 토지를 확대해가며 지방의 문중들과 연합하여 강한 동족의식을 갖게 하며 공동생활 조직을 형성해 나갔다. 또한 남성과 장남 중심의 상속제 증가 등 가족제도의 변화로 인하여 이전의 방계친이 포함된 세대공동체를 대신하게 됨에 따라, 사회·경제 생활의 기초단위로서 소가족에 의한 자립적 영농체인 소농이 발달하게 되었다.

따라서 이들은 강한 동족의식과 더불어 동족집단의 결속을 강화시키기 위한 방법으로 족보를 발행하게 된다. 아울러 전쟁 이후 정신적 공허감 속에 외지에 고립되어 있던 종족들은 족보에 자신의 이름이 들어 있는 것으로도 종족의식을 가질 수 있기 때문에 족보 편찬에 적극적이었을 것이다.

모든 족인들이 경비를 공동부담 하면서 모든 파들이 수록되어 족보의 확산을 가져 왔다.

98) 『삼척김씨 족보』가 삼화사와 천은사에서, 『강릉김씨 족보』가 강릉의 보현사에서, 그리고 『강릉최씨 족보』가 동해시의 삼화사에서 간행되었다.

99) 『영조실록』 권104, 영조 40년, 10월 19일 정유조.
사헌부에서 아뢰기를 "역관 김경희라는 자가 사사로이 활자를 주조한 다음 다른 사람들의 보첩을 많이 모아 놓고 시골에서 군정을 면하려는 무리들을 유인하여 그들의 이름을 기록하고 책장을 바꾸어 주는 것으로 생활을 하고 있습니다. 법조로 하여금 엄히 조사하여 엄히 다스리도록 하소서." 임금이 이를 윤허하였다.

또 하나의 중요한 요인은 사회적 신분제의 변화이다. 16~17C에는 국가의 법적·제도적 장치를 통해서 양반들의 지배체제가 공고하게 구축되어 있었던 시기였다. 아울러 향촌사회의 향약이나 동약, 동계 등 다양한 조직과 규약을 통해서 하층민의 신분변동을 엄격히 통제하고 있던 시기였다.

그러나 18C 이후부터는 이러한 경직된 신분질서가 서서히 변화되기 시작하였다. 국가의 신분정책은 양반 신분을 부정하지는 않았지만 그 특권을 제한하고, 천민 신분을 전면적으로 혁파하지는 않았으나 점진적으로 해방하는 정책을 취하고 있었던 것이 그 추세였다.[100]

태종에 의해서 실시된 적자와 서자의 차별법인 서얼금고법은 임진왜란 이후 전란극복을 위하여 서얼들의 인력이 필요함에 따라 서얼들에게 국가에 곡물을 바치는 납속이나 무공으로 국가에 공을 세운 군공 및 공훈에 의하여 신분상승이 가능하게 하여[101] 군역을 면제하여 주는 등 서자도 관직에 오르게 하는 서얼허통법의 확대실시로 신분의 변화가 일어났다.[102]

또한 소농들의 자립을 위한 노동력의 필요는 신분제의 해체를 요구하였

---

100) 이수건, 앞의 논문, p.34.

101) 서얼들에게 신분의 해방을 가져다준 것은 서인의 영수 송시열에 의해 제기된 '북벌대의'였다. 북벌을 위해서는 다수의 노비인구를 양인 군정으로 변화시키지 않으면 안 되었기 때문이었다. 이러한 노비를 위한 사회개혁은 어머니가 천한 신분이었던 영조 대에 들어와서 더 한층 가속화 되었다. 전형택.『조선후기노비신분연구』, 일조각, 1989.

102) 노비제의 존속을 완고하게 옹호하던 왕조의 입장이 1660년대 현종 때부터 갑자기 바뀌었다. 노비와 양민 처에서 낳은 자식들을 양인신분으로 해방시켰다. 특히 서인들의 집권기에 제정된 종모종량법은 지배 정파가 교체됨에 따라 한동안 동요하였으나, 1730년 노론의 영구집권과 더불어 항구적으로 정착하였다. 이영훈, 「18~19세기 노비세습원리의 변화－강원도 원주목 권씨 양반가의 사례연구」, 『이수건교수정년기념 한국중세사논총』, 논총간행위원회, 2000.

다. 1669년(현종 10)에 시행하여 존폐를 거듭하다 1732년(영조 6) 항구적으로 정착된, 어머니가 양인이면 자식도 양인이 되는 '종모종량법'의 제정으로 反노비제를 분명히 한 것은 이 같은 이유에서였다. 이러한 노비제의 해체로 인하여 전 인구의 40%에 해당하는 노비인구가 급속히 감소되는 현상을 가져왔다.[103] 이는 양민의 증가를 나타내며 이들에 의해 새로운 가문의 형성으로 양인임을 증명하는 족보를 편찬하면서 족보의 발달을 가져왔던 것이다.

실제로 『안동권씨족보』의 기록 내용을 살펴보면, 1701년(숙종 27)에 간행된 신사보에는 서파 출신이라는 것을 3대까지 기록하였지만, 1734년(영조 10)에 간행된 갑인보에서는 당대만 서파라는 것을 기록하고, 1907년에 간행된 정미보에는 이를 완전히 폐지하여 시대에 따라 신분의 변화가 있음을 알 수 있었다.

임진왜란 이후 18C 후반에는 경제력을 바탕으로 문화적인 역량에서도 양반에 버금가는 평민들이 적지 않았다. 그들은 복잡한 유교의 예법을 몸에 익혔으며 독서를 통한 법률과 행정 관행의 경험도 쌓은 사람들이었다. 이들은 그동안 양반들의 신분적 절대 우위를 상징해온 족보를 수중에 넣음으로써, 그들에게 씌운 신분의 굴레를 벗어나기를 열망하였던 것이다.[104]

넷째는, 문화적인 영향이다. 족보는 성과 본관을 중시하는 가문 혈통주

103) 전형택, 『조선후기노비신분연구』, 일조각, 1989, pp.210~214 ; 이영훈, 「한국사에 있어서 노비제의 추이와 성격」, 『노비·농노·노예-예속민의 비교사』, 역사학회편, 일조각, 1998 ; 윤용출, 『조선후기의 요역제와 고용노동』, 서울대학교 출판부, 1998 등 참고. 조선의 호구조사에서 1663년에는 80만 9천호였던 호구의 총 수가 1666년 조사에서는 110만 8천호, 1669년에는 131만 3천호로 급증하였다. 이는 노비인구가 독립적인 호주로 바뀌었기 때문이었다.

104) 백승종, 「위조족보의 유행」, 『한국사 시민강좌』 24집(특집, 족보가 말하는 한국사), 일조각, 1992.2, p.80.

의와 대등한 신분의 혼인관계를 중시하는 사회풍조에서 양반임을 나타낼 수 있는 신분증명서로 인식되면서, 이것이 없으면 양반체면을 유지하기 어렵다는 생각이 일반적이었다. 따라서 양반 사회의 발달에 따라 문벌의식이 고조되었다.[105] 이러한 의식으로 족보를 통해서 명문가의 가계를 확실하게 밝혀놓지 않으면 신분의 유지가 어렵고, 언젠가는 신분이 하락할 수 있다는 심리적 압박으로 인해 족보 편찬이 성행하였다.

족보의 편찬은 대체로 그 집안의 성세와 비례하여 학덕을 갖춘 중흥조가 배출되고 자손 가운데 관직자가 있을 때 간행되었다. 이를 계기로 문중에서는 조상의 세계와 족파를 정리하고, 선조들의 묘비와 사당 그리고 재실을 세우는 등 선조를 추모하는 사업과 함께 족보가 편찬되었다. 시기적으로는 15~17C까지는 안동지역을 비롯한 영남의 재지사족들에 의해 많이 간행되었다. 이후 17~19C 전반까지는 한양과 기호지방의 벌족가문을 중심으로, 1910년에서 1930년대에는 북한지방에서 족보가 대량 간행되었다.[106]

17C이래 족보의 보급에 따라 그 명칭도 다양해져서 세보·파보·족보·대동보 외에 동성이본들의 합보가 나타났다. 19C에 들어와서는 『문보』·『무보』[107]·『음보』·『잡과보』[108]가 편찬되었고,[109] 당색에 따라서 『남보』[110]·

105) 이태진, 「15세기 후반기의 '거족'과 명족의식」, 『한국사론』 3, 1976.

106) 善生永助은 『朝鮮の聚落』 후편에서 "1923년으로부터 1932년에 이르는 10년간에 1953건에 달하는 족보 출판이 있어 각종 출판물 중에 단연 수위를 차지한다"라고 분석했다. 이여성과 김세용은 『숫자조선연구』(1931)에서 "봉건적 성벌제도의 잔재인 족보 출판이 조선 출판건수에서 제1위를 차지하였다는 것은 얼마나 놀라운 일인가. 조선인이 가장 많이 요구하는 출판물이 이 썩어빠진 백골록이라 하면, 참으로 애통하지 않을 수 없는 일이다. (중략) 조선인의 봉건적 사상의 잔재가 아직도 이같이 심각하게 남아 있다는 것만은 부인할 수 없는 일이다. 어느 의미로 보아 성본에 대한 역사적 문헌 가치를 무시할 바 아니나, 이것이 출판 허가 수의 제1위를 차지하였다는 것은 반동적 기현상일 뿐이다"라고 통탄하였다.

107) 팔세보의 형태를 띤 무과급제자의 가계를 성관별로 기록한 종합보이다. 필사본으

『북보』[111]·『잠영보』 등 관인보가 편찬되었다. 이외에도 팔세보 형식의 『양조문음무진신보』[112]·『진신오세보』·『진신팔세보』·『진신문보』·『진신무보』·『음관세보』·『삼반팔세보』[113]·『선세연파보』·『외손보』·『황각십세보』 등이 만들어졌다.

전문 보학자들을 중심으로 정시술의 『제성보』(전18권)·홍여하의 『해동성원』·조중운의 『씨족원류』(전7권)[114]·임경창의 『성원총록』(전28권)·정곤수의 『서천씨족보』·구희서의 『성휘』 등이 출간되었다. 이외에도 17C 중엽의 심희세와 조종운, 18C 후반의 이세주 등이 당대 보학의 전문가였다.

그러나 족보는 특정 가문이 자신들을 나타내기 위한 사적인 편찬 자료로서 위보의 소지가 있었다.

송준호와 이수건의 연구에 의하면 도덕의 이념적 단계에 머물렀던 초기부터 19C 이전까지의 족보는 그 신빙성이 매우 높다고 한 바 있다. 그러나 19C 후반에 들어와 신분질서 붕괴로 인하여 새로운 사회질서가 재정립되면서 신흥세력들 사이에서는 경쟁적으로 가문을 부흥시켜야

로 19C 후반에 편찬되었다. 족보의 일반적인 형태인 서문이나 발문, 범례 등을 기록하지 않았다.

108) 잡과보에는 『역과팔세보』·『역과보』·『의과팔세보』·『의과제보』·『주학보』·『등제팔세보』등이 있다.

109) 이들은 모두 팔세보 형식을 띤 족보이다.

110) 편자는 미상이며, 1870년 발행되었다.

111) 편자미상이며, 1878년 발행되었다.

112) 1927년 발행되었다.

113) 『문보』·『무보』·『음보』 등 삼반을 말한다. 팔세보는 본인을 중심으로 부모의 고조까지를 본인 위로 올려서 기록한 팔고조도와 달리 본인을 기점으로 부계의 직계조상인 8대까지를 본인의 아래로 내려서 기록한 것이다.

114) 홍여하의 『해동성원』에는 "근세 이래로 보첩학으로 세상에 이름을 떨친 사람이 많았지만, 현감 조중운이 만든 『씨족원류』와 정시술이 만든 『제성보』가 아는 것이 많아 막힐 데가 없다고 알려져 세상에 성행하고 있다"라고 지적한 바 있다.

하겠다는 의식이 만연되었다. 이들은 신분상승을 위하여 가문의 증빙서인 족보의 편찬기록 내용을 과도하게 부풀리면서 위보가 등장하기 시작했다.

족보는 개인보다는 가문이라는 집단이 우선시 되는 조선 사회에서 단순한 가계기록이라는 성격만을 가진 것은 아니었다. 이는 사회적 신분보장과 가문의 부흥, 더 나아가 양반의 증명서와 같이 취급되면서 신분상승의 중요한 요인이었기 때문에 위보가 나타날 수 있는 개연성이 컸던 것이다. 또한 가장 현실적인 군역의 면제나 혼인의 문제 등 사회적 위치나 대우와 관련이 있었기 때문이었다.

이러한 현상은 출생의 원죄적 굴레에서 벗어나 시대적 환경에 부응하여 신분의 해방을 꿈꾸는 움직임이 민중 사이에 서서히 진행되고 있다는 반증이기도 하였다.[115)]

위보에 관한 내용을 살펴보면, 첫째는, 시조에 관한 내용이다. 신라말이나 고려·조선의 문사들이 찬술한 인물들의 비석문이나 족보 서문에 그 성관의 시조 유래를 중국에서 찾거나 국가의 공신이나 벌족가문으로 연결시키는 경우가 많았다.

고려 초 성관제도의 정비와 함께 적극적인 중국화 정책의 일환으로 읍명의 별호를 제정함과 동시에 봉작읍호나 인물의 본관 표기에 당대의 '성망'과 『당서』 지리지의 주·군·현의 명호를 우리의 성과 본관에 맞추어

---

115) 20세기에 들어와서는 위조가 많았던 것 같다. 한 예로 1760년에 편찬된 풍양조씨의 족보 30권 가운데는 세계표가 28책이었으며, 그 중 28책에는 17개 파가 별보형식으로 수록되어 있었다. 그러나 1826년에 발행된 족보는 35권이었는데 그 중에서 33권의 세계표 기록 가운데 2권이 별보로서 60년 만에 별보가 많이 늘어났다. 이는 19C 전반 풍양조씨가 본격적인 세도가문으로 등장한 시기이다. 이것은 세도가에 합보하려는 계파들이 갑자기 늘어났다는 증거이다. 이어 1900년에 간행된 80권의 족보 가운데 세계표가 78권이며 별보는 1권으로 줄어들었다. 이는 구한말 사회의 혼란을 틈타 별보에 기록되었던 사람들이 원보로 흡수되었기 때문으로 판단된다. 『규장각조선본도서해제』 사부4 참고.

즐겨 쓰는 풍조가 있었다. 문벌이 숭상되자 중국에서도 이씨는 농서, 최씨는 청하, 유씨는 팽성, 왕씨는 태원, 정씨는 영양, 오씨는 복양, 윤씨와 강씨는 천수, 채씨는 제양, 유씨는 하동을 각각 성망으로 자칭 또는 모칭하였다. 이렇듯 고려시대 문사들의 묘지 찬술과 『고려사』 소재 인물들의 봉작읍호와 본관 표기에 당나라의 관행을 모방했던 것이다. 특히 고려 중기 對중국 외교상 기자동래설의 정착과 함께 권문세족들의 가계기록에도 가문의 등급을 높이기 위한 필요에서 시조 동래설을 내세웠으며, 시조를 상고까지 소급시키기도 하였던 것이다.116)

또한 조선의 성관은 『세종실록 지리지』의 기록에 의하면 지방의 토성을 중심으로 우리의 성관이 이루어졌다.117) 따라서 군현 향리에서 성장한 가문들은 조상이 향리출신이라는 것을 부끄럽게 생각하여 후대에 와서 그들의 시조를 고려의 공신에서 찾아 조상 세계를 연결하려는 데서 세계의 중간에 공백이 생기거나 대수가 맞지 않는 등 조작되거나 윤색된 경우가 있었다.118)

---

116) 이수건, 『한국의 성씨와 족보』, 서울대학교출판부, 2003, p.326. 18세기 이래 조·강·홍·임·황·남·양·노씨 등은 중국의 유명 성에서 각각 소급하여 연접시켰으며, 한·기·선우씨는 마한과 기자, 심지어는 단군까지 소급하였다.

117) 이수건, 「족보와 양반의식」, 『한국사 시민강좌』 24집, 일조각, 1999.2, p.21.

118) 안동권씨의 경우 『고려사』 권102, 수평전에 "권수평은 안동사람이나 가문이 한미하여 그 족의 보를 알 수 없다. (중략) 일찍이 대정이 되었으나 가난하게 지냈으며 (하략)"라고 기록되어 그의 가문이 한미하다고 하였으나, 후에 그의 손자인 권단(족보에는 관직이 찬성사이며 정승으로 증직되었다) 묘지명에는 "권씨족은 영가(안동)군의 뛰어난 가문이다. 공의 이름은 단이고 (중략) 증조는 중시인데 정헌대부 호부상서에 추증되었고, 조부는 수평 (중략) 아버지는 위(한림학사)이다"라고 기록하였으며, 이어 권렴 묘지명에 "권씨는 김행으로부터 비롯하였는데 신라의 대성이다. 복주(안동)의 태수로 있을 때 (중략) 온 고을을 들어 항복하니 태조가 기뻐하여 (중략) 권씨라는 성을 내려주었다. 후세에 내려오면서 이름난 사람이 많았는데, 문청공 단은 명망이 두터웠다"라고 기록하였다. 이는 조상에 대한 기록이 점차 과장되었다는 것을 나타낸다.

특히 일부 가문에서는 본관을 바꾸거나[119] 세계 조작이 많아졌고 국가에서 충신이나 절개있는 자를 장려하는 정책으로 조상의 세계를 신라 말이나 고려 말의 충절인사로, 또는 임진왜란과 병자호란의 의병장이나 순절인 등으로, 심지어는 정몽주나 이색, 이황이나 조식 같은 뛰어난 유학자들과 연결시키기도 하였다.[120]

둘째는, 관직과 과거에 관한 기사다. 한미한 가문의 출신들은 후손에 전해지는 족보에 조상의 행적을 과장되게 기재하였다. 이러한 형태는 과거관계를 기록하는 관찬사료에도 나와 있지 않으며 그 시대에 존재하지 않는 관직을 기재하거나 증직을 과다하게 사용하는 등 허위로 기재하는 경우가 많았다. 또한 사족이 향리를 멸시하는 풍조가 만연하자 향리의 후손으로 사족이 된 가문들이 선조가 향리였음을 수치스럽게 생각하여 그 자료를 삭제하고 조상의 세계와 관직을 과장되게 기재하는 경우가 있었다.[121]

셋째는, 계파를 조작한 경우이다. 현조를 확보하지 못한 일부 신흥세력들은 미천한 조상 세계를 은폐하고 가문의 격을 높이기 위하여 기존의

『세종실록』 권123, 31년 2월 계유조. "增修高麗實錄 守平卒 以未詳世系書 而踶以守平 爲太祖功臣權幸之後". 고려사 편찬 과정에서 권제가 그 선조 권수평을 삼한공신 권행의 후손으로 조작했다가 발각되어 처벌 받았다.

119) 당시에 동성은 하나의 조상에서 나왔다는 "同出於一祖"라는 관념을 가졌기 때문에 성은 같고 본이 다른 문중들이 본관을 바꾸거나 거짓으로 하는 것은 법적 규제가 없었다. 따라서 한미한 본관을 갖고 있는 군현 이족이나 신흥세력들의 문중들은 전혀 혈통하고는 관계없는 단지 성만 같다는 이유로 번창한 같은 성의 본관으로 개관하는 일이 많았다.

120) 이수건, 앞의 책, pp.47~50 참고.

121) 조선시대 양반사회가 발달하여 향리의 지위가 격하되고 천시를 받자 향리를 시조로 모시는 가문에서는 그들 조상이 당초에는 사족이었지만 나말여초 또는 조선의 왕조 교체기에 섬긴 왕조를 위해 새로운 왕조에 굴복하지 않고 절개를 지킴으로써 향리로 전락되었거나, 본래 사족이었는데 어떤 경로로 향리가 되었다는 구실을 붙여 족보에 기술하고 있다.

명문·거족과 연결시켜 본관을 바꾸거나 조상의 계파를 조작하기도 하였다. 동성이라도 계파에 따라 현조가 없는 계열은 현조가 있는 계열과 세대를 적당히 연결하여 합보하는 행위였다.

또 하나는 경제적 부를 기반으로 가난한 양반들에게 접근하여 족보 편찬의 경비부담을 조건으로 합보하면서 끼워넣기 식으로 계파를 조작하는 경우였다. 또한 명문 족보의 가계에 자손이 없는 곳에 연결하거나 형제 수를 늘려 끼우거나, 한 대수를 삽입하여 연관시키는 등 계파를 조작하였던 것이다.[122]

넷째로, 군역면제를 위해서이다. 군역은 국민 모두가 부담하는 것이 원칙이기 때문에 양반도 군역을 질 의무가 있었다. 그러나 조정에서는 국가와 사회의 지도자를 확보한다는 명분아래 관리와 국가가 운영하는 정규유생들과 종친들 및 공신들은 예외적으로 개인에 한하여 군역면제의 특권을 주었다.[123]

원래 군역은 포목을 납부하는 납포에 불과하였으나 이를 부담한다는 것은 특권을 누리는 사대부 양반들의 존립과 특권의식 그 자체를 위협하는 문제로 받아들여 현실적인 것보다는 명분론적으로 강력한 거부반응을 보였다. 이러한 이유로 16C 이후 양반들은 현실적으로 군역부담에서 제외되었으며,[124] 이의 근거가 된 것이 족보였던 것이다. 하지만 낙향을 하여 멀리 이주한 잔반들이나, 족보 편찬에서 누락되어 군역을 지게 된 양반들의 불만이 나타났으며 이를 해소하기 위한 족보의 위조가 나타났

122) 『태종실록』 권19, 태종 10년 1월 무자조 ; 『정조실록』 권10, 정조 4년 8월 병진조 ; 『정조실록』 권32, 정조 15년 1월 정유조 ; 『정조실록』 권51,정조 23년 3월.

123) 18C 이후에는 군역을 면제 받기 위해서는 족보를 위조하는 외에 공명첩을 사거나, 벼슬하지 않은 유학자라 거짓으로 일컫는 방법, 또는 무과에 응시하는 등의 다양한 방법이 있었다.

124) 이성무, 『조선양반사회연구』, 일조각, 1995, pp.41~43.

다.[125)]

그러나 우리가 생각하는 것만큼 위조족보가 성행하였던 것은 아니다. 왜냐하면, 조선사회는 향촌사회로서 향교나 서원을 중심으로 한 유림사회인 만큼 이들이 향안이나 향약을 통하여 그 지역 내의 모든 영역에서 배타성을 갖고 서로 견제하며 지배해 나아갔다. 특히 씨족집단의 특성상 씨족과 씨족간, 계파와 계파간에 강한 배타성을 갖고 서로 견제하며 상호 감시 역할을 하였다. 또 족보 편찬과정에 개인적으로 유리한 부분이 게재될 경우에 타인의 조롱을 받을 것이라는 의식이 퍼져있어 객관적 입장에서 족보를 편찬하려고 하였다.[126)]

조선은 엄격한 신분질서의 틀에서 신분내혼제로 서로 얽혀 있어 자신의 이름이나 문중이 혼인관계에 있는 문중의 족보(처가나 외가 및 아버지의 외가의 족보)에 기재되어야 되기 때문에 남의 족보에 자신의 이름을 위조하여 올린다 해도 인정을 받지 못하였기 때문이다.

그리고 각 문중에서도 족보를 편찬할 때는 여러 계파의 대표들이 상호 견제하며 범례를 만들어 원칙을 세우고 지침을 만들어 객관적으로 진행하였다. 의심이 가거나 해결이 어려운 것은 따로 별보를 만들어 그 신빙성을 더하려 노력하였다. 또한 해당 문중에서 인쇄시설을 확보하여 계파의 숫자에 따라 한정된 분량만 간행하여 각 권마다 번호를 매겨 배포[127)]하였

---

125) 『정조실록』 권23, 정조 11년 4월 갑자조. "사간 이사렴이 15가지 현안을 올린 가운데 '간사한 백성들이 뛰어난 가문의 족보에 이름을 기록하여 군역의 면제를 도모하는 자가 곳곳마다 있으니, 청컨대 엄중히 금지 시키소서' 하였다." ; 정약용, 『목민심서』 권8, 병전6조, 제1조, 첨정조, "僞造族譜 盜買職牒 圖免軍簽者 不可以不懲也". 이어 위보에 의해 군역을 면제 받으려고 하는 것은 그 본인에게 문제가 있으나 그 보다는 사회자체에 문제가 있다고 지적하였다. ; 『영조실록』 권104, 영조 40년 10월 정유조 ; 『정조실록』 권25, 정조 12년 1월 을유조.

126) 『사천목씨 세보』 상, 「중간발」, 1806년, "竊觀近世修譜之家 每不免任其私意 壞其法例 譜纔成 見識於有識 貽羞於當世者 多矣".

기 때문에 족보가 유출되어 끼어들기를 한다던가, 계파를 조작한다던가 하는 경우는 상당히 어려웠을 것이다.

또한 유학자들은 보학에 대하여 상당한 수준을 갖고,[128] 각 가문의 계파를 파악하였기 때문에 자신의 가문 보호를 위해서라도 위보를 용납하지 않았다. 이외에도 국가에서는 족보의 공적인 성격 때문에 개인 가문의 족보 위조 내용을 좌시하지만은 않았으며, 정확성을 유지하기 위하여 직접 관여하여 확인이 되면 죄를 묻기도 하였다.

특히 중국의 종보 체제에는 개인의 이름에는 세대를 표시하는 부분이 명확히 나타나 있기 때문에 인접한 세대들의 결합을 설정하기 위해 과거를 변형시킬 수는 없었다. 세대별 명칭의 체계는 항렬자에 의해 유지되고 고정되어 있었으며, 더욱이 상형문자를 사용하기 때문에 중국적 체계에서는 각 성들이 상이한 방식으로 발음되더라도 각 성들의 동일성을 쉽게 알 수 있었다.[129]

따라서 족보 연구의 중요성은 위보의 개연성을 염두에 두고 계대를 파악하여 혼인관계에 있는 다른 종족과의 연관관계를 파악하거나, 시대별 공적사료의 관직대조 등 족보에 나타난 자료를 취사선택하여 면밀하게 조사하는 데에 있다고 할 수 있다.

---

127) 이를 영보자호, 또는 영보총호라고 한다. 이는 족보가 밖으로 유출되는 것을 방지하기 위한 것이다. 일반적으로 족보의 뒤에는 순서 번호가 있어서 책에 등기를 한 후에 어느 가문에서 몇 번을 수령해 갔는지를 정기적으로 점검하였다. 이러한 것은 후에 족보가 분실되었을 때 어느 문중에서 잃어버렸는지를 쉽게 확인할 수 있었기 때문이다.

128) 보학이라는 정식 학문은 없었지만 족보의 발달로 보학의 대가들이 많이 출현하였다. 『문화유씨 가정보』를 만든 유희잠, 모든 집안의 족보를 통달하여 '육보'라는 칭호를 받고 「서천씨족보」라는 종합보를 편찬한 정곤수, 그리고 황윤석과 정약용, 「백씨통보」 편찬자로 추측되는 구희서, 국가에서 특별히 보호할 정도의 보학자였으며 「성원총록」을 편찬한 임경창 등이 유명하였다.

129) Maurice Freedman, 김광억 역, 『동남부 중국의 종족조직』, 일조각, 1996, p.92.

위에서 살펴본 바와 같이 조선의 족보는 고대국가가 성립되면서 왕실과 지배층에 의해 선민적 종족의식과 후계자문제로 인하여 혈통을 정리하는 데서 출발하였다. 이때는 단순한 가계기록의 형태로 나타나다가 고려시대에 들어와서 관직에 나가거나 공신이나 당상관의 자손이 과거를 보지 않고 관리로 임명되는 승음, 혼인에 필요한 가계기록으로 방계 계통은 제외된 내외양계 조상의 세계를 기록하였다.

그러나 조선에 들어와서는 성리학의 전래로 중국의 종법 영향을 받아 부계 중심의 동성불혼 및 이성불양, 친영례와 장자봉사제, 자녀차등상속제와 같은 사회적 제도로 말미암아 족보의 형태도 변화되기 시작하였다. 즉 이전의 친·외손을 전부 기록한 내외보 형태의 족보는 15~17C의 과도기를 거쳐 친손만을 기록하는 새로운 형태의 내보가 등장하여 오늘날까지 이어졌다.

또한 양란 이후 종족끼리의 상호 경제협력의 필요에 따라 종족촌의 형성으로 양반층이 족보에 관심을 갖게 되었으며, 18C에 들어와 정치적·사회적·경제적 이유로 자신의 가문을 유지하고 격을 높이려 한 것이 족보 편찬의 급속한 발전을 가져왔다.

제3절 족보 사례 연구

족보 사례 연구에 있어서의 선정 조건은 첫째, 조선에서 발행된 족보 가운데 족보의 초기 발간에 해당하는 15~18C에 발행된 족보와, 둘째, 편찬간격이 30~60년으로 주기적으로 이루어져 그 범례를 통하여 족보 편찬의 형식과정과 시대상황을 비교할 수 있는 족보, 셋째, 각 지역별 본관별로 대표적인 족보를 선정하여 구체적으로 살펴보았다.

여기에서는 조선에서 가장 오래된 성화보를 시초로 주기적으로 발행된 『안동권씨족보』와 경북지역에서 발원한 『청송심씨족보』, 경남지역에서 발원된 『칠원윤씨족보』, 그리고 경기지역에서 발원한 『풍양조씨족보』와 강원지역에서 발원한 『원주원씨족보』를 중심으로 살펴보겠다.

1. 안동권씨의 형성과 족보편간

안동권씨의 시조는 권행이다. 그는 본래 신라의 종성인 김씨였으나 고려 태조로부터 성을 하사받았다.[130] 그는 안동의 토착세력으로 태조의 통일 사업을 도와 삼한벽상삼중대광에 오르고 아부공신에 책록되었다.

안동권씨는 조선조에 들어와 흥성하였다. 문과 급제자 390인, 상신정승 42인, 경신판서 118인, 대제학 7인, 호당 6인, 공신 87인, 충절 74인, 봉군 70인, 시호 59인, 무과 급제자 204인 등 인구 대비 문과 급제자 수는 제일 많고, 수에 있어서도 왕족인 전주이씨 다음으로 많이 배출했다.[131]

안동권씨는 가문에서 제일 먼저 시작했다는 권문지사시라는 것이 있다. 첫째는, 조선 최초의 족보인 성화보의 간행이다. 둘째는, 1394년(태조 3)에 설치한 기로소에 시조 14세손 권중화와 시조의 15세손 권희가 제일 먼저 입소하였다. 셋째는, 16세손 문충공 권근이 조선왕조 최초로 대제학에 선임되었으며 17세손 권제, 18세손 권람이 이어서 대제학을 역임하였다. 넷째는, 1426년(세종 8)에 처음 실시된 호당에 17세손 권채가 들어가면서 조선 초 권문세가로 등장하였다.

조선 최초의 족보라 일컫는 『안동권씨성화보』[132]는 1476년(성종 7)에

130) 사성 출처 : 안정복, 『동사강목』 사성연도 930년. 성화보 서문에서 고려 태조는 "행은 능히 미기에 밝고 권도에 통달했다"라고 하여 성을 권으로 하고 태사를 제수하고 본군을 식읍으로 하여 안동부로 승격시켰다.

131) 『안동권씨 대동세보』, 안동권씨대종회, 해돋이, 2004.

도보삼권으로 출발하였다. 이후 30여 년간 이를 더 보완하여 천편·지편·인편 삼권으로 편찬되었다. 천편이 57장이고, 지편이 54장이며, 인편이 71장으로 편철되어 있다. 수보 방식은 시조로부터 21세까지의 내외손 총 9,120명을 기두란 외 5단으로 구분하였다. 1권(천권) 1~2장에 13세까지, 2~8장에 13~16세, 9~57장과 2권 전체에 17~21세를 기재하였다. 3권에는 1~55장까지에 16~20세를, 그리고 56~71장에 15~19세를 수록하였다. 당시 주종을 이루었던 권수평(추밀공 파조), 권수홍(복사공 파조) 형제의 양대파, 특히 현달하였던 그들의 증손인 권부와 권한공의 후손이 전체의 96% 이상을 차지하고 있다. 그 나머지는 상계 11명과 동정공파, 별장공파 약간 명씩으로 되어있다.[133]

책의 규모는 가로가 38㎝, 세로가 42.5㎝로 대형 한지의 목판본이며 배지는 다섯 개의 구멍을 뚫고 무명실로 꿰매는 오침안정법으로 제본되어 있다. 이 족보의 특색은 필사본이 아닌 목판본으로, 외손을 친족과 동등하게 7대손 14촌까지 수록하였으며, 자녀들을 선남후녀가 아닌 출생순으로 기재하였다. 인척간의 촌수 또는 혼인할 때 참고하기 위해 재취, 삼취, 전·중·후실, 사위도 수록하였다.

안동권씨는 성화보에서 현재에 이르기까지 9차례에 걸쳐 간행되었으며 후기에 들어와 후갑인보(1794)와 정미보(1907) 사이를 제외하고는 30~60년 간격으로 끊임없이 발행되었다. 이들의 발간연혁을 살펴보면 아래 <표 8>과 같다.

이 안동권씨 족보에서 살펴 본 기재방식의 변화를 살펴보면 다음과 같다. 신사보(1701년)는 서파 출신이라는 것을 3대까지 기록하였지만, 갑인보부터는 당대만 서파라는 것을 기록하고, 정미보(1907)에는 이를

---

132) 『안동권씨 후갑인보』, 범례에는 별칭으로 달성보라 하였다.

133) 권영대, 「성화보고」, 『학술원논문집』, 인문사회과학편 20, 1981, p.313.

완전히 폐지함으로 신분의 변화가 있음을 알 수 있었다. 또한 의심스러운 것은 원보에 포함하지 않고 별보로 옮겼으며 전거가 분명한 것은 원보로 보냈다. 장의 표시는 천자문으로는 부족하여 신사보부터 파별로 구분하여 각각 천자를 표기하는 것을 따랐다.

〈표 8〉 안동권씨 족보 발간 연혁

회수	족보명	간행년도	권수
1	성화보	1476년(성종 7)	2권
2	을사보	1604년(선조 38)	16권
3	갑오보	1654년(효종 5)	1권(을사보 초략)
4	신사보	1701년(숙종 27)	13권
5	갑인보	1734년(영조 10)	17권
6	후갑인보	1794년(정조 18)	34권
7	정미보	1907년(순종 1)	49권
8	신축보	1961년	9권
9	대동세보	2004년	33권

왕비의 경우 정간위에 3개의 원을 표시하고, 후궁일 때에는 2개의 원을 표시하여 그 높음을 명기하였다. 그러나 후갑인보(1794)부터는 왕비의 경우 정간위에 4개의 원을 표시하고, 후궁일 때에는 2개의 원을 표시하여 그 높음을 명기하였다.

갑인보(1734)부터는 보책의 분량이 많아서 외손은 단지 사위만 정간내에 한 자를 낮추어서 이어 쓰고, 외손의 성은 쓰지 않고 사위와 같은 칸에 한 자를 낮추어 썼다. 또한 안동부 이파 중에 계통이 확실한 자는 원보에 기입하고, 계통이 불분명한 자는 전에는 별보와는 별도로 기입했지만, 단안을 다시 살펴 확인한 후 원보에 기입하는 등 흩어져 있던 족인들을 포용하는데 더욱 노력하였다는 것을 알 수 있다.

성화보의 경우는 친손은 성을 기록하지 않았으며 후갑인보부터는 외손은 성을 기록하였다. 이전에는 출생순으로 자녀를 기재하였으나 갑인보부터는 선남후녀의 기재방식으로 변경하였다. 을사보까지는 외손의 세대를 누적해서 기록하였지만 신사보에서는 증손까지만 기록하였고 갑인보에서는 외손 1대만 기록하고 한 글자를 내려쓰는 등 점차적으로 본종을 중시하는 형태로 바뀌었다.

부인의 명칭은 갑인보에서 '부인' 또는 '실'이라 표시하였으며, 후갑인보에서는 '배'도 같이 기록하다가 정미보에서는 '실'이 나타나지 않는다. 전후실 표시는 후갑인보에서는 나타나지 않는다. 생졸의 기재는 정미보부터 기재하고 있다.

안동권씨의 분파는 10세조를 파조로 하여 14개파로 나누어진다. 이 중 4세손 권균한의 계통이 9개 파이다.

조선 문종비 현덕왕후와 왕실의 부마였던 화성위 권상검과 길창위 권규등을 배출함으로 조선조 왕실과 깊은 관계를 맺었으며 이러한 인연으로 조선 최초의 족보인 성화보가 탄생하게 된다. 이외에도 각 왕조의 공신으로 책봉 받는 등 왕실과 운명을 같이 하며 토지와 노비를 하사받아 경제적 기반을 이룰 뿐 아니라, 음직을 통해 자손 대대로 관리를 역임했다. 또한 조선 초 권문세가들과의 혼인관계를 맺으며 조선 지배층을 형성했다. 이는 각 문중의 족보를 살펴보면 사위의 란에 안동권씨의 이름이 자주 나타나는 것으로 알 수 있다.

선대들의 묘소가 실전되어 주거지를 알 수 없으나 20세 권영손의 대부터 2~3대에 걸쳐 경북 안동과 예천지역에 자리 잡았고, 30세 이후에는 문경 등지로 이주하였다. 20세 권계형의 후손들은 전남 담양에 이주하여 세거하였다. 17세 권정주의 후손들은 경기도 양주와 포천지역으로 이주해 세거 하였으며, 그 중 19세 권효가 전북 순창으로 이주하여 정착하였다. 권경의 후계는 21세 이래 충청북도 충주에, 23세 권우의 후손은 전남

장흥에 거주하였다. 이외에도 황해도 신천의 문화와 경기도 용인과 수원으로 이주하여 세거하였다. 안동권씨 중 가장 후손이 많은 파의 하나인 부사공파는 주로 경기·충청·전북 지방에, 복야공파는 영남·영동 지방에 많이 살고 있다.

족보의 묘소 기록에 의한 집성촌을 살펴보면 경기도 연천·이천·용인·통천 등과 강원도 명주, 충남 연기군·대덕군 등이 있다. 전북 장수군·순창군·정읍시·익산시와 경상북도 의성·영덕·월성·선산·문경·예천·안동·영주·청송·영천·칠곡군, 경남 합천·산청·밀양·창원·거제·의령군 등이 주요 집성촌을 이루고 있다.

안동권씨는 혼인관계를 통하여 전국 각지에 세거지가 분포되어 있다. 특히 경북 영주군과 봉화군, 안동시와 안동군 등 경북지역에 대단위 집성촌을 이루었다. 그러나 인접지역인 경남지역에는 집성촌을 이루지 못한 것이 특이하다.

안동권씨의 서원과 묘·영당·정려·사는 주로 집성촌을 이루고 있는 경북지역에 가장 많이 세워졌으며, 충북 청주와 충주, 그리고 충남의 대전과 공주에 위치해 있다.

2. 청송심씨의 형성과 족보편간

청송심씨의 시조는 고려 충렬왕 때 문림랑으로 위위사승을 지낸 심홍부이다. 그의 증손 덕부가 우왕 때 문하찬성사에 이르러 청성부원군에 봉해졌다가 청성군충의백에 진봉되어 후손들이 청송을 본관으로 삼게 되었다.

청송심씨 후손들은 심씨의 본원이 중국에서 유래했다고 인식하고 있다. 대동보에 따르면 심씨의 본원은 중국 초나라 상채여남부에 있었던 나라의 이름이기도 하고, 문수로 유입되는 물의 이름에서 연유한다고 한다.

심씨의 연원은 『춘추』와 『사문류취』의 문헌 기록을 바탕으로 두 가지로 추론하고 있다. 춘추전에 "주나라 문왕이 심 지방을 10번째 아들 담계에게 식읍으로 하사한 이래로 읍명인 '심'을 성으로 삼았다"라는 기록을 바탕으로 '심'씨가 제후국의 국명에서 연유했다는 의식이 생긴 것이다. 다른 기록인 『사문류취』「성씨부」에 '주나라 문왕이 아들 시숙을 심에 봉한 것을 계기로 심을 성으로 삼았다는 설과, 심은 나라 이름이니 대태[134]의 봉지이다'라는 여러 학설이 있다.[135] 이러한 기록을 보면 '심씨'의 유래는 주나라 문왕이 아들을 심읍에 책봉한 읍성에서 연유했다는 추론이 가능하다.

통일신라 이전에 중국에서 이주한 청송심씨 가문의 행적에 대한 구체적인 문헌기록은 아직 발견되지 않았다. 고려시대에 활약한 심충의 행적에 대한 기록이 원류보의 청송심씨 장에 전하고 있다. 심충은 벼슬이 중윤에 이르렀고 그 아들 심공좌(일명 현좌)는 국자감 진사이며, 또 그 아들 심수정도 국자감 진사이고, 그 아들 심홍부는 문림랑위위사승을 역임한 것으로 기록되었다. 그러나 원류보는 누구의 저술이며 또한 어디에 근거하고 참고했는지 분명하지 않다.[136]

심동제가 소장한 고첩에 청송심씨 3세조의 이름이 보이며, 고려 때 진사 심현좌가 중국에서 조선으로 건너왔다고 기록되어 있다. 이 가첩의 기록도 원류보에서 전사한 것으로 생각된다. 을사년 최초로 편찬할 때에

---

134) 대태는 분수의 수신이라는 설도 있다. "由是觀之, 則臺駘汾神也", 『春秋左氏傳』 昭公元年, 『大漢和辭典』 9卷, p.434.

135) 『청송심씨대동세보』 경진보 수권, 성씨본원, 청송심씨대동세보간행위원회편, 2002, p.76.

136) 전라북도 옥구군 임피면 종인 심상윤 가승, "沈忠 高麗所尹 配南陽洪氏 墓中臺山 亥龍乾坐 合封. (중략) 子 洪孚 文林郎 配咸安趙氏 墓普光山 合封." 이상의 사실을 확인하기 위하여 국립중앙도서관에 소장된 해당 각 성의 족보를 상고하였으나 기록된 것을 아직 찾지 못하였고 중대산에 있다는 무덤은 찾을 길이 없다.

상계가 그리 멀지도 않았고 가문에 고위 관직자가 많았음을 감안하면, 선조의 사적을 고증함에 있어 원류보와 심동제의 가첩을 참고했을 것이다. 그렇지만 시조 3세에 대한 신빙성 있는 기록을 찾을 수 없어서 문림랑공 심홍부를 비조로 삼은 것이다. 지금까지 알려진 문헌만으로는 시조 3세의 이름을 상고할 수가 없지만, 후세의 참고 자료로 상계에 대한 기록을 남긴다.[137]

심홍부 이전의 청송심씨 종족에 대한 고려시대 연대기 자료는 찾을 수가 없었다. 이는 심홍부의 최고 관직이 종9품직인 문림랑에 머물렀기 때문일 것이다. 청송심씨 족보에 보이는 심홍부 이전 인물인 심충, 심공좌, 심수정, 심홍부에 대한 『고려사』, 『고려사절요』, 『고려묘지명집성』의 관련 기록을 찾을 수 없었다. 그러나 심홍부의 아들 심연에 대해서는 조선왕조실록의 심온에 관한 기록에 처음 나타난다.

청송심씨는 조선조에 정승이 13명,[138] 왕비 3명,[139] 부마 4명[140] 등을 배출하여 왕실과 밀접한 관계를 이루며 조선조 명문가문으로 성장하였다. 또한 문형 2명, 청백리 2명, 호당 2명, 공신 8명, 문과급제자 194명을 배출하였다.

청송심씨의 세계는 크게 4세인 심덕부와 그의 동생 심원부에서 나뉜다.

---

137) 『청송심씨대동세보』 경진보 수권, 상세전래궐의사적, 청송심씨대동세보간행위원회편, 2002, pp.76~77.

138) 조선시대에 청송심씨는 전주이씨 22명, 동래정씨 17명, 신안동김씨 15명에 이어 4번째로 많은 상신을 배출하였다. 그 가운데에 영의정을 9명이나 배출하여 11명을 배출한 전주이씨 다음으로 가장 많다. 이는 인구수 대비 비율로 보면 제일 높다 할 수 있다.

139) 소헌왕후(세종비), 인순왕후(명종비), 단의왕후(경종비)로 청주한씨 5명, 여흥민씨와 파평윤씨 4명 다음이다.

140) 5세조 청원군 심종(태조 2녀 경선공주). 8세조 청성위 심안의(세종 2녀 정안공주). 청평도위 15세조 심익현(효종 3녀 숙명공주). 20세조 청성위 심능건(영조 11녀 화령옹주).

심덕부는 조선 창업에 공을 세우고 청성백에 봉해졌으며, 그의 아들 7형제가 총제공파(심인봉), 판사공파(심의구), 지성주사공파(심계년), 인수부윤공파(심징), 안효공파(심온), 청원군파(심종), 동지총제공파(심정)의 파조가 되었다. 이들을 '경파'라 부른다. 심원부는 고려 말에 전리판서에 이르렀으나 고려의 국운이 다하자 새 왕조의 벼슬을 거부하고 두문동에 들어가 절의를 지켰으며, 후손들도 그의 유훈을 받들어 '선훈불사'라 하여 대대로 벼슬을 멀리 하였다. 그의 계통에서 영동정공파와 현령공파가 나왔다. 이들을 '향파'라 부른다.

항렬은 21세부터 25세까지는 오행상생법을, 26세 '보'자 이후의 항렬자는 1920년 경신보 편찬 시 제정된 것인데, 이 경우는 간지와 오행을 복합적으로 적용해서 제정한 것이 특이하다.

예를 들면 輔자는 申, 揆자는 癸, 用자는 甲, 寧자는 丁, 起자는 己자획이 포함된 글자 중에서 선정한 것이다. 간지를 다시 오행으로 풀이하면 申은 金, 癸는 水, 甲은 木, 丁은 火, 己는 土에 해당함으로 결국은 금·수·목·화·토의 오행상생법을 적용해서 제정한 것임을 알 수 있다. 일반적으로 항렬자는 순서에 따라 아래위로 번갈아 쓰였다.

청송심씨는 초기와 후기에 15~30년 간격으로 빈번하게 족보 발행이 일어났다. 또한 발행 수도 타 문중에 비해 빈도 수가 많아 종족결집력이 강하게 나타나는 것을 알 수 있다.

족보의 형태에 있어서 계사보(1713년)에서는 7층의 횡간을 만들어 소목을 기록하였으며, 계묘보에는 모든 파의 근원이 되는 문림랑 이하 5세는 특별히 5계단을 만들어 원편을 삼아 근본을 세우는 뜻을 나타내었다. 그 이하로는 계사보대로 7계단을 만들어 각각 파별로 나누어 지파에 이르도록 하였다. 경신보에서는 모두 5계단으로 하여 각 계단마다 13자로 하고 면마다 17행으로 만들어 간편하게 기록하였다.

〈표 9〉 청송심씨 족보 발간 연혁

회수	족보명	간행연도	간행자	권수
1	을사보	1545년(가정 24)	9세 심통원	1권
2	임술보	1562년(가정 41)	10세 심전	전란으로 분실
3	무인보	1578년(만력 6)	11세 심의겸	전란으로 분실
4	기축보	1649년(인조 27)	13세 심장세	2권
5	계사보	1713년(숙종 38)	15세 심득량	4권
6	계묘보	1843(헌종 9)	20세 심능악	27권
7	계사보	1893년(고종 30)	22세 심이택	31권
8	경신보	1920년	23세 심상익	24권
9	정유보	1957년	22세 심복진	6권
10	무술보	1972년	23세 심종익	4권

계사보에서는 외손은 2대만을 기록하였고 그 이하에 뛰어난 사람이 있으면 주를 기록하였다. 왕후를 탄생한 파는 본종과 외손을 막론하고 등재하였으며, 혹 외손의 외손이라도 모두 기록하였다. 그러나 계묘보에서는 외손만 기록하였다. 계묘보에서는 왕후를 탄생한 파는 자녀의 항렬에 나란히 쓰지 않고 본란에 네 개의 둥근 점을 표시하고 그 장의 맨 윗단에 올려 기록하였다.

자녀기록은 출생순에 따라 기록하였으며, 계묘보(1843년)부터는 선남후녀의 방식을 채택하여 종통을 엄격하게 하였다. 첩의 자녀는 적자녀 끝에 기록하여 차별을 두었다. 전·후실이 모두 자녀를 두었으면 방주에 전실은 몇 남 몇 녀를 출생하였다고 써서 그 나머지 자녀는 후실의 소생임을 나타내었다. 계묘보에는 사위의 이름 밑에 서 일, 서 이라 써서 연령의 차례를 구별하였으며, 사위의 전·후실을 자세히 기록하여 소생을 구분하였다. 또한 사위는 단지 2대만을 쓰되 방주와 자녀의 기록은 본종의 주를 다는 예를 따라서 간편하게 하였다.

당상관 이상은 비록 증직이라도 모두 '부인'과 '졸'이라 쓰고, 당하관의 대부는 향년이 몇 살이라고 썼다. 선비는 '실'과 '종'이라고 써서 대부와 선비를 다 같이 하였다. 지방에 거주하는 종족이 그 선대의 계통을 모를 경우 별보에 입보하는 것을 허용하였다.

계묘보에서는 이전에 소략하게 기록하였던 관작을 각사와 각읍의 이름을 더 쓰고 대광은 '至'자를, 보국이하는 '止'자를 썼다. 현존하는 사람은 '今'자를 써서 표시하였다.

생년은 반드시 연호(1644년 이전은 중국의 연호를, 그 이후는 조선의 연대를 씀)를 썼다. 만일 부자가 같은 연호이며, 이미 그 부형에게 썼으면 다시 거듭 쓰지 않고 생략하였다. 70세가 넘어 죽으면 '수'라 써서 분별하였고, 사망한 연도를 기록하였다. 또한 이름자가 조상의 휘자를 썼을 경우 획수를 줄여서 쓰거나, 한 획을 생략하여 기록하였다.

배의 기록은 10세 이상은 사조를 상세하게 다 쓰고 10세 이하는 아버지의 이름과 외조, 그리고 현조만을 써서 간략하게 하였다. 계사보(1893년)에는 부인의 사조를 6세까지만 더 등재하였다. 경신보에서는 족인이 많아 상세히 기록할 수가 없어서 위 5대만을 구보대로 기록하고, 그 이하는 부와 외조만 기록하였다.

청송심씨의 세거지를 정리해 보면 경북지역이 출자지 임에도 불구하고 경북지역보다는 경남지역이나 전남지역에 대단위 집성촌을 이룬 것은 매우 특이하다. 이는 청송심씨가 전남지역 유력 문중과 혼인관계가 많았다는 증거라고 생각한다. 경북지역에서는 청송과 선산, 문경, 예천지역에 집중되어 있으며, 경남지역에서는 합천지역이 가장 많고 이어서 울산, 함안, 의령, 진양, 산청지역에 분포되어 있다. 이외에 경기지역과 전라지역에 많이 분포되어 있다. 따라서 서원이나 사당 등도 전남지역에 많이 세워졌다. 또한 경기지역을 제외한 다른 중부지역에선 집성촌과 사당이 적게 나타나는 것을 알 수 있다.

주요 서원이나 묘·영당·정려·사 등이 있는 곳을 살펴보면, 전남의 장성에

심덕부의 양계서원을 비롯하여, 곡성, 나주, 광산 등에 많이 있고, 경남의 합천, 고성, 안동, 경기지역의 안성, 개성, 연천, 파주, 양평, 광주, 강화, 김포 등지에 많이 있다. 이밖에 경북의 청송, 상주, 영천지역과 충북 음성, 강원도 영월에 산재하여 있다.

3. 원주원씨의 형성과 족보편간

원주원씨의 시조는 원경이다. 그는 중국 원성 사람으로 당나라 태종이 고구려에 파견한 8학사 중 한 사람이다. 『원주원씨 을축보』 서문에 의하면 그의 선계는 주나라 문왕의 아들인 강숙의 후손이 원현을 다스렸으므로 그 지명을 따서 천자가 원이라 사성하였다고 기록되어 있다.

그러나 세계의 고증이 어려워 원극유를 시조로 하는 원성백계, 원경을 시조로 하는 운곡계, 원익겸을 시조로 하는 시중공계, 원충갑을 시조로 하는 충숙공계가 있다. 이들은 족보도 따로 발간한다. 그러나 최근에는 충숙공계 문중에 오랫동안 소장하여 온 옛 문헌 및 가승첩 등 귀중한 자료들을 고증해 본 결과 충숙공계가 원성백계와 같은 원극유의 후손이라는 것이 밝혀져 원성백계와 충숙공계가 합보하였다. 이것은 『원주원씨 을축보』의 서문에 신라 때 원훈과 원선이 재상을 지낸 뒤 그의 후손들이 4대파로 갈라졌다는 내용이 『만성보』에 나왔다는 것을 근거로 하고 있다.

그러나 원익겸을 시조로 하는 시중공계에서는 본관은 같지만 종족은 같지 않다고 한다.[141] 즉 『만성보』에서 씨족의 원류를 살폈으나 네 파의 계열만 기록되어 있을 뿐 한 근원으로 파를 달리 한다는 내용은 근거가 없다는 것이다.[142] 시중공계 익겸파와 원성백계 극유파와의 근원 논쟁은

141) 『원주원씨족보』(기미보), 범례, "原州元氏 吾宗外 有元克猷 元克富 兩派卽同貫而異系也".

142) 『원주원씨족보』(기미보), 발문.

시중공계의 초간보에서부터 제기되었다.

원극유의 후손인 원유봉이 쓴 서문이 근거가 없다 하여 시중공계 익겸파의 원경하가 서신을 통해 바로잡기 위하여 삭제하라고 하였다. 족보 서문에 원문 중 삭제하라는 부분은 "사대파로 나누어졌는데 고려 병부령 원성백 원극유를 시조로 하는 일파와 원극부, 원유염, 원윤창을 시조로 하는 일파가 있다고 만성보에 기록되어 있다. 대저 본관이 같으면서 종이 다르다는 것이 어떤 근거에서 나온 것인지 알 수 없고, 세대가 오래되어 분파의 접속이 잘못되거나 없어져서 원씨가 두 성이 있다는 말이 있는데, 이는 어찌 보법이 밝지 못한 데에 연유한 것이 아니라고 할 수 있겠느냐"까지 89자를 삭제하고 이를 다시 고쳐 "그 이후에 원극유가 고려 태조를 보좌하여 벼슬이 병부령에 이르렀고 원성백을 봉해졌으니 이 분이 원씨의 상조이다. 원성백으로부터 16대 사온공 원구에 이르러 비로소 족보를 만들었다"라고 하였다. 종친이 다시 원홍리에게 글을 보내서 물었더니 그가 답하기를 얼마 전에 원유봉이 서면으로 통보하여 왔으므로 비로소 그대의 이와 같은 뜻을 알았다. 서문 중 그 후 사대파로 나누어졌다는 등의 말이 기록에서 살펴 헤아릴 만한 글이 없으니 그대가 통보한 89자를 반드시 삭제하고 고쳐 써야 한다는 것은 또한 소집이 없지 않으므로 삼가 "발문 중 여러 파의 조가 모두 우리 시조의 후손이다. 사람들이 어찌 그 시초가 한 사람이 아니라는 것을 알 것인가?"라는 89자를 수정하고 이미 새로 발문을 고쳐서 썼다고 하였다.[143)]

원주원씨가 강원도 원주에 정착한 시기는 정확하지 않다. 대체로 7세 원방보 때부터 세거한 것으로 전해진다. 이들의 후손들이 원주와 여주 등지에서 세거하다가 11세 원맹도의 후손인 14세 원강 이래로 황해도

143) 『원주원씨세보』 발문, 숭정 재계해(1743년 12월) 원명규 식.

안악과 옹진, 그리고 경기도 고양에 정착하였다. 이어 16세 원유 이래로 황주와 해주, 경남의 창원과 충북의 충주 등으로 분산 거주한 것으로 나타났다. 그 이후 황해도 송화·봉산·신천과 경북 군위·의성 그리고 경남 거창·합천, 평남 용강 등지로 흩어져 세거하였다. 또한 원방보의 형 원맹량의 후손인 20세 원흥대에 함남 신흥에 정착한 것으로 보인다.

또한 16세 원득신과 원시발 이래로 함북 성진과 부령에 자리 잡았다. 11세 원중비의 후손이 강원도 원주와 횡성, 충남 당진과 전남 장성, 경북 선산 등지로 이주하였다. 경기도 여주군 북내면은 원중륙이 정착한 후 지금까지 많은 후손들이 세거해온 대표적인 집성촌이다.

〈표 10〉 원주원씨 운곡계 경파 족보 발간 연혁

회수	족보명	간행년도	비고
1	병오보	1666년(현종 7)	
2	을해보	1767년(영조 43)	
3	을유보	1825년(순조 25)	
4	임신보	1872년(고종 9)	
5	병자보	1936년	
6	경자보	1960년	
7	을축보	1985년	

〈표 11〉 원주원씨 원성백계 극유파 족보 발간 연혁

회수	족보명	간행년도	비고
1	정축보	1457년(세조 3)	
2	경신보	1740년(영조 16)	
3	삼경신보	1800년(정조 24)	
4	계해보	1863년(철종 14)	
5	신유보	1921년	
6	무술보	1958년	
7	무진보	1988년	

〈표 12〉 원주원씨 시중공계 익겸파 족보 발간 연혁

회수	족보명	간행년도	권수
1	기미보	1739년(영조 15)	8편
2	계미보	1823년(순조 23)	6권(24편)
3	기사보	1869년(고종 6)	12권(30편)
4	갑자보	1924년	15권(77편)
5	무술보	1958년	14권(23편)
6	을축보	1985년	

원주원씨는 고려조에 성세를 떨쳤다. 조선조에 들어와서 문과 급제자 63명, 상신 2명, 공신 5명 등을 배출하면서 조선 초기에 잠시 위축되었다가, 중기에 인조반정에 원두표가 참여한 것을 기화로 다시 성세를 떨쳤다.

원주는 원래 고구려의 평원군이다. 신라 문무왕 때 북원소경을 두었고 고려 태조 23년에 원주로 고쳤다. 현종 9년 지주사로 하였고 충렬왕 34년에는 원주목으로 고쳤으며, 조선 세조 때에 진을 두었다.

시중공계의 족보 편찬은 다른 문중에 비해 늦게 간행되었으며, 그 간격도 40~80년으로 넓은 편이다. 운곡계 역시 50~100년 간격으로 족보가 발행되었으며, 원성백계는 초기를 제외하면 60여 년 간격으로 균일하게 발행되었다는 것을 알 수 있다.

여기에서는 시중공계 익겸파의 족보를 중심으로 족보 형태를 살펴보겠다.

창시보인 을미보(1739년)부터 자녀 기록방식을 선남후녀로 하여 본종을 중시하였으며, 첩의 자녀를 적자녀의 다음에 기록하여 명분을 중시하였다. 이후 갑자보(1924년)에 와서야 이러한 기록이 없어졌다.

계미보(1823년)에서는 외손은 성을 쓰고 끝부분에 이르면 외손을 사위 옆에다 주를 달아 붙였는데 중복되지 않도록 하여 본종과 섞여서 보이는 폐단이 없도록 하기 위함이었다.

생졸연도를 기록하는 데에 있어서도 기미보(1739년)에는 명나라 연호를 썼으나 숭정 갑신년 이후부터는 조선의 연호를 썼다. 무술보에서는 구보에 기록된 미성년자의 기록을 삭제하고, 결혼하기 전에 사망한 자는 모두 삭제하였다. 계미보에는 6단으로 하였지만 기사보에서는 7단으로 하였다.

원주원씨는 본관의 발원지인 중부이북 지역에 세거지가 집중되어 있는 것이 특이하다. 이는 15~20세 선조들이 주로 중부이북 지역에 이주 세거하였던 관계로 그 지역에 토착민으로 성장하였다. 따라서 서원이나 사당도 강원도 등 중부이북 지역에 많이 분포되어 있다.

원주원씨의 주요 서원과 묘·영당·정려·사 등이 분포하여 있는 곳을 살펴보면, 원충갑의 충렬사와 원천석의 칠봉서원이 있는 강원도 원주지역이 가장 많으며, 이외에도 영월, 금화 등지에 분포하여 있다. 또한 원호의 서산서원이 있는 경남 함안, 원희의 충렬사와 원충서의 향사가 있는 함북 길주, 원개의 별사가 있는 경북 현풍 등에 산재하여 있다.

4. 칠원윤씨의 형성과 족보편간

칠원윤씨의 시조는 윤시영이다. 그러나 그의 아들 윤황 이후 세계를 실전하여 고려 초에 칠원현의 보윤호장[144]을 지낸 후손 윤거부[145]를 중시조로 하여 세계를 이어오고 있다.

창시보인 병진보의 발문에는 14세 윤송제의 이전에는 기록 미상이라고 되어 있다. 그러나 67년 후에 만들어진 2수보인 계해보를 편찬 할 때 호남 종인 윤세추라는 사람이 보관해 오던 구첩과, 종인들로부터 거두어들인 자료에 기초로 해서 12세대까지 세계가 밝혀졌다고 한다.[146]

---

144) 『고려사』 향직고와 선거지에 의하면 호장은 향리직의 수장이며, 보윤은 8품에 해당하는 품계이다.

145) 구보에는 거보,거부 또는 군보라고 한 곳도 있다.

칠원윤씨는 고려 말부터 조선 초기까지 중흥하였던 가문이다. 신유보에 의하면 중시조 윤거부는 호장이었지만 그의 아들 윤영부터는 중앙관직에 진출하여 정2품인 좌복야, 3세인 윤홍중은 정당문학(종2품), 4세 윤적이 찬성사(정2품)를 역임하였다. 조선조에서는 문과 급제자가 26명, 호당 1명, 청백리 2명, 공신 3명을 배출하였다.

칠원은 경남 함안군에 있는 지명이다. 940년(태조 23) 칠원으로 개칭하고 1413년(조선 태종 13) 현으로 승격되어 현감이 파견되었다. 임진왜란 이후 고을이 쇠퇴하여 1601년(선조 34)에 함안에 합속되었다가, 인구가 늘고 토지가 개간되어 1617년(광해군 9)에 함안으로부터 분리 독립되었다. 이어 1895년 군이 되었다가 함안에 병합시켰다.

주요 파로는 충효공파(윤환), 대언공파(윤자), 칠성공파(윤장), 사윤공파(윤화), 부원군파(윤자량), 장군공파 등이 있다.

칠원윤씨는 시조 이래 관향인 칠원을 비롯한 경남 함안 일대에 세거해 온 것으로 전해진다.

20세 윤조생의 후손들이 충남 청양으로 이주해 세거하였고, 21세 윤적의 후손인 28세 윤필하 후손들이 충남 논산, 공주 등지로 이주하였다. 윤적의 동생 윤형과 윤신노의 후손은 충남 청양, 공주, 부여와 경기도 화성, 경상도 고령에, 윤신충의 후손은 강원도 춘천과 홍천 등지로 이주해 세거하였다.

윤조생의 동생인 윤신생의 후손들이 공주에, 24세 윤자균 후손이 충남 논산과 청양, 부여 그리고 전라북도 익산과 옥구 등지로 이주하여 세거하였다. 20세 윤광우의 후손들이 경기도 여주와 양평, 포천 등지와 충청북도 충주와 음성 등지에 정착하였다. 21세 윤달이 칠원에서 거제로 이주하여 정착하였다. 23세 윤귀연과 27세 윤원경 대에 이르러 전라도 장흥·순천·보

146) 『칠원윤씨 신유보』 범례, 『칠원윤씨 임신보』 서문

성·화순·나주 등지에 정착하였다. 31세 윤익년 대 이후에는 경상도 창원·의령·합천·고성과 전라도 정읍·완주·광주·고흥 등지로 이주해 세거하였다.

정유보(1717년) 발문에는 재력이 없어서가 아니고 기록하기 어려움이 있어 외손과 서손들은 기록하지 않았다고 기록되어 있다. 또한 친손과 외손의 구별하여 기록하였는데 이는 명분을 중요시 한 것이라 하였다. 종친은 성을 기록하지 않고 외손은 성씨를 써서 외손과 친손을 구별하였다.

〈표 13〉 칠원윤씨 족보 발간 연혁

(1) 대동보

회수	족보명	간행년도	권수
1	병진보	1616년(광해군 8)	2권
2	계해보	1683년(숙종 9)	
3	정유보	1717년(숙종 43)	족보4권 별록1권
4	신유보	1741년(영조 17)	3권
5	임신보	1872년(고종 9)	26권
6	경자보	1960년	16권
7	경신보	1980년	5권
8	경진보	2000년	11권

(2) 파보

회수	족보명	간행년도	권수	구분
1	경진보	1760년(영조 36)	3권	대언공
2	갑인보	1794년(정조 18)		대언공
3	을축보	1805년(순조 5)	8권	충효공
4	임진보	1832년(순조 32)		대언공
5	갑진보	1844년(헌종 10)	9권	대언공
6	정사보	1857년(철종 8)	13권	충효공
7	병오보	1906년(광무 10)		부원군
8	갑인보	1914년	2권	판결사공
9	기사보	1929년	12권	대언공
10	갑술보	1934년	2권	부원군
11	병자보	1936년	10권	충효군
12	정축보	1937년		사과공
13	병신보	1956년	3권	직제학공

생존한 사람이 관직을 가지고 있으면 현재 '모관'이라 하고 전직자는 '전 모관'이라 하였으며, 사위와 외손의 기록은 상세하지 못하였다. 배위는 생졸을 막론하고 모두 '실'이라 쓰고, 봉군과 시호를 받은 사람의 부인은 '부인'이라 칭하였다. 계통이 불분명한 삼파는 부득이 별록에 기록하되, 요약하여 기재하였으며 각파 중시조 밑에 소기하여 후일을 기약하였다.[147)]

신유보에서는 층단을 6개 층단으로 하였다. 임신보에서는 생졸 과거 연대는 명나라 연호를 하지 않고 조선 왕들의 연호를 사용하였다. 또한 대동항렬자를 사용하였다.

칠원윤씨의 대동보 발간 연차는 신유보와 임신보의 간격이 131년으로 매우 간격이 넓으며 임신보와 경자보 사이의 간격도 88년으로 넓은 편이다. 그 외에는 20~60년 주기로 발행되었으며, 한말 이후 발간한 경우가 많았다. 특히 타 문중에 비해 자주 발간되어 종족의 결집이 강한 것을 알 수 있다.

칠원윤씨는 20~24세 선조들이 충남으로 이주한 관계로 출자지인 경남 지역과 더불어 충청지역에 많은 세거지가 분포한 것으로 나타났다. 특히 충남의 청양과 서산 등에 많이 세거하며, 경남의 거제와 합천지역, 경북의 고령, 칠곡과 전남의 보성과 승주에, 충북의 제천과 진천 등지에 산거해 있다. 그러나 경기와 강원 등 중부이북 지역에는 세거지가 나타나지 않은 것도 매우 이채롭다. 따라서 서원이나 사당 등도 경남과 충남지역 이외에는 거의 보이지 않는다.

칠원윤씨의 주요 서원과 묘·영당·정려·사 등이 소재해 있는 곳을 살펴보면, 홍포서원이 있는 경남 함안과 삼충사가 있는 거제, 그리고 윤익과

147) 『칠원윤씨 신유보』, 범례.

윤광은, 윤빙삼의 정려가 있는 충남 청양, 창의사가 있는 함남 함흥 등에 위치해 있다.

5. 풍양조씨의 형성과 족보편간

풍양조씨의 시조는 조맹이다. 한양부 풍양현에 거주하였으며 고려 개국공신이다. 원래 이름은 암이었으나 맹으로 사명되었다. 그러나 6세까지 세계가 실전되어 전직공파는 조지인을, 평장공파는 조신혁을 1세조로 하여 세계를 이어가고 있다.

풍양은 경기도 양주군에 있던 지명이다. 고려 초에 풍덕으로 불렸다가 후에 풍양으로 하여 1043년(현종 9)에 양주로 예속시켰다. 뒤에 포주 또는 포천에 이속시켰다가, 1427년(세종 9)에 다시 양주로 환원하였다.

풍양조씨 선조의 세거지는 확인되지 않는다. 무오보에 기록된 바로는 7세 조사충의 후손들이 경북 상주에, 이후에는 경산과 선산에 이주하여 정착하였고, 조신의 후손들이 충남 부여, 9세 조겸지와 조순지의 후손이 경기도 여주에, 조온지의 후손이 양주에 세거하였다. 11세 조형의 후손이 충북 충주에, 조석주의 후손 중 일부가 강원도 춘천에, 14세 조수륜의 후손이 충남 서천에 세거하였다. 또한 조임의 후손들은 황해도 해주에 세거한 것으로 기록되어 있다.

풍양조씨는 5대파로 나누어진다. 크게 전직공파와 평장공파로 나누어지고, 다시 전직공파는 호군공파·회양공파·금주공파 등 3파로, 평장공파는 남원공파(소론)와 또 다른 계파인 상장군공파로 나누어졌다. 이들을 중심으로 호군공파의 증손인 조서경을 파조로 하는 판관공파와 조신혁의 5세손인 조세필을 파조로 하는 진사공파 등이 있다. 이어 회양공파는 한평군파(노론)와 청교파(소론)로 분파되었다. 이 두 파는 조선후기 각기 당색을 달리하여 정권의 변동에 따라 부침을 거듭하기도 하였다.

풍양조씨는 고려 때에는 크게 두각을 나타내지 못하다가 조선에 들어와 숙종대 이후 대표적인 세도가로 성장하여 헌종 때에는 이른바 '풍양조씨 세도정치'를 열게 되고 안동김씨와 쌍벽을 이루며, 조선 후기 가장 강력한 문벌로 등장하였다.

특히 회양공파는 세도정치의 주축가문으로 조선시대에 상신 6명, 문형 3명을 비롯하여 판서급 30여 명 등 많은 관직자가 배출되었으며 종족 수도 풍양조씨의 과반수를 차지한다. 남원공파는 상신 1명, 문형 1명을 배출하였다.

주요 인물을 보면, 숙종 때의 우의정 조상우, 영조 때의 좌의정 조문명과 영의정 조현명, 우의정 조재호 등이 회양공파이다. 조선 중기 성리학의 대가이고 효종 때 좌의정을 지낸 조익, 현종 때 대제학을 지낸 조부양은 남원공파이다. 또, 회양공파의 분파인 한평군파로 영조 때 통신사로 일본에 갔다 오면서 고구마 종자를 들여온 조엄이 있다. 그의 손자 조만영은 문조(헌종의 아버지 익종)의 국구가 되었다. 1839년(헌종 5)에는 조병현이 형조판서가 되면서 천주교도에 대한 대규모의 탄압을 하여 '기해교난'을 일으키기도 하였다.

〈표 14〉 풍양조씨 족보 발간 연혁

회수	족보명	간행년도	권수
1	신해보	1731년(영조 7)	
2	경진보	1760년(영조 36)	30권(909판)
3	병술보	1826년(순조 26)	1,356판
4	경자보	1900년(광무 4)	2,000여판
5	무오보	1978년	

풍양조씨의 족보발간은 30~70년의 간격으로 꾸준히 발간되었다.

창간보는 경상감사이던 조현명에 의해 대구감영에서 간행되었다. 횡으로 육란을 그어 육대까지 쓰되, 맨 하란에는 이름 밑에 다음편의 번호만을 표기하였다. 자손의 기재방식은 선남후녀로 하였다. 외손파는 외손에 한하여 기재하고 외증손은 각기 외손 이름 옆에 기록하였다.

첩자녀는 적자녀 아래에 기록하고 다소 생략하였다. 처를 취모녀, 졸년을 망이라 써서 경중의 차별을 두었다. 지방에 있는 성족으로서 풍성이란 본관을 같이하는 이는 별보에 입보하여 의심스러움을 나타내었으며 후에 고증을 통하여 원보에 입보하기도 하였다.

경진보는 경상감사 조엄에 의해 대구감영에서 간행되었다. 여기에서는 상계가 실전되었으나 해당란을 비워 놓지 않을 수 없어서 기재란을 8란으로 하였다. 사망한 사람이 아들은 없고 딸만 있으면 그 줄의 이름 자 밑에 무남이라 썼다.

생존한 사람이 아직 아들을 못 낳고 먼저 딸을 낳았으면 한 줄을 비워놓고 딸을 씀으로 여자로 하여금 장남의 자리에 쓰이지 못하게 하여 본종사상을 여실히 보여주었다. 서자만 있으면 장남 행에 직서하여 세계를 계승시켰으나 만일 적녀가 있으면 그 줄을 비워놓고 적녀 다음에 써서 불감선적의 뜻을 남겨놓았다. 이품 이상이 사망하면 '졸'이라 쓰고 나머지는 '종'이라 쓰며 서파는 '몰'이라 썼다. 여기에서는 적서의 문제를 매우 세밀하게 기록하였다.

제파중에 별호가 있으면 기록하였지만, 뛰어나지 못하면 비록 별호가 있어도 기록하지 않았다. 외손은 선남후녀로 기록하고 사위의 방주에 기록하였다. 외증손은 O표를 하나 치고 외손 밑에 쓰되 관직을 먼저 쓰고 외손 사위와 외증손 사위에 이르러는 관직과 성관을 썼다. 외외증손은 비록 뛰어난 자가 있어도 기록하지 않았다. 그러나 외손파에서 후비가 탄생되었으면 비록 대수가 좀 멀다 하더라도 특별히 몇 대손 누구의 여라 쓰고 본행에는 동그라미 4개를 제 일란의 윗줄에 따로 기록하였다.

병술보는 경상감사 조인영에 의해 대구감영에서 간행되었으며, 보판을 7란으로 하였다. 이전에는 특별한 관직에 있는 종인이나 외손이 수보비용을 부담하였지만 이때부터 관직에 따라 차등 있게 수단을 걷었다.

후손이 없는 파와 사위의 방주는 경진보의 예를 변경하여 모두 하란에 바로 쓰고, 사망한 사람은 비록 자녀가 없더라도 본파의 단자에 무후라 쓰지 않았으며 횡으로 써서 후일에도 자손을 이어갈 수 있다는 의의를 남겨 놓았다. 배위와 생년 졸년월일과 묘소 등이 구보에는 없었으나 병술보부터 이런 내용들을 기재하였다.

경자보에서는 서파에 써오던 '취'자와 '몰'자는 '배'와 '종'으로 바꿔 기록하였으며 점차적으로 '서'자를 쓰지 않았다. 이전에는 판각으로 하였으나 경제적 부담으로 인하여 활판으로 인쇄하였다.

1988년 9월 23일 경북 상주시 남장동에 있는 풍양조씨족보 판목과 보각이 경상북도 문화재자료 제208호로 지정되었다. 여기에는 호군공파의 족보 판목이 보관되어 있다. 총 934판 가운데 깨지거나 훼손된 판목 260장을 제외한 674장이 보관되어 있다. 1731년(영조 7)에 초간한 신해보, 1760년(영조 36)에 중간한 경진보, 1826년(순조 26)에 3간한 병술보 등이다. 정교한 새김과 족보체제로 볼 때, 당시 족보를 출간하는 기술적인 경향과 조선시대 판목인쇄의 실재를 보여주는 좋은 자료이다. 보각에는 '조씨보각'이란 현액이 걸려 있다.

풍양조씨는 중부지역에서 출자한 대표적인 가문이다. 7세 조사충의 후손들이 경북 상주와 경산, 그리고 선산에 이주하여 정착한 관계로 경북 상주에 집성촌이 집중되어 있다. 또한 조임의 후손들이 황해도 해주에 이주하여 세거한 관계로 황해도에 집성촌이 이루어져 있다. 그러나 서원이나 사당은 경기도와 충청도에 집중해 있다.

풍양조씨의 주요 서원과 묘·영당·정려·사 등이 위치해 있는 곳을 살펴보면, 경기지역에는 명고서원과 수곡서원이 있는 경기도 광주, 운계서원과 향사가 있는 지평, 호계서원이 있는 과천 등이다. 충남에는 동곡서원과 반산서원, 양호향람사, 남산사 그리고 풍양군묘가 있는 부여, 건암서원이 있는 서천, 도산서원이 있는 아산 등이다. 이밖에 연악서원과 속수서원이 있는 경북 상주, 망덕서원이 있는 함남의 정평, 용강사가 있는 전남 나주, 백석사가 있는 전북 김제, 향사가 있는 강원도 고성 등에 위치해 있다.

이상에서 살펴본 조선 족보는 유교윤리에 입각하여 조상을 존숭하고 자기의 근원을 찾으며, 종족간의 질서유지 및 족적 유대 강화를 위하여 일정한 편목체계 아래 시기별 특징을 갖고 편찬되었다. 자신의 혈통관계를 기록한 고대의 가계기록을 벗어나, 고려시대에는 일부 특정 가문에 의해 정치적 기능을 가진 친·외손을 전부 기록한 내외보 형태를 띤 족보였다.

조선에서는 중국의 종법제도가 들어오면서 200여 년간의 과도기를 지나 17C 중엽에 이르러 친손 중심의 내보형태를 띤 족보가 편찬되었다. 조선은 각 씨족과의 배타성을 갖고 중국보다도 더 강한 혈연의식을 갖고 있었다. 특히 양란 이후 집단적 공동생활 속에서 농업을 바탕으로 한 경제 형태를 이루면서 집약적 노동력의 필요에 의해서 종족의식이 더욱 강화되었다. 이로 인한 종족의 결집의 일환으로 동족의식을 갖고자 족보의 편찬이 성행하였다.

또한 조선 초기에 형성된 강한 신분제가 양란 이후 국가의 천민들에 대한 군정의 필요와, 소농들의 자립을 위한 노동력의 필요로 신분제가 해체되면서 상민에게는 귀속적 신분의 멍에를 벗어나서 상위 신분층에 소속하려는 노력의 일환으로 족보 편찬의 확대로 이어졌다.

제2장 중국 종보의 특성

제1절 종보 편찬의 의미와 수록 내용

1. 종보와 종파

(1) 종보의 목적과 역할

종보란 한 조상 아래 부계혈통을 같이하는 종족 사이에 만들어진 혈연계통[1]의 기록을 말한다. 이것은 종족의 단결을 공고히 하여 종족끼리 서로 도우며 사회적 활동에 도움을 줄 뿐[2] 아니라, 족인의 사회적 성망을 북돋아 주려 하는 것이다.[3] 뿐만 아니라 족인의 질서를 통제하고[4] 체제를 확립시켜 족인의 교화[5]를 철저히 함으로, 그 집단의 일탈행위를 사전에

---

1) 여기에서의 혈연계통이란 부계의 동종 친척을 말한다. 따라서 동성이라 하여도 동종(조선은 동본이라고 한다)이 아니면 그 구성원에 참여할 수가 없었다. 요사이 동성이라는 이유로 종친회의 결성이 활발하게 이루어져 활동하고 있지만 혈연계통의 개념에서는 같은 종족이라고 할 수 없다.

2) 종보에는 이를 위하여 의전·의장·의학·의총 등에 관한 의전기·의전·규조·의장기·섬족·규조·의학기·족숙·장정·의총기 등을 기록해 놓았다.

3) 종보에는 이를 위하여 조상의 榮譽·공업·덕행·절열·耆壽·학문·문예 등에 관한 誥勅·상찬·묘지명·가전·先德傳·환관기·충효기·절열기·기수기·정표기·유학기·생원표·예문지 등을 기재하고 있다.

4) 종보에는 종족 질서의 통제 목적으로 가규·가약·종규·종약 등을 기록하여 후손들에게 종족의 질서를 요구하고 있다.

막고자 하는 수단으로 활용하였던 것이다. 또한 종보는 종족의 역사를 기록하여 안으로는 족인들에게 긍지를 갖게 하고, 밖으로는 종족의 사회적 지위를 높이며, 동족들의 결합을 목적으로 하고 있다.

나아가 종보는 모든 종족원은 동일한 시조에서 나왔다고 하는 '수직적 계통성 관계'를 갖게 하려는 의도[6]와, 족인 상호간에 같은 혈연을 가지고 있다는 '수평적 동질성 관계'를 깨닫게 하려는 의도[7]가 있다. 종보에는 종인의 혈연적 위치를 나타내는 세계표 등을 기재하고, 조상의 제사나 분묘에 관한 내용들을 기재하였다. 또한 종족의 결합이나 통제·교훈에 필요한 기록과, 종족 활동상황, 그리고 조상들의 자랑스러운 업적 등을 기록함으로 종보의 목적을 달성시키려 하고 있다.[8]

그렇지만 종보에 있어서 동성, 즉 종족이란 말할 것도 없이 시조와의 연계 관계가 명백하지 않으면 안 된다. 종족의 역사가 오래되지 않으면 옛부터 전해 내려오는 전승 등으로 알 수 있지만, 오랜 세월이 흘러 기록된 증거가 전해지지 않으면 알 수 없기 때문에, 그러한 조상의 혈통을 후세들이 잊지 않도록 문서로 기록한 것이 바로 종보인 것이다.[9] 이러한 기록은 중국에서 발달하여 점차적으로 북방민족을 비롯한 조선과 월남, 그리고 유구와 일본으로 전파되었다.

---

5) 종족의 교화를 위해서는 유훈·가훈·가범·종범 등을 종보에 기재하였다.
6) 이를 위하여 종보에 조상의 제사나 분묘에 관한 묘기·묘도·사기·사규·제의·제법 등을 게재하여 종족의 단결과 종적인 관계를 인식시키려 하였다.
7) 이를 위하여 종인의 혈연적 위치에 관한 세계·세표·종파·천거·배행 등을 종보에 기재하고 있다.
8) 『歐陽文忠公文集』 卷71, 구양수는 『구양씨보도서』에서 수보의 목적은 자손으로서 조상의 가전유덕을 계승하고 조상들의 높은 인품과 덕망을 높이고 널리 알리는 데 있다고 서술했다.
9) 譜란 "제사장[神官]이 세월이 오래 지나더라도 잊지 않도록 사당[宗]에서 그 종족의 系代(Lineage)를 말[言]하는 것"이다.

종보의 역할은 단순한 과거의 기록을 넘어 조상을 숭배하는 신앙심에 호소하여 족인들에게 일족의 단결을 요구하고 종족에 대한 관심을 갖게 하였다. 종인이 종보에 그 이름을 올린다고 하는 것은 의무와 권리를 함께 갖는 것이다. 여기에는 족장의 선거, 의장의 관리와 의미의 분배 등이 있다. 또한 의숙의 경영을 통하여 종족 자녀들을 생활하게 하고 장학금 수여 등 여러 가지 권리나 이익을 누리게 된다. 아울러 종족의 영예나 세력을 배경으로 관직에 나아가거나, 그 가문의 보호를 받으며 사회생활을 영위할 수 있도록 하는 역할이 있다.

그러나, 이러한 이익이나 권리가 있는 반면에, 족인들은 조상의 제사에 참가해야 되거나[10] 그 제사 비용을 부담하게 된다. 뿐만 아니라, 사당의 수리, 의장[11]의 경영, 수보비의 부담, 종족의 이익을 위하여 싸우는 계투에 참가하여야 하는 등 여러 가지 의무를 이행하지 않으면 안 되었다. 또한 가훈이나 가범의 준수, 종규·종약 등의 실천으로 종인으로서 생활규범에 복종하여야만 하였다.

이러한 의무를 소홀히 하고 종인으로서의 태도가 부족하면 일족의

10) 족인들은 조상의 제사를 참여함으로 제사라는 의례를 통해 모든 남계친이 근본을 같이 한다는 혈연의식을 공유할 수 있었다. 또한 이것으로 인하여 종족결합의 범위가 확대될 수 있었던 것이다.

11) 중국 송나라 이후에 나타났으며, 같은 종족이 공유하는 전장을 말한다. 중국의 사대부들은 사당과 의장을 설립하고 종보를 편찬함으로써 종족을 단위로 하는 명문 종족을 형성하려 했다. 이들은 의전을 설치하고 거기에서 나오는 비용으로 종족들을 부양하였으며, 조상의 제사나 혼례, 장례, 교육 등의 비용을 부담하였다. 이는 1050년 북송의 범중엄이 자신의 종족을 위해 소주의 토지를 기부하여 '범씨의장'을 설치한 것이 그 시초다. 그 이후에는 남송의 여러 명문 중에 소씨·구양씨 등의 집안에서 경쟁하여 의장을 설치하였다. 특히 의장은 양자강 이남의 강남지방에서 많이 운영되었다. 의전에서 거두는 소작미를 의미라고 하였다. 또한 그 의미로 운영하는 종족의 청소년 교육기관을 '의숙'이라고 하였다. 조선도 일제 강점기 때 몇 군데 의숙이 생겼으며, 요사이는 각 종친회에서 운영하는 기숙사가 설립되어 지방의 학생들이 혜택을 받고 있는 경우도 있다.

경고와 제재를 받았으며, 죄가 무거운 경우에는 그 이름을 종보에서 삭제하기도 하였다. 종보에서 이름이 삭제되고 종인의 자격을 잃는다는 것은 그 지역사회에서 완전히 매장 당하여 그 타격은 매우 심각하였다. 따라서 종보는 족인들의 권리와 의무를 통하여 가정질서와 사회질서를 유지하려는 것과, 나아가 국가적으로는 호적대장의 역할[12]을 하였던 것이다.

결국, 종보는 나라의 사서와 함께 하는 것으로, 사서는 만세군신의 강상을 세우는 데 목적이 있다면, 종보는 가문의 부흥과 자손천세의 윤리기강을 세우는데 그 목적이 있다고 할 수 있다.[13]

그러나, 종보가 사서와 다른 점은 사서는 국가의 혼란한 세상을 밝게 하여 후세에 규범을 내려주는 것이기 때문에 선악을 기록하지만, 종보는 종파를 바로 잡고 조상의 영예를 높이고 그 업적을 나타내어 자손들에게 교육과 화목을 돈독하게 하려는 목적이 있기 때문에 좋은 것만 쓰고 나쁜 것은 쓰지 않는다는 것이 그 차이라고 말할 수 있다.[14]

(2) 종파의 형성

처음에는 한 가족단위에서 출발하여 기록된 가보들이 하나의 종족이 합해지면서 종보가 탄생한다. 또 다시 그 종족이 오랜 세월을 거쳐 내려오는 동안 혈연적, 또는 지역적으로 분리되어 오면서 각 지파가 형성되어 새로운 대단위 종보가 형성된다.

---

12) 청나라 말기 종보가 성대하게 편찬되었던 지역에서는 호적대장보다 상세하다고 알려져 있다.

13) 『新安嶺南張氏會通宗譜·嶺南張氏續修譜』 서문, "族有譜 猶國之有史 史以立萬世 君臣之綱常 譜以疏子孫千載之倫紀 孝子順孫 所宜先務". 1533년(가정 12).

14) 『皖桐劉氏宗譜』 譜例, "修譜與史筆不同 史以明治亂垂法戒 故善惡普書 譜以正宗流篤恩義 故書善而不書惡". 1870년(동치 9). 「姚江三牆門張氏」 凡例, 1916(『중화족보집성』, 中國 : 成都, 巴蜀書社, 1995, 影印本).

이렇듯 시간이 흐름에 따라 종족이 번성하면 그 종족은 분파하고 분파조를 중심으로 새로운 지파가 형성된다. 종족의 구성은 보통의 경우, 어떤 사람이 세 명의 아들을 두고, 장자가 본종을 계승하여 차자 이하가 지파의 시조가 되었다면, 그 지파를 대방(장방), 차방(이방), 삼방이라고 하였다.[15] 그리하여 둘째 아들의 자손이 다시 지파를 구성하면, 최초의 대방을 노대방이라고 하였고, 그 중에서 다시 대방, 차방, 삼방으로 나누어졌다. 또한 그 지파의 조상의 이름에 의해서, 차자 공지[공파], 삼자 공지[공파], 사자 공지[공파] 등으로 일컬어진다.[16]

그러나 이러한 명칭은 종족에 따라서 반드시 일정하지 않다. 어떤 종족은 일지, 이지, 삼지라고 하였고, 각 지파를 다시 대분, 이분, 삼분으로 나누는 종족도 있다.[17] 처음부터 대분, 이분, 삼분으로 나누는 것도 있고,[18] 대분, 이분, 삼분으로 나누어진 뒤에, 나누어진 것을 다시 대방, 차방, 삼방이라고 하는 것도 있으며,[19] 지파조상의 이름과 지명을 조합하여 부르는 것도 있다.[20] 이와 같이 종족의 분화는 발달하였지만, 이러한 지파의 명칭을 통일하는 것은 그 종족의 조직화하는 과정에서 지극히 중요한 것이었다.

분파의 차례는 대방으로부터 소방에 이르고, 대방 자손이 비록 나이가 어리고 분파손이 나이가 많더라도 반드시 순서에 있어서 앞에 두었으며, 소방이 나이가 많고 분파가 많더라도 반드시 대방의 뒷 열에 있게 하여 대방과 소방의 위치를 분명히 하였다. 만약 자식이 없고 후사를 세운 경우, 생자로부터 반드시 친생자를 정파로 하고 계립자를 뒤에 붙이는

15)『聞氏族譜』, 1803년(가경 8) ;『蕭山郎氏宗譜』, 1902년(광서 28).
16)『春暉韓氏宗譜』, 1882년(광서 8) ;『淸華胡氏文敏公宗譜』, 1866년(동치 5).
17)『紹興山陰州山吳氏族譜』, 1924년(민국 13).
18)『毘陵呂氏族譜』, 1878년(광서 4).
19)『張氏宗譜』, 1674년(강희 13).
20)『呂氏續修宗譜』, 1870년(동치 9).

것은 적가를 명확히 하기 위함이었다라고 하여 대방과 소방의 서열을 분명히 하였다.[21]

그러나 그렇게 하여 분화하였던 지파가 종족의 통제에 미치지 않는 아주 먼 곳에 있게 되면, 결국 그 지파는 독립하여 하나의 종족을 구성하고 그 종족의 독자적인 입장에서 지보를 만드는 것이다.[22] 그러므로 본종의 세력이 확대하여 통보를 만들게 되고, 다시 그 산하에 흡수될 가능성이 있다. 그것에 반하여, 본종과의 관계가 완전히 없어지면 지파는 독립하여 별도의 종보를 만든다. 또한 때때로 지파의 소속원들이 결합하여 종족을 구성하는 경우도 있고, 종보를 만들 때에 이르러 먼저 각 지파에게 지보를 만들도록 하고 그것을 편집하는 경우도 있다.[23]

가족은 종족구성의 단위가 되는 것으로서, 가장에 의해서 통제되고 그것이 각 방파에 소속되어 있는 방장과 분파장 등에게 통제되며, 다시 족장에 의해서 통제되는 피라미드 구조를 가지고 있다. 이러한 조직의 통제는 남계중심의 조직체 중에서 친족의 범위를 결정하는 데 있어서 예법 상의 규정인 상복기간에 의해서 나타내는데 그것이 바로 오복제[24]에

21) 「合肥李氏宗譜」 범례, 1925/ 『중화족보집성』, 中國 : 成都, 巴蜀書社, 1995. 영인본.

22) 『吳趨汪氏支譜』, 1897년(광서 23) ; 『李氏遷常支譜』, 1896년(광서 22).

23) 多賀秋五郎, 『中國宗譜の硏究』 上·下, 東京 : 日本學術振興會, 1981, pp.8~10 참고.

24) 주자의 오복제는 종법제도에서 매우 중요한 것으로 촌수에 따라 상복을 입는 범위와 기간을 구별하는 것을 말한다. 이는 친족원의 등급에 따라 위치를 지움으로 그 임무를 부여하였던 것이다. 상복에는 27개월간 꿰매지 않은 거친 삼베옷을 입고 굴건과 짚신을 착용하고 지팡이를 짚는 '참쇠', 1년간 꿰맨 삼베옷과 굴건을 착용하고 풀이나 짚 또는 삼베 등으로 만든 지팡이를 짚는 '제쇠', 9개월간 거친 천으로 만든 상복을 입는 '대공', 5개월간 좋은 천으로 만든 상복을 입는 '소공', 3개월간 고운 삼베로 만든 상복을 입는 '시마'의 5등급이 있다. 오복제에 의하면 상복제도라는 것은 아버지－조부－증조부－고조부와 그들의 각각 아들－손자－증손－현손이다. 자기 아들에서 현손에까지도 오복의 범위에 속한다. 이는 또한 가까운 친족관계의 친척들이 서로의 범죄를 동일시하여 면하게 하거나

의해서이다.

(3) 보의 명칭

중국에서의 보의 명칭은 조선과 다르게 시대별, 지역별로 매우 다양하게 나타난다. 오랜 세월에 걸쳐 그 지역마다 특정한 명칭이 출현하였으며, 명칭마다 의미를 갖고 시대마다 다른 변화를 나타냈다.

고대 제왕과 귀족의 세계를 기록한 자료에서는 일찍부터 '첩'과 '보'가 사용되어왔다. '첩'은 문자로 간단히 제왕의 세계와 행사를 기록하는 것을 의미하고, '보'는 제왕과 제후간의 원근이나 친소관계를 선으로 표시하는 경우에 사용되었다. 이렇게 '첩'과 '보'는 분리되어 사용하다가 보첩으로 합칭하기 시작한 것은 한나라 때부터이다.

시대별로 그 명칭이 다양하게 사용되었는데, 남북조시대에서는 '씨보'·'가보'·'계보'·'가사'·'방종보' 등과 같은 명칭이 사용되었다. 송대 이후로 '세보'·'족보'·'가승' 등이 사용되었으며, 명·청 이후로는 '가보'·'족보'·'종보'·'세보'·'가승' 등이 사용되었다.[25)]

이외에도 글자별로 분류하면, 족보의 -'보'-, 가승[26)]의 -'가'-, 세보[27)]의 -'세'-의 3종류로 나누어진다. 첫째, 족보의 -'보'-라고 불리는 명칭을 보면,

---

감형 받게 해주며, 가까운 친족원들끼리 서로를 고발하는 것은 비록 정당한 근거가 있더라도 대개 범죄로 간주함으로써 좁은 범위의 친족들 내에서의 자연스러운 조화를 이루려 하였다. 그러나 적장자라 하더라도 폐질에 걸려 사당을 지키지 못할 경우, 또는 서자나 서손이 대를 이을 경우는 기간이 단축되기도 하였다.

25) 陳捷先, 「中國的族譜」, 『譜系與宗親組織』 1, 臺北 : 中國地方文獻學會, 1985, p.235.

26) 『漢語大詞典』 全13卷, 漢語大詞典編纂處 共編, 漢語大詞典編輯委員會, 上海 : 漢語大詞典出版社, 1993, "家乘私家筆記或記載家事的筆錄".

27) 『漢語大詞典』, "世譜家世譜系".

'통보'·'총보'·'보록'·'보서'·'보계'·'보도'·'보전'·'보계도'·'사보'·'조보'·'경계보'·'과갈보'[28]·'과질보'[29]등이 있다.

둘째, 가승의 -'家'-라고 불리는 경우를 보면, '가첩'·'가승'[30]·'가사'·'가전'·'가기'·'가지'·'가전'·'가전부'·'가모휘편'[31] 등이 있다. 셋째, 세보의 -'세'-라고 불리는 경우를 보면, '세가'[32]·'세전'·'세계'[33]·'세전'[34]·'세첩'[35]·'세록'·'세계보'·'세계록'·'세차록'·'세은록'[36]·'세계도표' 등이 있다. 이외에도 '족계'·'경원도'·'수사도'·'유경도' 등과 같이 상징적 표현의 명칭도 나타난다.[37]

또 본종과 지파의 관계에 의하여 '본종보'·'지보'·'방보'·'분보'·'분종보'·'지종보' 등이라 불리어지기도 한다.

떨어져 있던 종족이 합하면서 생기는 회통이나 통종 혹은 연종 운동에 의해서 생겨난 '통보'·'전보'·'회보'·'회통보'·'통회종보'·'회종통보'·'통보'[38]·'통종보'[39]·'통종세보'·'통종보략'·'통종부'·'개족'·'통휘도보'·

---

28) '瓜葛譜'란, 어느 한 사람이 자기의 집안과 혼인관계가 있는, 즉 과갈이 있는 각 씨족의 족보를 그 계파를 중심으로 정리한 족보이다.

29) '瓜瓞譜'란, 과질은 큰 과일과 작은 과일(일찍 떨어진 작은 과일)로서 자손을 뜻하는 말이다.

30) 『漢語大詞典』, "① 私家筆記或記載家事的筆錄. ② 家譜 ; 家史."

31) 『般陽高氏家模彙編』, 1738년(淸 乾隆 3).

32) 『漢語大詞典』, "① 世祿之家. 后泛指世代貴顯的家族或大家. ②『史記』中用以記載侯 王家世的一種傳記. "世家"之體古已有之, 司馬遷撰『史記』時以之記王侯諸國之事, 著『世家』三十篇 ; 歐陽修撰『新五代史』亦著『列國世家』十篇. 因王侯開國, 子孫世代承襲, 故稱世家.參閱唐劉知几『史通·世家』, 淸 趙翼『廿二史箚記』卷一. ③ 家世 ; 世系. ④ 指以某種專業世代相承的家族. ⑤ 猶言世交. ⑥ 世居."

33) 『漢語大詞典』, "① 家族世代相承的系統. ② 指宗派相承的系統."

34) 『胡氏世典』, 1905년(청 광서 31) 胡元儀 修.

35) 『昆陵胡氏世牒』, 1918년(민국 7).

36) 『東里高氏世恩錄』, 1690년(청 강희 29).

37) 常建華, 『宗族志』, 中華文化通志, 上海人民出版社, p.271.

38) 통보와 통종보는 조선의 대동보와 같은 것으로 원래 각 파의 종족들이 가지고

'연종보'[40]·'연종통보'·'대동보'·'대동종보' 등으로 불려진다. 또한 극히 일부에서는 '합보'·'합편'·'보' 등이라고도 한다.

한편, 특정한 지역의 망족(명족)을 배열하여 '명족보'[41]라고 불리는

있던 몇 개의 종보를 통합하여 왔던 것인데, 보의 서명은 단순히 종보라고 되어 있어도 실제로는 통보를 거친 것 들이다(「昌樂八里莊張氏合譜序」).

또한 통보는 이미 원나라 시대에 나타나는데, 『揭文安公 全集』 제8권의 「增修揭氏族譜序」에서는 원나라 성종 대덕(1297~1307년) 연간 중에 族兄 揭允中이 "여러 보를 합하여 이를 증수하였다(合諸譜而修之)"라고 하였다(『重修鑪橋方氏家譜』).

顧炎武는 "동성의 통족이 역사 앞에 나타난 것은, 남북조시대의 진나라 이전에는 없었다(同姓通族 見於史者 自晉以前未有)"라고 하였고, 또, "북인(북방기마민족)들은 동성을 중시하여 통보계통이 많다(北人重同姓 多通譜系)"라고 하였다. 이는 조선의 예로도 그 증거가 된다.

특히, 통보의 경우에는, 한 쪽의 종족이 강대해져서 다른 종족의 보를 흡수하는 경우와, 각각 종족이 대등한 입장에서 행해지는 경우가 있다. 전자의 경우는, 따로 종보의 명칭에 '통보'라는 명칭을 사용하지 않고, 그 성립 과정에서 단순히 '종보'·'족보'·'가보' 등이라고 일컬어지기도 하였다(『歐陽安福府君六宗通譜』).

'통보'를 행하였기 때문이라고 하여 종족이 합병되고, 그 결과 지파로 되었던 종족이 본종 지배를 받는 것은 제한되지 않는다. 양쪽 종족의 보를 살펴보면, 세차를 통일하는 것 뿐이고 종족구성에는 어떠한 영향을 받지 않았던 경우가 상당히 많다. 그러나 이때까지 별도로 간행하고 있던 것을 합쳐서 수보하여 간행하는 경우도 적지 않다. 이 경우에 '합보', '합편', '전보' 등이라고 하고 있다(『建陽朱氏崑羅合譜』).

현존하는 통보는 명대 이후의 것이다. 명말 청초 사이에는 많이 성행하였던 것인데, 顧炎武는 "근일에 동성의 통보가 가장 남발하게 되었다(近日同姓通譜最爲濫濮)"라고 탄식하였다. 이러한 경향은 청대에 내려와서도 쇠퇴하지 않고, 그 뒤에 중화민국시대에 들어와서도, 통보가 대규모로 유행되고 있다.

통보를 나누어 보면, 보통 '통보'·'통종보'·'연종보'의 3종류로 나누어진다.

39) 통종보는 종족이 통합되어, 본종과 지파의 관계가 명확한 경우에 성립하는 것을 원칙으로 하고 있다(『濟陽江氏通宗譜』·『旌陽禮村戴氏通宗譜』).

40) 연종보는 중화민국에서 많이 나타났는데, 그것은 중국 전체에 걸치는 것(『江西盧氏通譜』), 몇 성에 걸치는 것이 있다(『廬江郡何氏大同宗譜』).

41) '명족보'는 중국 전체 또는, 어느 지역의 망족을 나타낸 족보이다. 이는 한나라 말기부터 발생하여 육조시대 이후에 성행하였다. '백가보'·'씨족지'·'성원'·'성찬' 등이 간행되었고, 당나라 때의 것은 돈황 문헌에서도 찾아볼 수 있다. 그러나 과거제 실시로 말미암아 관료제도가 정착된 송나라 시대 이후가 되면 '대족지'

것도 있다.

지보를 살펴보면, 지보가 그것만으로 수합하는 것과, 본종보와 합병하고 있는 것이 있다. 이것들을 특히 '본지보'·'본지세보'라고 일컫기도 한다. 또한 지보는 '지분보'[42]·'방종보'[43]라고 일컬어지는 것도 있다.

중국에서의 보의 명칭은 종보[44]를 가장 많이 사용하였으며, 종보 이외에 가장 많이 사용되는 것은 역시 족보[45]이다. 그 다음이 가보[46]인데, 『중국종보목록』에 의하면 이들 3종류가 67%를 차지한다.[47]

중국에서는 종법적 친족제도 하에서 부계친족 위주로 족보가 편찬되었

라든가 '명족지'라고 하여 점차 줄어듬과 동시에 성격도 변모하고 있다. 원형으로서 확인된 것은, 『신안대족지』·『신안명족지』·『신안휴령명족지』 등 안휘성 신안 부근의 것에 지나지 않는다. 이러한 '명족지'는 남북조시대부터의 유행을 따랐던 것이라고 하지만, 이전과 같이 관리의 등용이나 혼인의 범위를 한정하는 것과 같은 기능을 상실하고 있다. 결국 정부의 통제를 받지 않고 민간에서 제작되었던 것이다.

42) 『楊氏枝分譜』(通志66·藝文志四·譜系, 隋書33·經籍志).

43) 『李氏房從譜』(通志66·宋史204).

44) 『漢語大詞典』, "宗譜卽族譜" "宗族譜系".

45) 『漢語大詞典』, "族譜記載宗族或家族譜系的書冊".

46) 『漢語大詞典』, "家譜；家史".

47) 多賀秋五郎, 앞의 책 참고.
일본에 현존하는 종류의 것으로 1,252부 가운데 종보가 573부로서 전체의 46%이고, 족보는 206부로 16%, 가보는 156부로 12%이다. 또한 미국의 대학이나 도서관에 소장된 1,238부 중에서 종보는 505부로서 41%, 족보는 251부로 20%, 가보는 178부로 14%로서 이들 3가지 명칭이 약 75%정도로 압도적으로 많다. 이중에서도 종보라는 명칭이 45%가 넘어 가장 많이 차지한다. 또한 중국의 북경도서관에 소장된 345부 중에서 종보는 88부로 26%, 족보 52보와 가보 51부로 각각 15%로서 역시 이들 3종류의 명칭이 가장 많다. 『중국종보목록』에 의하면, 875부 중에서 종보·족보·가보의 3가지는 588부로서 67%를 차지하고 있다. 여기에서는 이러한 이유 외에도 조선의 족보와 구별하기 위해 중국의 족보를 종보라 하겠다.
조선 족보의 명칭은 공공기관과 도서관에 소장되어있는 8,206종 가운데 세보가 3443종(42.81%), 派譜가 1769종(21.56%), 族譜가 1442종(17.57%)로 이 세 종류가 전체의 82%를 차지한다.

기 때문에 족보라는 말 대신 '종보'라는 용어가 일반적이었으며,[48] 여기에서는 조선의 족보와 명칭의 혼동을 피하기 위하여 중국의 족보를 종보라 하겠다.

일반적으로 보의 표제를 정하는 것은 성씨·지명(현거주지)·군망(일군의 명족)·기수(보의 발행순서) 등의 내용이 들어간다. 예를 들어 『汾湖柳氏第三次纂修家譜』와 같이 지명(분호)·성씨(유씨)·기수(제3차) 등이 기재되었다. 또한 『六修嚴氏家譜』는 단지 기수와 성씨만을 기재하였다. 보의 명칭에 어느 지역에서 어느 곳에서 옮겨 왔는지를 표시하는 경우도 있는데, 『大港趙氏遷居住駕庄重修族譜』[49]나 『錫山過氏滸塘派遷常支譜』[50](無錫에서 常州로 온 過氏의 滸塘支派의 예) 등이 있다. 이는 조상들의 세거지를 존중하며 자신의 뿌리를 잊지 않으려는 의도로 보인다.[51]

일반적이지는 않지만 일부 종보에서는 특수한 명칭을 채택하여 의미를 부여하는 경우도 있다. 이는 『華氏本書』와 같이, 청대 초기 句容華渚가 華氏 家譜 54권을 편찬한 후에 일반적인 관례로 사용하는 이름을 쓰지 않고 "正本求源" 하겠다는 의미로 표제에 사용하였다. 또한 1878년(광서 4)에 錢日煦가 『錢氏家書』 14권을 편찬하고 이름을 『吳越錢氏清芬志』[52]라 하였는데, 이는 서진 시기에 육기가 편찬한 『文賦』 중에 '誦先人之清芬'에서 따온 것이다. 중화민국 연간에 원용이 편찬한 족보는 『數典不忘』이라 하였는데 이는 『左傳』중에 '數典忘祖'의 뜻이 있다.[53]

---

48) 이수건, 『한국의 성씨와 족보』, 서울대학교 출판부, 2003, pp.54~55.

49) 1927년(민국 16). 張軫과 張治忠 등이 重修. 목판활자 인쇄이며, 10권 30책으로 31㎝×20.5㎝의 보책이다.

50) 1930년(민국 19). 過鏡涵 修. 목판활자 인쇄본이며, 11권10책으로 31㎝×18㎝의 보책이다.

51) 『合肥李氏宗譜』 범례, 1925 ; 『姚江三牆門張氏』 범례, 1916.

52) 1878년(광서 4). 錢日煦 編. 목판활자인쇄본이며, 16권 16책으로 29.5㎝×18㎝의 보책이다.

하나의 예를 더 들어보면 『方氏會宗通譜』인 『歙淳方氏柳山眞應廟會宗通譜』[54]란 긴 명칭을 가진 통보가 있다. 여기에서 '흡순'이란 안휘성과 절강성 순안현을 가리킨다. 또 방씨는 성씨이고 '유산진응묘'란 흡현의 유정산에 있는 방씨 조상 방저를 기리는 사당인 진응묘를 지칭한다. 『회종통보』는 위에서 지칭하였듯이 통종보이다. 이는 흡현과 순안현 일대에 살고 있는 방씨의 각 파들이 각각 시천조를 중심으로 뭉쳐 살다가, 후한시대 방저의 같은 자손이라는 점을 서로 확인하고, 방저를 새로운 시조로 삼아 '회종'을 통해 만든 종보이다. 이렇게 더욱 옛날로 소급하여 시조를 다시 설정함으로써 동족 결합의 범위를 확대시키는 일이 명·청시대에 종족제도가 특히 발달한 동남지방에서 성행하였던 보편적인 현상이었다. 이렇듯 명목상으로는 혈연의 순결성을 강조하면서도, 현실적인 이해관계가 합치되기만 하면 시조를 소급하여 '회종'하는 일이 곧잘 일어났다. 이는 향촌사회에서 일어나고 있는 격심한 사회변동에 직면한 종족이 동족결합의 범위를 키움으로써, 종족을 단위로 하여 사회변화에 대처하고자 한 움직임이라고 할 수 있다.[55]

이렇듯 명칭은 편찬된 종보의 특성을 종합적으로 표현하는 수단이었으며, 다양하면서도 시대와 지역에 따라 어떤 규칙을 갖고 필요할 때마다 적절하게 종족들의 종회를 열어 명칭을 정하였다.

2. 종보 기재 준칙

53) 차장섭, 「중국족보의 개념과 연구동향」, 『경북사학』 25집, 경북사학회, 2002, pp.214~215.

54) 1753년(청 건륭 18)에 방선조와 방대성이 편찬. 10책 20권으로 되어있으며, 39.5㎝×26㎝의 보책이다.

55) 박원고, 「명·청시대의 중국 족보-방씨회종통보의 예를 통하여-」, 『한국사 시민강좌』 24, 일조각, 1999, p.171.

종보에는 성을 얻게 된 근원, 세족의 원근, 관작의 높고 낮음, 벼슬 등급의 대소, 관력 및 과거 내용, 분묘의 소재, 처첩의 집안내력, 적녀의 출가 내용, 조상이 남긴 문장이나 사건, 저술사항, 절의 등을 수록한다.[56] 이외에도, 종족의 내부질서에 필요한 내용과 종족에게 전하는 교훈도 기재한다.

또한 "譜有六不書"라 하여 종보에 기록하지 않는 6가지 내용이 있는데, ① 조상을 저버리는 행위[棄祖], ② 역적에 해당하는 행위[叛黨], ③ 나라의 형벌을 범하는 행위[刑犯], ④ 윤리 강상을 해치는 행위[敗倫], ⑤ 의리를 져 버리는 행위[背義] ⑥ 난잡하고 비천한 행위[雜賤]를 말한다.[57]

이것은 동양사회의 유교적 윤리의식을 반영하고, 그 윤리를 바탕으로 가족의 질서와 사회 질서를 지키려는 지침서이다. 종보에서 자신의 이름이 제외된다는 것은 국가의 형법보다도 더 가혹한 것으로 여겨졌으며, 종족에서의 매장은 곧 사회의 매장과 같은 것이었다. 따라서 국가는 백성들을 다스릴 때 적절한 종족의 규율을 인정하였으며, 이 규율을 이끌어 가는 족장에게 일정한 권한을 주고 종족과의 조화를 이루며 다스려 나아갔다.

종보에 기록하는 준칙에 있어서, 처는 언제나 종보에 기록하였지만 첩은 자녀가 있는 경우에 한하여 종보에 기록하였다. 요절하거나, 관례를 치르지 못한 자, 혹은 미혼인 채로 죽은 자는 종보에 기재하더라도 일반 종인의 경우와 비교하여 격차를 두는 것이 보통이다.[58] 그 상세한 규정은

---

56) 『遜志齋集』 卷13, 「族譜序」·『新州葉氏家譜』, "1)原受姓之始 2)名世系之分 3)紀本宗之實 4)序昭穆之次 5)考出處之詳 6)彰學行之懿 7)顯爵位之秩 8)述子女之親 9)辨妻妾之族 10)著遷徙之地 11)具生卒之辰 12)標葬厝之所".

57) 『鴈門夏氏宗譜』, 1807년(가경 12) ; 『饒氏宗譜』, 1897년(광서 23) ; 『龍舒余氏宗譜』, 1906년(광서 32).

58) 조선 족보에서는 첩은 기록하지 않았으며, 자녀들은 요절하거나 미혼인 채로 죽은 경우 기록하지 않는 것이 일반적이다.

특별한 규정이 있는 것이 아니고 종족의 의사결정에 따라 결정하는 것으로 종족마다 차이가 있었다.

또한 종보에 기록되더라도, 승려나 도사가 되어서 종족을 떠나 출가한 자, 혹은 광대나 종, 그리고 악공, 무당 등의 직업을 가진 자들도 종보에서 삭제되어 유교사회에서의 직업의식에 대하여 시사하는 바가 크다고 할 수 있다. 아울러 국가의 법령을 범하거나, 종족의 규정을 어기는 자도 종보에서 삭제되었다.[59)]

어머니가 데리고 온 자식은 다른 종족이기 때문에 비록 부귀한 자라도 종사를 어지럽힌다는 이유로 종보에 수록하지 않았다. 그러나 어머니가 데리고 간 자식은 본종의 소속임으로 어린 아이나 유복자를 막론하고 모두 종보에 수록하였다.[60)]

다른 성에서의 양자를 인정하지 않았다. 이는 중국에서 옛날부터 종친의 두 가지 금기가 있었는데 그 하나는 '동성불혼'[61)] '이성불양'의 불문율이 있었기 때문이다. 이러한 것은 종보의 기재방식에도 나타나는데 후손이 없거나 종인 이외의 이성 입양자를 '절'이라 쓰며, 다른 성을 종보에

59) 그러나 특이하게 『白汜陳氏六修族譜』 범례(1894년)에는 "자손 가운데 승려가 된 자는 이승과 세속을 절연한 것이지만 생모의 이름 아래에 열거하였다. 이는 소생을 중시하고, 또한 그가 세속으로 돌아오기를 바라기 때문이다"라고 하였다.

60) 『白汜陳氏六修族譜』 범례, 1894/『중화족보집성』, 中國 : 成都, 巴蜀書社, 1995, 영인본, pp.20~22.

61) 『唐律疏議』 卷14, 戶婚(下), "諸同姓爲婚者 各徒二年" ; 『元典章』 卷18, 戶4, 婚禮, "同姓不得爲婚 截自至元八(1271)年 正月二十五日爲始已前者准已婚者爲定 已後依法斷罪 聽離之" ; 『明律集解』 附例 卷6, 戶律, 婚姻, "凡同姓爲婚者各杖六十 離異" ; 鄭樵, 『通志』 卷53, 「씨족략」, "혼인에는 동성, 이성, 서성의 구별이 있어서, 씨는 같고 성이 다른 사람과는 혼인할 수 있지만, 성이 같고 씨가 다른 사람과는 혼인할 수 없었다."
『대청 신법률』 제2책에서는 "선통 원년(1909) 12월에 삭제되었다"라고 하지만, 중국 각 지방의 습관에서 동성통혼은 인륜을 저버리는 행위로 간주하여 이를 강력히 지켜오고 있다.

기재하는 것을 금지하여 동종을 중시하는 부계중심의 종법적 가족윤리를 종보에 그대로 나타냈다. 또한 다른 성으로 입양을 간 경우에는 그대로 기재하였다. 이러한 제도는 조선에서도 중국의 영향을 받아 조선 전기와는 달리 후기에 종법제도의 사회현상으로 나타나 조선 양자제도에 그대로 반영되어 동성 친족을 양자로 삼아 계대를 이어나갔으며 족보에도 그대로 기재하였다.

자손이 멀리 옮겨간 경우에는 보첩에 반드시 그 지명과 사실을 상세하게 기록함으로써 세대가 멀어지고 속한 것이 소략해지더라도 희미해져 잊어버리지 않도록 하여 종족들의 이동관계를 상세히 기록하였다.

나이가 10세에 이른 자는 그 파의 이름에 올리고, 16세에 이른 자는 그 자호와 배필을 기록하였다. 그러나 이미 죽은 자는 그 죽은 해와 분묘를 기록하였다. 남자는 아름다운 풍모와 뛰어난 품행으로서 자손에게 모범이 된 자나, 부녀자는 적서에 관계없이 조숙한 행실과 정절을 지키어 가문에 모범이 될 만한 자는 반드시 그 행실을 상세히 기록하여 널리 드러내어 알림으로써 기록에서 누락되지 않도록 하였다.[62]

열녀와 절의, 효도를 기록함으로써 풍속을 장려하고, 졸년의 월일을 기록함으로써 수명을 다하고 죽은 것을 기념하였다. 덕망이 높은 조카사위를 기록함으로써 친목의 윤리를 돈독하게 하였다. 장지를 기록함으로써 무덤을 다닐 수 있게 하고, 결혼한 것을 기록함으로써 배필을 밝혔다. 계취를 기록함으로써 어지럽고 함부로 행동하는 것을 방지하고 모두 사실에 근거하여 기록하였다.

결혼하여 정처, 계처, 측실과 생자와 미생자가 있으면 바로 부부를 나란히 기록하고, 계취는 '재취 모씨'라고 기록하였다. 또한 자식이 있으면

62) 『合肥李氏宗譜』 범례, 1925/ 『중화족보집성』, 中國 : 成都, 巴蜀書社, 1995, 영인본.

옆에 기록하고, 없으면 기록하지 않았다. 절개를 잃은 자는 비록 아들이 있어도 기록하지 않아 절개를 매우 중요시 하였다.

본래의 생부에게서 출계하면 그 하대에 이르러 서술하는 것을 그치고 "某某於所後之父"라고 보첩의 범례대로 기록하였다. 그 소목이 불확실한 자는 기록하지 않으며, 다른 성으로 출계한 자는 생부에 '出紹某姓'이라고 아래에 기록하여 나머지는 모두 기록하지 않았다.[63]

어머니가 데리고 온 이성의 아들을 본종에 입종하는 것은 가능하지만, 다른 여자에서 낳은 자식이라고 처가 의혹을 제기하면 종보에 올리지 못하였다. 남편을 잃은 본족의 부녀자가 재혼하는 것은 가능하지만, 재혼했다가 그의 자식을 핑계로 다시 종보에 기재하는 것은 용납하지 않았다.[64]

3. 종보의 편찬체제

종보에 수록된 내용은 각 종보마다 각기 다른 형태를 띠고 있다. 여기에서는 공통적으로 수록된 내용을 중심으로 그 공통점을 알아보고자 한다. 일반적으로 종보에는 1) 서문 2) 범례 3) 목록 4) 세계·세표 5) 파어 6) 원류·종파 7) 고칙·상찬 8) 고 9) 별전·묘지 10) 사당기 11) 가규·종약 12) 가훈·가범 13) 의전기·의장기 14) 묘기·묘도 15) 전기 16) 예문·저작 17) 지 18) 잡기 19) 수보성씨 20) 오복도 21) 여경록 22) 영보자호 등이 수록되어 있다.

(1) 서문

서문의 또 다른 명칭으로는 '인', '보설', '보명', '보권' 등이 있다.[65]

---

63) 『쌍삼왕씨종보』 범례, 1946/『중화족보집성』, 中國 : 成都, 巴蜀書社, 1995, 영인본.
64) 『기하유씨종보』 범례, 1904/『중화족보집성』, 中國 : 成都, 巴蜀書社, 1995, 영인본.
65) 來新夏·徐建華, 『中國的年譜與家譜』, 臺北 : 臺灣商務印書館, 1994.

서문의 종류는 신서와 구서가 있다. 신서는 그 종보가 편집되거나 또는 간행될 당시의 서문이고, 구서는 '원서'·'전서' 등으로 불리며, 그 이전에 편집되거나 간행된 종보의 서문이다. 보통 신서를 앞에 붙이고, 구서는 그 뒤에 창수서로부터 이수서, 삼수서의 순서에 따라 차례대로 뒤이어 붙이고 있다. 여기에서 종보의 서문의 연대를 보면 그 종족의 수보역사를 알 수 있다.

종보는 종족 전체의 사업으로 행해지기 때문에 종족의 의뢰를 받은 사람이라든가 또는 족장이나 수보의 주관자, 또는 그 집안의 유력자 등에 의해서 쓰여지는 서문이 많다. 때로는 타종 족인이나 동향출신의 고관이나 명사 또는 지방관에게 부탁하여 쓰는 경우도 있다.[66] 이는 보의 권위를 높이고자 유명 인물들에게 의뢰했던 것이다.[67] 특히 외가의 유명인에 의해서 쓰여진 것도 있다.[68]

서문의 내용은 종보에 따라 다소 차이가 있지만, 1) 종보의 의의 2) 종족의 연혁 3) 수보의 의도 4) 자손에 대한 희망 등에 대하여 서술하고 있다. 그러나 종족이 아닌 다른 사람이 서문을 쓸 때에는 특별히 의뢰받은 사정을 기록하기도 한다.

서문의 일반적인 내용은 그 집안의 내력을 분명하게 기록하여 한 조상의

---

66) 박원고, 앞의 논문, p.175. 타 종족인에게 서문을 쓰게 하는 것은 종보의 신뢰도를 높인다는 의미가 있다. 또한 통종보에는 지보를, 지보에는 통종보의 옛 서문 또는 발문이 수록된다. 족보의 옛 서문 가운데는 송대까지 거슬러 올라가는 것이 상당 수 있고, 드물게는 위진·수당시대의 것도 존재한다.

67) 서문을 문중인이 아닌 타족의 유명인이 쓰게 된 것은 남송시대부터 시작된 것으로 보이는데, 특히 송나라 후기의 유명한 사상가인 오징은 30편이 넘는 많은 서문을 타족의 종보 서문으로 써주기도 하였다.

68) 조선의 족보에도 이런 경우가 종종 있었다. 예를 들면 1476년에 발간되어 조선 최초의 족보라 일컫는 『안동권씨 성화보』의 서문은 당대의 문장가로 손꼽혔던 권씨 가문의 외손인 서거정이 썼다.

후손으로 같은 혈족임을 알게 하려는 일이고, 소목의 세차를 분명하게 하여 종족의 질서를 지키게 하려는 것이다. 또한 같은 족인으로서 서로 협력하여 가문을 현양시키자는 말과, 조상의 덕을 밝게 빛내고, 후손을 자세히 서술하는 점을 분명히 하는 일이라고 서술하고 있다.

종족의 연혁에서는, 종족이 성을 얻은 사정이나 경위, 분파하여 옮겨가서 거주하게 된 사정, 종족이 영예를 얻은 사정, 결합을 깊게 다져왔던 사정, 수보를 중요하게 여겨왔던 사정, 또는 종족이 분리하여 흩어져야만 했던 사정, 종보의 수보를 필요로 하는 상황 등을 기재하고 있다.

수보의 의도는, 종족, 또는 수보사업 관계자가 효제하는 마음을 돈독히 하고,[69] 조상의 유업을 계승하는 일과, 종보 편찬에 현지를 방문하여 조사할 때의 어려웠던 점을 기록한다. 그리고 동종을 망라하고 고증을 신중히 하여 이종을 배척하는데 노력한 일 등이 기술되어 있다.

끝으로 자손에 대한 희망에서는, 종보를 거울로 삼아 몸을 신중히 하고, 업을 닦아서 종족의 영예를 높이는 일과, 종보를 잘 보존하고 또 계속하여 수보하는 것을 게을리 하지 않을 것을 당부하고 있다. 나아가 자손들이 계속 이어지기를 기원하는 문구가 기록되어 있다.

(2) 목록과 범례

목록은 '총목'이라고도 하며 전체의 목록이다,[70] '목록'은 각 권과 각 책의 목차[71]로 되어 있다. 필사본은 별도로 하고 간본은 권수·권1, 권2…… 등으로 목록을 갖추고 있는 것이 일반적이지만, 산동성 지방의 간본에서는

69) 『소씨족보』 서문, "嗚呼觀吾之譜者孝悌之心 可以油然而生矣".

70) 『蕭山史氏宗譜』, 1800년(가경 5) ; 『京兆歸氏世譜』, 1915년(민국 4) ; 『晉陵高氏世譜』, 1915년(민국 4).

71) 『蕭山傅氏宗譜』, 1841년(도광 21) ; 『毓溪姚氏宗譜』, 1878년(광서 4) ; 『周氏宗譜』, 1736년(건륭 원년간).

그러한 목록이 그다지 보이지 않는다.[72] 그러나 광동성 지방의 목록에서는 종지보·은영보·사우보·분영보·예문보·잡록보 등으로 분류되어 잘 정리된 것이 많다.[73]

범례는 종보의 편집방침을 명시하고 있는 것으로서 일명 '보례'[74]라고도 불린다. 이것은 족인의 자격이나 종족의 범위를 결정하는 기준으로도 제시되는 것이기 때문에 종족으로서도 매우 중요시하였던 것이다. 즉 수록의 범위와 규칙, 구성의 특징, 본 종보에 수록한 각 항목을 설정한 배경, 적용범위, 종보에 수록할 수 있는 것과 수록할 수 없는 인물에 대한 기준, 피휘 등과 같은 문장에서 요구되는 사항 등을 수록하였다.[75]

이것은 종족 전체의 결의에 의해서 정해지는 것도 많고, 그 밖에 '수보의 장정'이라든가 '종보의 조약'이라든가 하는 것도 있다.[76]

---

72) 『古勝張氏族譜』, 1892년(광서 18) ; 『高密管氏族譜』, 1871년(동치 10) ; 『宋氏族譜』, 1877년(광서 3).

73) 『南海九江朱氏家譜』, 1869년(동치 8) ; 『南海㶉橋何氏家譜』, 1924년(민국 13) ; 『南海西樵梁氏家譜』, 1929년(민국 18).

74) 『范氏家譜』 서문, 1577년(만력 5) ; 『洪洞劉氏族譜』, 1810년(가경 15) ; 『大港趙氏遷居住駕庄重修族譜』, 1927년(민국 16).

75) 『譜錄合編』 8권, 20책으로 史在鑛 등이 1693년(강희 32, 조선 숙종 19) 편찬한 청나라 시대 일종의 보론이다. 여기에 기록된 범례의 예는 "종보의 근원을 거슬러 올라가고, 분합을 종합하며, 그 명칭을 정정한다. 또한 형식과 조상의 유상을 바로잡고, 조상의 徵信을 후세에 내려주고, 조상의 훌륭한 행동을 세상에 드러내어 널리 알리고, 잃어버린 종보를 찾아내고, 부인의 지켜야 할 규범(閫範)을 엄숙하게 하고, 제사를 이을 맏아들(膺子)을 중시하고, 후손의 계통을 두려워하고, 먼 조상을 추모하고, 나이 많은 이(高年)를 공경하고, 종보의 편명을 존중하고, 종인의 존몰을 상고하고, 종족의 구원을 계승하고, 조상의 아름다운 훈계(徽猷)를 기념하고, 무덤의 영역(兆域)을 정하고, 조상의 음덕(餘蔭)을 보존하고, 후일의 기록에 대비하고, 조상의 남긴 충성(遺忠)을 천명하고, 종보의 通考를 보충하고, 조상의 남긴 사업을 수습하고, 조상의 휘를 피하는 것" 등을 열거하고 있다. 이러한 것은 약간의 차이는 있지만 각 종보에 대부분 게재되어 있다.

76) 『古潤吳氏重修宗譜·修譜章程』, 1886년(광서 12) ; 『尤氏蘇常鎭宗譜·續修宗譜章程』, 1891년(광서 17) ; 『海昌祝氏重修宗譜·己酉復修宗譜條約』, 1881년(광서 7).

수보가 조상의 유업을 계승하는 기본 원칙에서 이전에 편찬된 종보의 범례를 그대로 답습하지만, 시대의 변화에 따라 그 내용이 보충되면서 증보하는 것이 보통이었다.77)

또한 범례와 관련한 것에 수보의 일반론을 서술한 '보설'78)·'보론'79)등이 있다. 범례의 한 예로 "보에는 가잠·가례·가훈을 열거하고 종법을 세우는 것은 실제로 국법을 밝히는 것이다"라고 적고 있다.80)

(3) 세계와 세표

세계는 종보에 있어서 중요한 것으로 양적으로도 종보의 대부분을 차지할 뿐 아니라 세표와 함께 종보의 생명이다. 또 다른 말로 세계표·세계도·세파·과등도·종파도·종지도 등으로 불린다. 이는 족인들의 시조에 연계된 종적인 관계와 족인 상호간의 횡적인 관계인 배행을 나타낸 것이다. 종보에서는 세계·세표 이외에 다른 기사를 게재하지 않는 것도 적지 않다.81)

---

77) 『平原派松陵陸氏宗譜』, 1874년(동치 13) ; 『琅邪費氏武進支譜』, 1885년(광서 11).

78) 譜說은 名賢·先儒였던 朱熹(朱晦庵)·陶淵明(陶潛)·蘇洵(蘇老泉)·司馬光(司馬溫公)·二程子(程顥·程頤 兄弟)·葉夢得(석림공)·董鼎(동심산)·歐陽修(문충공) 등의 종보에 관한설을 모아놓은 것인데, 안휘성·강서성·강소성 등의 지방의 보에 잘 나타난다. 『龍舒余氏宗譜』, 1906년(광서 32) ; 『瀔陽李氏族譜』, 1873년(동치 12).

79) 보론으로는 안휘성·강서성 지방에서 보이는 「修譜5법(6법 또는 4법)」·「作譜5難」·「譜有六不書」·「譜例7款」·「作譜9戒」 등이 있지만(柳峯朱氏宗譜·周氏宗譜·鴈門夏氏宗譜·龍舒余氏宗譜·饒氏宗譜·皖桐南灣張氏重修宗譜), 이것들과 취향이 달랐던 것으로 광동성의 보론이 있다. 그 대표적인 것은 『南海九江朱氏家譜』의 서례가 있다. 이것은 세본·주보에서부터 설명하고, 위진남북조시대에서부터 수당시대의 보에 이르기까지, 그 본질을 설명하고 청나라 시대의 보의 서법을 기록하고 있다. 또한 『奧東簡氏大同譜』의 「修譜問答」 등도 일종의 보론으로서 대동보의 의의에 대하여 서술하고 있다.

80) 『康熙潛陽吳氏宗譜』, 1700년(강희 39) 권1, 범례.

세표는 세기·소전·치록 등으로 일컬어지는데, 보통 고조로부터 현손에 이르는 "5세대를 1도면"으로 하는 '5세 1도'를 원칙으로 하고 있다. 5세를 한 단으로 한 것은 제사지내는 대수가 다되어 복상이 끝나기 때문이다.[82] '5세 1도'라는 것은, 근세 종보의 조상이라고도 일컬어지는 『구·소의 보』에 나타나고 있는 것인데 "시조에서부터 5세까지, 5세부터 9세까지, 9세부터 13세까지……"라고 하는 '5세'를 가지고 구별하고 있다.[83] 그러나 그 후의 종보에서는 "시조부터 5세까지, 6세부터 10세까지, 11세부터 15세까지……"라고 하여 중복을 생략한 것이 많다.[84] 또 이 '5세 1도'에서 변화한 '3세 1도',[85] '4세 1도',[86] '6세 1도',[87] '9세 1도',[88] '10세 1도'[89]의 형식도 많이 발견된다. 그러나 '5세 1도'나 '3세 1도'가 가장 많다.

세계와 세표는 서로 보완하는 관계에 있으므로 양자를 함께 기재하는 것을 원칙으로 하지만, 때로는 세계를 생략하여 세표만을 표시한 것도 있고, 세표를 생략하여 세계의 행적만을 기입한 것도 있다. 그 가운데는 세표를 세계라고 부르고 있는 것도 있다.[90]

세표는 형제 이하[91] 혹은 종형제 이하[92]의 가로줄(縱罫)를 삽입한 것도

---

81) 『遲氏族譜』, 1833년(도광 13) ; 『呂氏家譜』, 1697년(강희 36) ; 『魏氏家譜』, 1928년(민국 17).
82) 『起霞劉氏宗譜』 首卷, 범례, 1904년(광서 30).
83) 『任邱邊氏族譜』, 1772년(건륭 37) ; 『嚴氏支譜』, 1879년(광서 5).
84) 『蕭山史氏宗譜』, 1892년(광서 18) ; 『晉陵高氏支譜』, 1895년(광서 21).
85) 『麻溪姚氏宗譜』, 1878년(광서 4) ; 『魏氏家譜』, 1928년(민국 17).
86) 『任邱邊氏族譜』, 1772년(건륭 37) ; 『嚴氏支譜』, 1879년(광서 5).
87) 『高氏族譜』, 1857년(함풍 7) ; 『景城紀氏家譜』, 가경연간.
88) 『河南始祖蔡氏通譜』, 1866년(동치 5).
89) 『紀氏家譜』, 1916년(민국 5).
90) 『大興邵氏宗譜』, 1863년(동치 2) ; 『南海羅格孔氏家譜』, 1864년(동치 3) ; 『華亭顧氏宗譜』, 1894년(광서 20).
91) 『京兆歸氏世譜』, 1915년(민국 4) ; 『彭氏宗譜』, 1854년(함풍 4) ; 『麻溪姚氏宗譜』, 1878년(광서 4).

있다. 구양수의 『구양씨보도』[93]는 세로줄(橫罫)·가로줄을 삽입하여 각각의 사람들을 사각형의 줄로써 둘러싸고 있는데, 이러한 유행을 이끌었던 종보는 명나라 때 신안의 것을 시작으로 하여 근대의 것에도 있다.[94] 이들의 경우에는 세계는 별도로 게재하지 않는 것을 원칙으로 하지만, 반드시 이 원칙을 따르고 있지는 않다.[95]

그 가운데에는 세계에 상세한 행적을 기입한 것으로서, 세표를 생략한 것이 상당히 많다. 이러한 것은 일본의 계도와 아주 흡사하지만, 5계에서 행을 바꾸는 것이 많다. 또한 행을 바꾸는 경우에는 행의 마지막 사람을 다음 행수에 다시 게재하고 있는 것이 적지 않은데, 이것이 일본의 계도와는 다른 점이다.

또한 그 중에는 세계와 세표를 아울러 갖추고 있지만, 세표는 '5세 1도'가 아니고 '1세 1도'로 되어 있는 것도 상당히 있다.[96] 이 경우 세표는 각 사람의 행적이 분파별, 배행별, 형제별로서 출생순서에 따라서 기록하고 있는 것이 보통이다.

휘를 적은 옆에 자와 호를 기재하고 이외에도 小名·異名·별명을 기재한다. 그리고 일대기와 관작·생졸년과 특별한 사망원인, 혼인상황(부인과 첩, 배행, 처가의 문제, 이혼), 형제와 자매·자녀의 관직, 배우자의 내용, 거주지, 이동사항, 분묘의 위치 등을 기록한다. 생졸 년월일과 결혼 및 장지를 모두 알 수 없을 경우에는 '生卒娶葬俱闕'이라 표기하였다. 이

---

92) 『周氏宗譜』, 건륭연간.

93) 『歐陽文忠公集外集』 卷21.

94) 『休寧西門汪氏族譜』, 가정연간 ; 『于氏家譜』, 1919년(민국 8) ; 『北渠吳氏族譜』, 1930년(민국 19).

95) 『山陰下方橋陳氏宗譜』, 1907년(광서 33) ; 『京兆歸氏世譜』, 1915년(민국 4) ; 『周氏宗譜』, 건륭연간.

96) 『開沙李氏宗譜』, 1925년(민국 14) ; 『談氏宗譜』, 1885년(광서 11) ; 『陳氏宗譜』, 1803년(가경 8).

중에서 지위와 명망, 집안의 계통과 문벌, 관작과 본인 및 형제·자매·자녀의 배우자를 상세하게 기록하였다.

송대 이후 종보는 기본적으로 처가의 내용을 없애고 기록의 중점이 되는 祖先·世系·恩榮·田産·거주·분묘 등으로 바뀌었다. 특히 상속과 혈통에 관련된 내용을 상세하게 기록하였다. 이는 처가의 내용을 상세히 기록한 조선의 족보기재 형태와 많은 차이가 있다.

(4) 원류 · 종파

원류는 '본원'·'원시'·'원류고'·'연원고'[97] 등으로 일컬어진다. 이는 보통 그 종족이 성을 얻게 된 사정과 먼 조상의 세계 등에 대하여 기술하고 있다. 그 중에는 성을 얻게 된 연유를 기록한 '성원고'·'성씨고'·'득성원류고'나, '수성연원세계도'·'동세표'·'원조세계고'·'세계원류고'·'본시원류계도' 등을 열거하고 있는 것도 있다. 또한 가족의 이동경로 및 흥망성쇠, 그리고 조상의 사적 등이 기록되어 있다.

종파는 '분파고'·'분지고'·'원성씨지파'·'역대천사분파'·'천사지파'·'출천기'·'족파석거' 등으로도 일컬어지고 있다. 이것은 통보나 통종보가 성립할 적에 근거로도 되는 것이다. 통보나 통종보가 편찬되면, 그를 위한 참고서로서 『요씨백세원류고』와 같이 고증을 취급한 개인의 편찬물도 출판되고 있다.

원류는 종파의 원류를 거슬러 올라가 자파와 타파의 구별을 명확히 하고, 그 시조를 확인하기 위한 것이다. 종파는 시조에서부터 분류하였던

---

97) 「姚江三牆門張氏」 淵源考는 德三公의 구보에 수록된 것을 기본으로 하고 제왕세기·춘추경전·사기·通鑑·廣輿記·尙友錄과 여러 명가들의 기록을 참고하여 작성했다. 『요강삼장문장씨』 범례, 1916/ 『중화족보집성』, 中國 : 成都, 巴蜀書社, 1995, 영인본.

지파를 고증하여 본종과 지파와의 관계, 지파 상호간의 관계를 명확하게 하기 위한 것이다. 이 두 가지는 원류를 거슬러 올라가는 것[溯源]과 원류에서 아래로 점차 내려오는 것[下漸]의 구별이 있지만 그 목적은 동일하다.

이와 같이 시조나 분파를 고증하는 것은, 세계·세표의 근간을 명확히 하여 종족의 범위를 실증적으로 결정하기 위해서이다.

위의 원류·종파와 관련된 것에 '천거'·'배행'이 있다. '천거'는 徙居·析居·里居·流寓·歷世·遷徙 등으로 일컬어지는데, 본종과 각 지파가 옮겼던 사정을 기록한 것이다. '배행'은 字輩·行第·字派·排行·行字·輩行次第·行第字母 등으로 일컬어지는데, 종족 또는 분파가 어떠한 배행에 의해서 명령할 적에 통제되고 있는가를 기록하고 있는 것이다. 그것은 종족 내부의 종횡관계를 통제하고 그 질서를 확립하기 때문에 중요하다.

文言은 종족의 번영과 관계있는 구절에서 만들어진 것이 많다. 『계림장씨족보』에 의하면 "그 심성의 학문을 증가하면, 인품이 스스로 온순해질 것이며, 후덕을 쌓아서 그 그늘을 멀리 후손까지 내려주면 나라의 은혜가 거듭 자주 내려질 것이다"[98]라고 하였고, 『서림잠씨족보』에는 "덕을 세워서 집안의 길조를 연장하고, 공훈을 높여서 국가의 은혜를 보전한다. 조상 제사를 받들어 조상의 업적을 빛내고, 시와 예로서 자손에게 남겨주는 가훈을 넉넉히 한다"[99]라는 20글자를 정해 두고 있다. 또한 이것을 음양으로 나누고[100] 각파의 字輩를 사서에서 채용한 것도 있으며,[101] 특이하게

98) 『桂林張氏族譜』, 1933년(민국 22), "增其心性學 器宇自溫純 積厚垂庥遠 國恩申錫頻".

99) 『西林岑氏族譜』, 1881년(광서 7), "德立延家祚 勳崇保國恩 鼎彝光述祖 詩禮穀詒孫".

100) 『甬東包氏宗譜』, 1887년(광서 13), "金水木火土 一本自翰祖 詩禮樂傳芳 科第承文武延祚惟爲善 典宗在懋名 繼序賢有道 秉國功克成".

조상의 휘를 피할 수 있는 글자를 열거한 경우도 있다.[102]

(5) 파어 · 고칙 · 상찬

波語는 족인의 항렬자를 기록하는 것이다. 중국 고대 가족의 항렬에는 모두 의미가 있었다. 대부분은 황제, 명인, 선조가 확정한 것으로 후손들은 一代一字로 항렬자를 사용하였다. 명청시대에는 황제가 이를 하사하기도 하였다. 때로는 四言韻語에서 항렬자를 정해서 이름자의 뒤섞임을 방지하도록 했다.[103]

誥勅은 국가나 왕조가 선조에게 내려준 것으로 賜命·宸章·世恩·封典·恩綸·皇恩·恩榮·誥封·勅命·勅書·詔書·綸音·封贈·蔭襲 등이 있다. 이것은 용무늬의 상자 가운데 잘 정리하고 소중히 보관하여 후세의 자랑거리로 여겨진다.

像贊은 시조 또는 저명한 조상의 얼굴 형상인 상을 게재하고 그것에 찬을 덧붙인 것으로서, 像·圖像[104]·遺像·贊語·祖像·像圖 등으로도 일컬어진다. 중국의 종보는 앞부분에 묘의 지도를 많이 게재하는 조선의 족보와 달리 상찬을 게재하는 란이 상당히 많다는 것이 특징이다. 이와 같이 시조 이외의 묘도를 모두 그려 넣지 않은 까닭은 그림만 많으면 화본으로

---

101) 『南昌彭氏族譜』, 1924년(민국 13).

102) 『周氏宗譜』, 건륭연간, "夫先人名諱 爲子孫者 其勿可犯 (중략) 况犯國諱乎".

103) 『姚江三牆門張氏』 범례, 1916/ 『중화족보집성』, 中國 : 成都, 巴蜀書社, 1995, 영인본.

104) 도상으로는 동경대학 동양문화연구소에서 소장한 『暨陽徐氏宗譜』(1887년, 광서 13)나, 대북의 국립중앙도서관에 소장된 『戴氏族譜』(1574년, 만력 2), 그리고 홍콩의 문자량이 소장한 『조씨족보』와 같이 채색으로 그린 것도 있다. 존경각에 소장된 『호씨족보』의 도상과 상찬은 훌륭한 미술적 평가를 받고 있다. 1912년(민국 원년)에 편찬된 『경강유씨종보』는 사진판으로 만들어진 것도 있다. 이것들은 매우 중요시 하여 용무늬의 상자에 소중히 보관하고 있다.

변질될 우려가 있기 때문이었다.105) 상찬은 종족의 명예를 징표로 나타내는 가장 중요한 것으로, 각 종보에도 지면을 아끼지 않고 게재하고 있는 것이다. 이는 후손들이 이를 봄으로써 충효와 청렴하고 강직한 절개의 마음을 갖도록 하고 자랑으로 삼을 수 있도록 그림을 실었다.106)

(6) 고 · 별전 · 묘지 · 족표기

考는 '보경'·'보촬'이라고도 하며, 의심스러운 내용을 기록한 것이다. 한 가문이 오랫동안 지내오면서 불명확한 일들이 있다. 종보를 편찬한 후에 이러한 것들을 반드시 위에다 기록하는데, 이는 앞으로 고증이 진행되고 있다는 것을 의미하는 것이다. 통상적으로 고증이 필요한 것은 특정 세계, 성씨 본류, 이주경로와 원인, 선인의 과거명, 4대 조상의 신위를 모신 사묘 등이다.

별전은 傳·傳記·列傳·家傳·行實·傳略·行狀·言行錄·史傳 등으로도 일컬어진다. 이는 종보에 기입하는 세표와는 별도로 저명한 인물의 내용을 상세하게 기술하고 있는 것이다. 별전에 열거된 인물들은, 忠良·理學·孝友·義行·齒德·儒雅·閨闈 등에 의해 일족의 명예를 빛냈던 사람들이다.

묘지도 그 전기를 아는 중요한 자료가 된다. 정사나 地誌 등에 그 전이 기록된 인물이면 그것부터 앞에 기재하고 있는 경우도 있다.

族表記는 효의와 높은 절개로써 세상에 널리 알려진 족인의 이름과 그 구체적인 내용을 기록한 것이다. 거기에는 孝子順孫, 義夫, 節婦, 貞女烈婦, 累世同居, 樂善好施, 長壽 등이 있다. 그 중에서 충효사상에 의한

105) 『白汒陳氏六修族譜』 범례, 1894/ 『중화족보집성』, 中國 : 成都, 巴蜀書社, 1995, 영인본.

106) 『요강삼장문장씨』 범례, 1916/ 『중화족보집성』, 中國 : 成都, 巴蜀書社, 1995, 영인본.

효자절부가 가장 많다.

(7) 사당기 · 사규

사당은 종사·종묘·가사·가묘 등으로도 일컬어지며, 명망이 있는 조상을 모시는 곳이다. 그 기록인 「사당기」는 종사기·가묘기 등으로 일컬어지며, 分祠의 경우에는 分祠地 등으로 일컬어진다.

사당은 선조에 대한 제사를 지내기 위해서 족인들이 모이는 장소였다. 여기에서는 족인들이 모여 제사를 지내는 이외에, 제사를 끝마친 뒤에 회식이나 회의도 하고, 육유[107]나 임금의 말씀인 성유를 족인들에게 강의를 하기도 하며,[108] 종족에 경사가 있으면 한자리에 모여 잔치를 베풀기도 한다.[109] 또한 종족 내부의 다툼이나 종규를 어지럽힌 족인을 재판하여 처벌하기도 하고,[110] 도서를 구입하여 열람을 시키기도 하며, 자제들을 교육시키기도 한다. 뿐만 아니라, 종족사무를 맡아보고, 종보를 편집 인쇄하기도 하고, 그 판목이나 원본을 소장하기도 하며, 손님을 숙박시키고 접대하기도 하는 등 여러 가지 일들을 거행한다. 종족들의 각 분파들은

---

107) 중국 명나라 홍무제가 반포한 교육칙어로 부모에게 효도하고 윗사람을 존경하며, 향리인들과 화목하고, 자손을 잘 교육시키며, 저마다 현재에 만족하고, 비위를 행하지 말라는 6개 조항이다. 역대 황제들은 「육유연의」까지 내어 백성들에게 익히도록 하였고, 이를 마을 안에서 노인들에게 큰 소리로 외치고 다니게 하였으며, 동네 곳곳에 써붙여 이를 장려하였다. 이는 후에 한국과 일본에도 전해졌으며, 특히 일본의 교육칙어에 큰 영향을 끼쳤다. 이러한 것은 종보를 편찬하는 중요한 요소이기도 하였다.

108) 『周氏宗譜』, 건륭연간, 「譜遵國制首錄」; 『柳峯朱氏宗譜』, 1873년(동치 12). 「計開條規」.

109) 청나라에서는 종족인이 과거에 응시하여 관리로 선발되었을 때에는 사당에서 제사를 지내고 잔치를 베풀어 자손의 번성을 조상들에게 감사를 하였다.

110) 『麻溪姚氏宗譜』, 1878년(광서 4); 『王氏宗譜』, 1821년(도광 원년); 『柳峯朱氏宗譜』, 1873년(동치 12).

사당에 속한 재산에서 나오는 이익을 순번제에 따라 공동으로 나누고 의례의 비용을 번갈아 가며 부담하였다.

결국, 사당은 종족활동의 근거가 되는 것이다. 따라서 족인들에게는 사당 창건이나 중건은 그 종족의 발달이나 조직화에 있어서는 획기적일 수 있는 일이 되는 것이다. 「사당기」[111]는 이와 같은 사당의 창건이나 중건의 사정과, 사당을 구성하는 건물의 동수와 층수를 비롯한 시설물에 대해서 상세하게 기록할 뿐만 아니라 사당의 그림을 붙이고 있는 것이 많다.

특히 황제로부터 받은 명예를 기록해 놓은 사당 현판은 모든 종족들에게 강한 긍지를 주었다. 특권 종족들은 오랫동안 존속될 수도 있었기 때문에 그러한 포상은 많은 사람들에게 태어날 때부터 특권의식을 누릴 수 있는 기회를 부여하였다.

종족원이 아들을 낳으면 정월 초하루에 종족의 사당에 데리고 가서 합법적인 종족원으로 받아들여지고 등록되는 개등의식을 치르게 된다. 그는 신정서에 이름을 기재하고 종족의 유사에 의해서 보관되며 재산상속에 있어서 분쟁이 발생할 경우 족보에 우선하여 결정적인 중요성을 행사한다.[112]

---

111) 광동성의 종보를 보면 사당에 관한 기사를 통합하여 「祠宇譜」로 하고 있는 것이 많다.

112) 김광억, 『중국의 친족제도와 종족조직』, 일조각, 1995, p.132. 주로 사당은 명망 있는 조상을 모시는 경우를 지칭하는 것이고, 족당은 종족의 소유를 의미하는 용어이다. 명망이 높지 않은 조상인 경우 조당 혹은 조묘라 부르고, 가족들이 설립한 것은 가당이라 하였다. 종종 광동지방에서는 사당에 서원이라는 명칭을 달고 있는 것을 볼 수 있는데, 이는 건륭제가 1772년에 사당의 건립을 금하는 칙령을 발표하자 이에 대한 대책으로 서원의 명목으로 세우게 된 것이다. 이렇게 당나라에서 송나라에 걸쳐서 조상 사당의 명칭이 변화한 것은 친족제도의 변화와 관계가 있는 것으로 보인다.

사규는 조상의 제사를 비롯하여 사당[113]을 중심으로 한 종족의 통제에 관한 규정으로, 宗祠條約(條例·規條·條規), 祠堂條約(條例·規條),[114] 祠堂禁例(禁約),[115] 祭記規條(規例)[116] 등으로 일컬어진다.

(8) 가규 · 종약

家規와 宗約은 종족의 규칙과 약속으로 질서와 통제에 관한 규정이다. 이는 가구[117]·가법[118]·가약[119]·종규[120]·공약[121]·족규[122] 등으로 일컬어진다. 여기에는 규약을 따르지 않은 종족에 대한 제재규정이 있다.

종보에 의하면 종족의 제재로서는 가벼운 것에 대한 훈계에서부터 꿇어앉히기(罰跪)·벌금 물리기(罰錢)·제사 음복 중단(賠償·停胙)·의미중

---

113) 김광억, 위의 책, p.131. 사당은 죽은 자와 살아 있는 사람이 공유하는 곳이다. 그러나 명청대의 기록에 조상 사당이 언급되어 있는 경우, 이것은 반드시 지역화된 종족(특정지역에 집중적으로 세거하는 종족)이 존재한다거나 또는 지역화된 종족의 것이라고 단정을 내릴 수는 없을 것이다. 왜냐하면 그것은 그 지역에 집중적으로 세거하는 종족의 것일 수도 있으나, 그보다는 인근의 여러 지역에 분산하고 있는 몇 개의 종족이 모여서 조직된 대종족의 것일 수도 있고, 그보다는 씨족 전체의 것일 수도 있기 때문이다. 더욱이 어떤 부유한 개별적인 가족이 자신들의 가계를 돋보이기 위하여 자기들의 직계 조상을 모시는 사당, 즉 가묘를 가지고 있을 수도 있다.

114) 『江都卞氏族譜』, 1823년(도광 3) ; 『福州通賢襲氏支譜』, 1883년(광서 9).

115) 『江都卞氏族譜』, 1823년(도광 3) ; 『顧氏族譜』, 1705년(강희 44).

116) 『續修山陰張川胡氏宗譜』, 1830년(도광 10) ; 『陸氏葑門支譜』, 1888년(광서 14).

117) 『福州郭氏支譜』, 1905년(광서 31).

118) 『紹興山陰州山吳氏族譜』, 1924년(민국 13). 가법의 주요 내용은 족인의 이념과 도덕·예의를 위한 교육에 관한 것과 윤리와 질서를 위반한 족인에 대한 징계, 그리고 사당의 제사와 족전의 관리에 관한 것이 기록되어 있다.

119) 『桐陂趙氏宗譜』, 1883년(광서 9).

120) 『費氏重修宗譜』, 1869년(동치 8) ; 『姚江梅川沈氏宗譜』, 1858년(함풍 8) ; 『繆氏宗譜』, 1869년(동치 8).

121) 『洪洞劉氏宗譜』, 1729년(옹정 7) ; 『屠氏毘陵支譜』, 1904년(광서 30).

122) 『黃氏家乘』, 1901년(도광 27).

단(停米)·사당에 들어오지 못하게 하기(不准入祠)·사당문 걸어 잠그기(鎖祠) 등은 물론이고, 중한 죄를 지으면 종보에서 명단 삭제[123]로부터 일족을 축출하기까지 하였는데, 결국에는 죽음(處死)에 이르는 경우도 있다.[124]

이처럼 죽음에 이르는 경우에는 자기 스스로 목을 매어죽거나(自縊), 칼로 베어 죽기도(自盡) 하지만, 종문에서 목을 매어 죽이기도(絞死) 하였다. 오히려 종족의 족인에 대한 제재 가운데에는 관가에 보내어 죄를 캐물어 징계하게 한다(送官懲究)거나, 관가에 보고하여 죄를 캐물어 벌을 주게 한다(稟請律究)라고 하는 가벼운 경우도 있지만, 심한 경우 몸에 돌을 묶어 물속에 빠뜨려 죽이는 행위(沈潭), 땅에 생매장 시키는 행위(活埋), 관가에 보고만 하고 스스로 사형에 처한다(稟官處死)라는 종문의 법으로, 종문에서 족인을 스스로 개인적인 형벌에 처하는 경우도 있다.[125]

이러한 것은 국법과 가법 사이에 유교를 통치이념으로 삼고 있는 전제국가에서 향촌을 다스리는 가장 손쉬운 방법이라 할 수 있다.

그러나 중화민국 초기에는 이러한 종족의 재판에 대하여 국가가 통제하여 개인의 처벌을 허락하지 않고, 다만 조상을 모욕한 자에 대한 것만 종보에서 삭제하거나 제명하는 것을 인정하였다.[126]

---

123) 종족공동체의 도덕률을 어긴 사람들, 예를 들어 근친상간한 자 등은 종보에 기록하지 않거나 기록되었다 할지라도 이름이 삭제되었다.

124) 송나라 왕영의 『燕翼 貽謨錄』 제5권. "裘承詢 일족에 있어서는, 족인들에게 추천 천거된 족장이 죄를 지은 자를 대대로 전하여 오는 대나무 광주리(竹箄)로 때리고 있다"라는 것과 같이, 종족의 족인에 대한 제재는 옛날부터 행해져 온 것 같다.

125) 청나라 강희제의 칙서에는 "선량한 백성들은 그들 사이에 문제가 발생할 경우 그들 공동체의 어른들의 자문을 좇아서 해결할 것이다"라고 하여 종족의 족인에 대한 제재는 국가에서도 일반적으로 인정되었다. 극단적인 경우 종족집단은 종법을 어긴 종족원을 관에 고발하여 엄중하게 처벌할 것을 요구하기도 하였다. 또는 종족집단의 의사에 반하여 송사를 일으킨 종족원에 대하여는 일체의 종족지원을 철회하기도 했다.

(9) 가훈 · 가범

가훈과 가범은 종훈[127]·조훈[128]·유훈[129]·가교[130]·가계[131]·훈어·묘규·가례 등으로 일컬어지는데, 종인으로서 인간형성의 규범을 제시한 것이다. 이것에도 벌칙을 열거하고 있는 것이 많다.

가훈·가범과 앞에서 언급한 가규·종약의 차이를 내용적으로 구별하기 어려운 것도 많다. 일반적으로, 전자는 『충헌공가훈』[132]이라던가, 『청은부군유훈』[133]이라고 일컬어지듯이, 개인적인 의도로 만들어져 족인에 대한 교육적인 색채가 강하지만, 후자는 종족의 합의에 의하여 결정하여 법제적인 색채가 강하다고 할 수 있다.

가훈·가범의 성립에 대해서는, 저명한 안지추의 「顔氏 家訓」, 유빈의 「柳氏 家訓」, 범중엄의 「告諸子書」, 소식의 「勸親睦」, 사마광의 「司馬氏書儀」, 조정의 「家訓 筆錄」, 원채의 「袁氏 世範」, 정태화의 「鄭氏規範」 등을 비롯하여, 당시 유포되고 있던 가훈 등을 참고하여 지었던 것이

---

126) 이러한 현상은 사실상 국가가 족장에게 사법권을 부여하고 있는 것으로, 족장은 이에 의거하여 족인을 관리하고 모든 일상생활까지 간여하였다. 따라서 중국에서는 종족 단위로 군집해 사는 향촌사회에서의 가법이란 국법보다도 더 엄한 법이었다. 족장은 족인 가운데 공공의 윤리를 파괴하는 폭력이나 불효 등을 범하는 사람이 있으면 종족인들의 의사를 물어 형벌을 가하기도 하였다.

127) 『費氏重修宗譜』, 1869년(동치 8) ; 『錢氏宗譜』, 1880년(광서 6).

128) 『蕭山翔鳳朱氏宗譜』, 1870년(동치 9) ; 『西林岑氏族譜』, 1888년(광서 14).

129) 『蕭山漁臨華氏宗譜』, 1896년(도광 22) ; 『餘杭吳氏宗譜』, 1895년(광서 21) ; 『繆氏宗譜』, 1870년(동치 9).

130) 『山陰安昌徐氏宗譜』, 1884년(광서 10) ; 『紹興山陰州山吳氏族譜』, 1924년(민국 13).

131) 『姜氏支譜』, 1900년(도광 26) ; 『皖桐香山戴氏宗譜』, 1868년(동치 7) ; 『張氏重修宗譜』, 1887년(광서 13).

132) 『晉陵高氏世譜·忠憲公家訓』, 1915년(민국 4) ; 『蕭山夏孝湯氏家譜·望賢公家訓』, 1853년(함풍 3).

133) 『韓區趙氏宗譜·淸隱府君遺訓』, 1926년(민국 15) ; 『韓區趙氏宗譜·雲卿公遺訓』, 1926년(민국 15).

많다. 그 중에는 진홍모의 「五種遺規」나 사마광의 「居家雜儀」 등에 의하여 그대로 채록하였던 것도 있을 정도이다.

『오문원씨가보』[134]의 경우에는, 동성의 「袁氏世範」을 한 책으로 수록하여 덧붙이고 있지만, 『강도변씨족보』[135] 『규범록』의 경우에는 대부분이 다른 성씨들에 의해 이미 만들어진 가훈을 모아서 기록한 것도 있다. 따라서 각 가보와 가범에는 유사한 것이 많을 수밖에 없고, 동일한 것도 많다. 『소산어림화씨종보』[136]와 『무씨종보』,[137] 『여항오씨종보』[138] 등은 똑같은 글의 유훈을 기록하고 있기도 하다.

(10) 의전기 · 의장기

의전기(族産記)와 의장기(義倉記)는 제사·진휼·교화·의총 등 종족들을 부양하거나 혼례와 장례의 비용, 자녀의 교육비 따위를 충당하는 중요한 재원이 되고 있는 의전, 또는 그 쌀을 보관하고 운용하는 기관인 의장에 대한 기록이다. 이 양자의 밀접한 관계에서 의전기에도 의장에 언급하고, 의장기에도 의전에 대하여 언급하고 있다.

이것들은 그 창설되었던 사정이나 그 후의 상태, 또는 그 소재지나 의전의 면적 그리고 의장의 규모·도면 등을 기록하고 있다. 또 관리운영에 대한 의전규조[139]·의장조규[140]·의창규조[141]·섬족규조[142] 등도 덧붙여

---

134) 『吳門袁氏家譜』, 1918년(민국 7).

135) 『江都卞氏族譜』, 1830년(도광 10).

136) 『蕭山漁臨華氏宗譜』, 1845년(도광 25).

137) 『繆氏宗譜』, 1869년(동치 8).

138) 『餘杭吳氏宗譜』, 1895년(광서 21).

139) 『重修登榮張氏族譜·義田條規』, 1895년(도광 21).

140) 『東匯潘氏族譜·榮陽義莊規條』, 1892년(광서 18) ; 『程氏支譜·成訓義莊規條』, 1877년(광서 3).

141) 『山陰安昌徐氏宗譜·徐氏義倉規條』, 1884년(광서 10) ; 『山陰白洋朱氏宗譜·義

져 있다.

종족의 재원으로서는 유력한 종족의 기부금·도장의 관리·가옥과 토지의 임대·산림의 벌채 등도 있지만, 가장 일반적이고 또 유력한 것은 의전이다. 의전은 그 사용목적에 의해서, 족인의 진휼을 위해서 사용되는 협의의 의전과, 조상의 제사를 위해서 사용되는 사전,[143] 묘역의 청소를 위하여 사용되는 묘전, 의총의 설치를 위하여 사용되는 의총전, 그리고 의숙의 경영이나 족인들의 과거 응시의 여비를 위하여 사용되는 학전(학곡·독서전) 등으로 불리고 있다.

'의총기'나 '의학기'란 의총, 또는 의학의 설치·취지·사정·연혁 등에 대하여 기술한 것이다. 이중에 의학의 운영에 대한 규정인 가숙 등도 종보에 수록되어 있는 경우가 있지만 이것과 관계가 있는 『會課規條』,[144] 『惜字規條』[145] 등에도 보이고 있다.

(11) 전기 · 예문 · 저작

傳記는 조상 중에 위대한 업적이 있어서 이름이 세상에 알려진 경우에 만들었다. 전기는 여자의 기록인 내전과 남자의 기록인 외전으로 구분된다. 전기는 사후 후대인들에 의해 쓰여졌는데, 그 당대의 유명인에게 청하여 기록하였다.

예문이나 저작은 종족에 관한 시문이나 저서 또는 작품을 수록한 것이다. 이것은 족인의 저술을 주로 싣고 있지만, 때로는 타성인 다른 종족들이

倉規條』, 1895년(광서 21).

142) 『大阜潘氏支譜·松鱗莊贍族規條』, 1869년(동치 8) ; 『陸氏葑門支譜·贍族規條』.

143) 祀田은 祭田·嘗田·祭産·嘗産·烝嘗田·常會田이라고도 한다.

144) 『范氏家乘·文正書院會課規條』, 1904년(도광 30) ; 『陸氏葑門支譜·會課規條』, 1888년(광서 14).

145) 『陸氏葑門支譜·惜字規條』, 1888년(광서 14).

선조의 업적을 찬양하여 지은 것도 수록하고 있다.[146] 이 경우에는 종족에 관계가 있는 것이나, 족인과 서로 주고받는 내용의 작품 등이다.

이것은 분량도 많으며, 그 중에는 揚芬錄·世珍集·淸芬志[147]·淸芬錄[148]·誦芬詠烈編·傳芳集·遺芳集·翰墨·文獻全譜·譜中傳文 등이 있는데, 종보와 따로 떼어서 이것을 단독으로 출판하고 있는 것도 있다.

著作은 종보에 수록되어 있는 것도 있지만, 본래 단독으로 출판할 수 있는 것이므로 종보에는 그 목록만을 게재하는 것이 보통이다.

(12) 묘기 · 묘도 · 지 · 잡기 · 수보성씨

묘기·묘도는 조상의 분묘에 관한 기록으로서, 후에 조상 묘지의 분실을 막고자 하는 것이다. 이것에는 조상분묘에 대한 상세한 지도「묘도」를 붙이는 것이 일반적이다. 분묘는 祖墓·塋山·墓塋·塋墓·先塋·塋域·塋地·祖塋·林墓·壟墓·墳墓 등으로 일컬어지는 것인데, 그러한 명칭 아래에 묘기나 묘도 등을 붙이고 있는 것도 있다.

묘기에는 拜掃·展墓·墓祭·墓田 등에 관한 규정을 합하여 붙이고, 묘기·묘도를 종보의 별책으로 하고 있는 종족도 간혹 있다.[149]

志는 종보 중에 별개로 있는 비교적 중요한 내용이다. 대부분은 가족에 대한 전문자료를 수집한 것이다. 科擧名·節孝·仕宦·宗行·宗壽·宗才·封贈·歷代祖屋·祖塋·祖産의 분포 등이다. 이는 명·청시대의 종보가 역사서에서 '志'를 기록하는 방법을 인용하여 전문사를 작성한 것이다.

---

146)『太原家譜·續修家譜』, 1911년(선통 3) 범례, "著述藝文 爲不朽盛事 經術世務 從此顯焉玆特彙錄 以便稽考 名士題贈唱和之作 有關係者 亦附見焉".

147)『吳越錢氏淸芬志』, 1848년(도광 28).

148)『淸芬錄』, 1890년(광서 16).

149)『吳趨汪氏支譜·附汪耕蔭祖義莊墓圖』, 1897년(광서 23);『錢塘張氏新舊墳墓圖記』, 1877년(광서 3).

雜記는 기타 여러 가지를 기록한 것으로 누락되거나 빠진 부분을 기록한 것이다. 대부분은 가족과 관련된 전문자료이다. 남녀고령자·爭訟·田産·塋地 등이 그것으로 그 범위가 아주 광범위할 뿐 아니라 매우 복잡하다.

修譜姓氏는 편찬인의 성명과 경비를 헌납한 족인의 명단으로 종보 맨 마지막에 기록한다.

(13) 오복도 · 여경록 · 영보자호

오복은 옛날 가족 법규의 중요한 의거이다. 많은 보에서 오복제를 기록하고 있는데, 이는 족인으로 하여금 이를 중요시하고 이해하여 혼동하지 않도록 하기 위한 것이다. 또한 친족관계의 친척들이 서로의 범죄를 동일시하여 면제하거나 감형 받게 해주며, 가까운 친족원들끼리 서로를 고발하는 것은 비록 정당한 근거가 있더라도 대개 범죄로 간주함으로써 좁은 범위의 친족들 내에서의 자연스러운 조화를 이루려 하였다.

餘慶錄은 종보를 편찬하고 맨 마지막에 여러 장의 공백지를 남겨두는 것을 말한다. 상서에 이르기를 "여경록의 의미는 자손이 끝없이 이어지기 때문에 여경을 남겨둔다"라고 한 데서 유래되었다.

領譜字號는 영보총호라고도 한다. 이는 종보가 다른 가문으로 유출되는 것을 방지하기 위한 것이다. 일반적으로 종보의 뒷면에는 순서 번호가 있어서 책에 등기를 한 후에 누가 몇 번을 수령해 갔는지를 정기적으로 점검하였다. 이처럼 보첩의 편책 자호를 매 책마다 도기를 찍어서 배분해 주는 것은 각방 자손들의 수장 상황을 쉽게 파악하려고 함이었으며, 도기가 없는 것은 훔쳐서 열람하는 자들을 분간할 수 있게 해주었다.[150] 이러한 것은 종보가 분실되었을 때 어느 문중에서 잃어버렸는지를 쉽게 확인하여

150) 『白汜陳氏六修族譜』 범례, 1894/ 『중화족보집성』, 中國 : 成都, 巴蜀書社, 1995, 영인본.

위보를 사전에 방지하기 위한 것이었다.151)

(영보자호의 예)

嫣字號-西莊支-十九世孫福肅領, 著字號-陳三橋支-十九世孫土興領, 史字號-長遊溝支-十九世孫永壽領, 潁字號-觀巷里支-二十世孫景初領152)

이상과 같이 종보에 수록되는 형태는 매우 다양하고 방대하였다. 이것은 종인들의 세계를 알기 위하여 단순한 혈통을 기록하는 보책의 의미를 넘어선 종족의 역사기록서이며 후세들에게 전하는 지침서였다. 여기에는 종인들의 단결과 의식을 결합시키려는 깊은 의도가 있었다. 또한 종족들 간의 권리와 의무의 관계를 넘어서 국가적 차원에서도 종족의 규율을 통해서 백성들의 윤리기강을 세우고 지배하려는 의도도 다분히 나타내었다.153)

이와 같이 종보는 단순한 혈연계통만을 기록하는 기능만을 한 것이 아니고, 족인들의 단결을 공고히 하여 사회의 활동에 도움을 받으려는 목적도 있었다. 또한 족인들의 의무와 권리를 통하여 그들의 질서를 통제하고 집단내의 일탈행위를 사전에 막고자 하는 기능도 가지고 있었다. 종보는 족인들의 법률이었으며 이것을 위배하는 것은 국가의 형벌을 받는 것보다도 더욱 불명예스럽게 생각하였던 것이다.

---

151) 종보를 조상들의 영혼이 깃든 신성한 것으로 믿는 종족들은 종보를 타 종족에게 양도하거나 매매하는 일을 절대적으로 금하였다. 따라서 종보의 간행 부수를 엄격하게 제한하거나, 보존의 정확을 기하기 위하여 종보의 끝에 일일이 부수에 자호를 매김으로써, 이것만 보면 어느 지파가 가지고 있는 종보인지 알 수 있도록 하였다. 또한 한정된 부수만 인쇄하고 목각본은 없애버림으로써 종보가 도난되어 타종족이 자기 종족으로 끼어드는 것을 방지하고자 하였다.

152) 『비릉진씨종보』, 1935년(민국 24)에 기록된 영보자호의 예.

153) 多賀秋五郎, 앞의 책, pp.14~21 ; 차장섭, 「중국 족보의 개념과 연구동향」, 『경북사학』 25집, 경북사학회, 2002, pp.224~231 참고.

제2절 종보의 변천과정

종보의 구분은 그 기능과 형태, 수록 대상의 혈연관계 범위, 편집한 주체가 누구인지에 따라 여러 가지 학설이 있다.[154] 기능이나 목적 면에서 살펴보면, 중국에서의 종보는 귀족주의가 발달하였던 수·당시대에는 가족의 신분을 증명하고, 씨족의 등급을 매겨 관리 선발과 혼인에 적용되는 등 정치적 기능을 가지고 있었다. 나아가 각 가문의 정치적 기득권을 계속해 계승시키고 통치집단 내부의 결속과 통제를 강화하려는 목적으로 편찬되었다. 그러나 11C 초 송나라 구양수와 소순에 의해 만들어진 『구·소보』 이후 종보는 조상을 숭배하고 혈족을 관리하는 사회문화적 기능을 가졌다고 할 수 있다. 또한 이때 출발한 종보의 형태는 이전의 가보나 가첩 등의 단순한 형태를 벗어나 그 수록의 규모가 확대되었다. 이는 일부 사대부 계층을 중심으로 유행되면서 송·원대를 거쳐 명·청시대에는 평민층까지 확산 보급되며 엄청난 발전기를 갖게 된다. 따라서 여기에서는 그 기능과 형태의 차이점을 기준으로 송나라 이전에 만들어진 종보를 구보라 하고, 『구·소보』 이후의 종보를 신보라 구분하겠다.

1. 구보의 성립

종보가 언제부터 출현하였는지는 역사상으로 구명하기가 매우 어렵다. 왜냐하면 거기에 대한 명확한 문헌도 없을 뿐 아니라, 어떤 형태에 기준을 두느냐는 의견이 분분하기 때문이다. 그러나 분명한 것은 인간이 종족을

154) 주목할 만한 학설은 多賀秋五郎의 구분이다. 그는 고보와 근세보로 구분하였는데, 귀족주의가 발달하였던 당나라까지를 종보를 고보라 하고, 관료주의가 발달하였던 송나라 구·소보 이후의 종보를 근세보라 구분하였다. 고보는 주나라 시대의 『세본』과 『주보』에서 비롯되었다고 한다. 그러나 이들의 완본은 찾아볼 수가 없다. 『세본』은 『한서』 예문지와 『수서』 경적지에서 그 유형을 추측할 수 있다.

중심으로 집단거주를 시작하고 성씨가 생성된 시기부터 어떤 형태로든지 자기를 중심으로 가계기록이 작성되었음은 틀림없을 것으로 보인다.

그렇다면, 왜 가계기록이 필요했으며 어느 계층에서 이루어졌느냐 라는 문제를 가질 수 있는데 이에 대한 해답은 명확하지는 않지만, 아마도 지배계층, 그 중에서도 최고지배자 층에서 혈연관계에 있는 후계자에게 통치권력을 세습하기 위해 필요했던 것으로 보인다.

상나라와 주나라의 왕실에서 자기들의 혈연계통을 기록한 보첩을 만들었고, 이어 한나라 때 사마천이 『세본』과 『주보』를 근거로 하여 『사기』를 편찬하면서 상고부터 역대 왕실의 세계를 계통화시켰다.[155) 『사기』의 삼대세표는 후세의 사가들에 의해서 망족의 세계를 나타내는 최초의 것이라고 평가된다. 세가[156)]는 보로서의 색채가 농후하고, 중국에서 세

---

155) 사마천은 『사기』를 편찬하면서 춘추시대 이전의 가계기록 자료를 참고하여 「五帝本紀」, 「夏本紀」, 「殷本紀」, 「周本紀」, 「楚世家」, 「三代世表」 등을 작성하였다. 이는 황제, 전욱, 제곡, 요, 순 등 오제와 하·은·주 3대, 그리고 초나라 왕실의 계보를 계통화시켜 오늘날 중국 선대의 역사를 정형화 시켰다. 또한, 『사기』는 본기·세가·열전 등에서 등장인물의 계보적 서술이 상세하였고, 후대의 역대 정사들은 이를 모델로 삼았다. 특히, 『한서』의 「古今人表」, 『魏書』의 「官氏志」, 『신당서』의 「宗室·宰相世系表」 등은 각기 당대 관련 인사들의 성씨·관향의 유래와 이민족의 한성화 및 종실·재상 가문의 계보적 서술을 하였다.
중요한 것은 『세본』과 『주보』가 사기에 어느 정도 영향을 주었는가 하는 문제인데, 유충은 "사마천의 부자가 『세본』을 요약하여 『사기』를 편수하였고, 『周譜』로 인하여 세가를 밝혔다"라고 하였다. 유지기는 "사마천이 표를 만든 것은 『周譜』로 인하여 그 모양을 본받았다"라고 하였다. 따라서 『사기』 가운데에서도 「表」는 특별히 그 영향을 받았다고 생각된다.

156) 『漢語大詞典』, "世家 ① 世祿之家后泛指世代貴顯的家族或大家. ② 『史記』 中用以記載侯王家世的一種傳記. '世家'之體古已有之, 司馬遷撰『史記』時以之記王侯諸國之事, 著 『世家』三十篇 ; 歐陽修撰『新五代史』亦著『列國世家』十篇. 因王侯開國, 子孫世代承襲, 故稱世家. 參閱唐劉知几 『史通·世家』, 淸趙翼 『廿二史箚記』 卷一. ③ 家世 ; 世系. ④ 指以某種專業世代相承的家族. ⑤ 猶言世交. ⑥ 世居".

계[157]를 분명히 하는 것은 역사가의 중요한 임무였다. 『사기』보다 한층 발전한 『한서』에서는 「제후왕표」와 「공신표」에서 謚號·屬·始封·子·孫·曾孫·玄孫 등을 기록하고 있다.

중국에서 가계기록의 역사는 은허에서 발굴된 갑골문에서 시작된다. 여기에는 인물의 세계와 여러 대에 걸친 가족들의 이름이 새겨졌는데, 이를 갑골문 족보라고 한다. 이어 청동기에 가계기록이 새겨진 족보가 등장하여 주나라 시대에 절정기를 이루다가 전국시대에 쇠퇴하게 되는 금문족보가 유행하였다. 춘추전국시대에는 대나무에 종족의 가계기록을 새긴 간책가보가 등장하였다. 이어 한나라 시대에는 영원을 희망하며 돌에 자신의 가계기록[158]을 새긴 석보가 나타났다. 혼란기인 위진·남북조 시대에는 관직진출과 혼인 등 정치적·사회적 필요에 의해 종보가 특정 벌문에 의해 간행이 유행화 되었고, 편찬에 있어서도 필사본과 목각본의 대중화로 가계기록의 정점을 이루었다.

갑골문 족보의 체제는 아주 간단하여 세계의 인명만을 기록하고, 관직이나 기타 사정에 대해서는 기록하고 있지 않다. 또한 부자와 형제의 세계만을 기록하고 부인을 포함한 여자는 기록하지 않았다. 이는 그 시대가 전형적인 부계중심이었음을 나타내 주는 것이다. 이때는 왕실은 물론이고 제후와 귀족들도 자신의 족보가 있어서 가족 세계를 기록하였던 것으로 보인다.

후대에 들어와 정부에서는 족보를 관리하는 전담기구를 만들었다. 굴원은 삼려대부의 관직에 있었는데, 그 관직의 주요책무는 초나라의 昭·景·屈

157) 『漢語大詞典』, "世系 : ① 家族世代相承的系統. ② 指宗派相承的系統".

158) 『孫叔敖碑』, 後漢 桓帝 延熹 3년(160) 5월에 건립. 『三老趙寬碑』 靈帝 光和 3년(180)에 건립한 한대의 대표적 비문은 춘추시대 초나라 재상 등의 가족세계를 기록하고 있다. 여기에서의 기록은 매우 간단하여, 가족가계, 생졸일, 관직, 자호, 묘소위치 등만을 기록했다. 한대의 가계기록 문헌이 현존하는 것이 없어 이것들을 통해 한대의 족보를 파악할 수 있다.

삼족의 삼성 사무와 족보를 편찬하는 것이었다. 춘추시대에는 이러한 족보를 정리하여 편찬한 『세본』 15편이 있었으며 여기에는 황제 이후 춘추시대 제왕, 공후, 경대부의 가계를 집중적으로 기록하였다.[159)]

동한시기에는 국가에서 각 개인의 인격과 재능 그리고 덕망을 판단해 인재를 선발하는 '찰거'제도가 있었다. 이는 문벌을 낳았고 이들 간에 서로 관계를 가지며 새로운 사회제도를 갖게 되었다.

삼국시대에는 위나라에서 구품중정제[160)]가 실시되어 학맥에 근거한 관리를 선발하고 임용하는 데에 있어 보가 중요한 기준이 되었다. 이는 등급이 낮은 가문들이 서로 연합하거나 혼인을 통하여 높은 가문에 편입하는 것을 막았을 뿐 아니라, 그들만의 특권과 이익을 위해 관직을 독점하면서 국가로부터 신분을 보장받기 위해서이다. 이로 인하여 관직과 혼인에 있어서 종보의 역할이 증대되자 권위있는 가문에서는 국가의 보호 아래 종보의 편찬을 활발히 함으로써 종보 편찬의 급격한 발전을 가져왔다.[161)]

이러한 종보의 중요성 때문에 각 가문의 객관적 검증이 필요했던 국가에서는 '보국'을 설치하여 전문적으로 보첩을 편찬하였다. 이어 명족을 선정하고 그 우열을 가려 망족보나 군망표를 만들어 이들을 비호해주며

159) 차장섭, 「中國族譜의 槪念과 硏究動向」, 『慶北史學』 25집, 경북사학회, 2002, pp.216~224 참고.

160) '구품중정제도'는 위나라 문제의 황초 원년(220) 상서 진군의 건의에 의해서 시작되었으며 서진에서 남북조를 거쳐서 수나라 초기까지 계속되었다. 이것은 명망 있는 사족이 중정관으로 임명되어 중앙의 직에 필요한 인물을 품정하였던 것이다. 관리채용의 권리를 지방토호의 손에 맡기자, 이들은 중앙정계와의 관련을 맺고 학문과 교양을 갖추고 혼인이나 교우관계에도 관심을 갖는 한편, 가문의 지위를 향상시키려고 그 가문의 상징이라고 할 수 있는 보에 강한 관심을 나타나게 되었다. 이리하여 망족보가 크게 발달하였다.

161) 이때에 각종 보첩류들이 쏟아져 나오게 되었는데, 『수서』 經籍志의 보계편과 『구당서』·『신당서』의 藝文志 보첩류 편에는 후위의 '方司格', 당의 『씨족지』를 비롯하여 각종 종보·가보 류가 실렸다.

국가의 지배층을 형성하였다. 또한 '보고'라는 기관을 설치하고 보첩을 보관하며 이를 지원하였다.

남북조시대에는 보학이 전문적인 학문으로 발전하여 학식 있는 자들은 필수적으로 보첩을 연구하게 되었다. 특히 남북조시대에 제나라 사람인 賈希鏡은 조부 賈弼之와 아버지인 賈匪之 3대에 걸쳐 중국 사족의 족보를 총망라하여 100질 700권에 달하는 방대한 족보를 만들었는데 이것이 사인족보의 시초라 말한다.[162] 이렇듯 위진남북조시대의 학자들은 보첩학을 매우 중요한 학문으로 관심을 갖고 종보의 편찬을 번성시켰다.[163] 이것은 가족의 신분을 증명해주었으며, 씨족의 등급을 매겨 세계를 기록하여 관리 선발과 문벌과의 혼인에 적용되었다.

또한 이 시대에는 유명한 가문임을 나타내기 위하여 어떤 가문의 뛰어난 조상이 관직을 얻거나 국가적인 명예를 얻게 되면, 후손들이 그 조상의 지역을 본관으로 삼거나, 그 현조의 출생지를 본인의 성에다 붙여서 사용하기도 함으로써 자신의 신분을 높게 나타내려 하였다. 이러한 시대의 흐름으로 남북조시대의 귀족제도 성립과 함께 각 가문에서는 그들의 가보를 만들기도 하였다.[164] 특히 북조 위나라에서 편찬된 24사의 하나인 『위서』는 보 형식의 정사로, 열전 뒤에 자손의 이름과 관작 등을 기록하고 있어 위나라의 계보자료를 살펴볼 수 있는 귀한 자료이다.

남북조시대의 유력했던 사족들은 수나라 말기 수많은 농민의 봉기로 인하여 그 세력이 많이 약화되어 문벌이 해체되는 듯하였으나, 난을 진압하는 데에 공이 있는 자들이 귀족으로 편입되어 정권의 주체인 호문사족으로

---

162) 김세한, 「성씨 및 족보에 대한 개설」, 『안동대학학보』 29호, 1983.5.

163) 周一良, 「魏晉南北朝史學發展的特點」, 『魏晉南北朝史論集續編』, 北京大學出版社, 1991.

164) Johnson, David G., "*The Last Years of a Great Clan : The Li Family of Chao Chun in Late T'ang and Early Sung*", *Harvard Journal of Asiatic Studies* 37 : 5-102, 1977a.

등장하여 당나라의 통치주체를 이룩하였다.

'구품중정제'가 폐지되었던 수나라 이후에는 문벌에 치중하기보다는 인재본위로 관리를 등용하였기 때문에 보첩의 정치적 의미를 상실하였다. 또한 이 시기에는 미약하지만 과거제가 시행되어 관리임용에 있어서 보첩의 기능과 역할은 많이 줄었다. 다만 망족보로서 사족의 혼인 범위를 나타내는 기능을 가지는데 불과하였다.

그러나 오히려 사회적으로 학맥이나 혈맥이 중요시 되었으며, 호족가문의 사족들이 그들의 가문을 계속적으로 유지하기 위하여 보첩을 이용하기도 하였다. 새로운 귀족층에서는 '士庶不婚'의 원칙과 '士族內婚制'로 인하여 가문간의 등급을 보장받기 위하여 정치적으로 보첩의 역할은 여전히 중요시 되었다.[165] 이에 국가에서는 정치적 입장에서 권력에 협조적인 유력한 가문의 기득권을 보호하고, 통치집단 내부의 결속과 통제를 강화하기 위하여 전문기구를 설치하여 많은 대형의 보첩을 편찬하였다.[166]

당나라 시대의 보첩은 정치생활과 사회적으로 혼인을 하는데 상당한

---

165) 鄭樵, 『通志』 卷25, 「氏族略」에는 "관에는 簿狀이 있고 家에는 譜系가 있어 관은 簿狀으로 관리를 뽑고, 가에는 족보에 근거해 혼인을 했다"라고 했다.

166) 당나라 정관시대의 『씨족지』 130권에서는 293성 8651가를 9등급으로 나누어 각각 등급을 매겼다. 『씨족지』를 편찬한 목적은 당의 중앙집권체제 강화를 위해서 남북조시대의 문벌들을 해체시키고, 신흥사족을 재편할 필요가 있었기 때문이었다. 당나라는 혼인에 의해서 구 귀족을 통제하려고 하였던 것이다. 659년(당나라 고종 현경 4) 이의부에 의해 편찬된 『성씨록』은 5품 이상의 관료 전부를 보첩에 수록하여 직위의 고하에 따라 성씨의 높고 낮음을 구별하였다. 이것은 측천무후가 자신의 정권을 유지하려 관료들을 통제하려 했던 것이었다. 그러나 여기에서 제외된 5품 이하의 사족들은 이러한 보첩들을 '勳格' 또는 '職官表'라고 폄하하였다. 이후 중종 때 『大唐姓系錄』으로 개정되었다. 이외에도 『수서』 經籍志의 보계편과 『구당서』·『신당서』의 예문지 보첩류 편에는 이른바 후위의 '方司格' 등이 있다.

역할을 하였다. 따라서 국가뿐만 아니라 벌족들도 국가의 보호를 받아 보첩 편찬에 적극적 관심을 갖고 이를 발행하여 보급시켰다. 이때의 보첩 형태는 단순한 계보를 수록한 개인적 단보형 가보보다는 정치적 기능을 가진 관찬적 합보형 망족보가 대세를 이루었다.

중국에서는 북방 사민들의 3차에 걸친 대규모 남천이 일어난 시기로 동진과 당말 오대, 그리고 남송의 시대이다. 당나라 말기 안록산의 난을 시작으로 황소의 난을 겪는 동안 문벌귀족제도는 철저히 무너졌다. 이전의 유력자들은 대부분 전쟁의 공로로 인하여 신분이 상승한 인물들이었다. 이들은 특별한 전공이 없으면 신분이 교체되어 시간이 지남에 따라 수세기에 걸쳐 성립된 대성의 사족가문이 혁파되었다. 또한 국가의 통제와 지원도 감소하면서 문제에서도 배제되어가며, 자연스럽게 이들이 주도했던 보학도 쇠퇴의 길로 들어서게 된다.[167)]

2. 신보의 발달

송을 건국한 태조 조광윤은 무관출신으로 오대의 혼란시기에 태어나 군벌의 폐해를 몸소 체험한 바 있어 건국의 국시를 문에 두고 무를 배척하였다. 문인중심의 문화국가를 표방하고 과거제를 실시하여 문벌에 관계없이 능력에 따라 관리를 선발함으로 문벌로서는 보잘것없는 많은 문인과 학자들이 배출되어 문벌의 중요성이 급격히 감소되었다. 따라서 이전에 보첩이 가지고 있었던 관직 진출이나 혼인 등 실질적인 정치적 기능은 감소되었으므로 더 이상 보첩을 편찬하거나 보관할 필요가 없어져 종보의

---

167) 『宋史』 卷262, 劉燁傳에 의하면 당시의 귀족들은 당말 오대의 혼란 속에 거의 고향을 떠나거나 작위를 잃어버리고 종족의 세계를 확인하지 못하였다고 한다. 물론 하남의 낙양에 거주하는 유화 가문처럼 종족의 세계를 보존한 경우도 있었으나 그것은 유화의 조상이 벼슬을 계속할 수 있었기 때문이었다.

편찬은 급격히 쇠락하였다.

그러나 사대부들 사이에는 주대의 봉건종법을 부활시킨 종법주의가 여전히 존재했다. 뛰어난 조상이 나타나 종족이 이루어지면서 그들 중 과거에 합격하여 관료가 되는 경우가 많았다. 따라서 이들을 통해서 가문의 몰락을 막고 동시에 과거 관료제도에서도 대대손손 관료를 배출하는 '世臣'의 꿈을 실현시킬 수가 있었다. 이들 사대부들은 사당과 의장을 설립하고 종보를 편집함으로써 종족을 결집하여 명문종족을 형성하려 했다.[168)]

이들은 세월이 지남에 따라 중앙 관직에 등용되었거나 지방에서 세력을 키운 유력한 가문이 나타나면서 보첩에 대한 관심이 높아졌다. 이중에서도 인종 대에 『신당서』의 편찬을 주관한 당송팔대가의 한사람인 구양수(1007~1072)가 보첩에 관심을 갖게 되면서 중국의 종보는 새로운 전환기와 번성기를 맞게 된다.

구양수는 『신당서』의 「종실세계」와 「재상세계」를 담당하면서 당나라 고조 이연의 황족세계와 재상들의 세계에 대한 기록을 연구하였다. 그는 이를 토대로 자신의 가계기록인 39세가 보첩을 만들기 시작했다.

그는 "이전에는 전쟁이 많았어도 사대부의 세보가 끊어진 적이 없었는데 오대시대부터 집집마다 모두 사라졌다"[169)]라고 한탄하며 자신의 가계기록에 사서의 체제와 도표의 형식을 채택하여 보첩을 만들었다. 여기에는 자신의 5세조인 구양만을 중심으로 가족의 이동 사항, 혼인관계, 이름, 시호, 그리고 행적 등을 기록한 새로운 형태의 보첩을 만들었다.

이와 같은 시기에 역시 당송팔대가의 한사람인 소순(1009~1066)도

---

168) 井上 撤, 정성일 역, 「명말 광주의 종족－顔俊彦 『盟水齋存牘』을 중심으로」, 『중국사연구』 27집, 2003.12, pp.160~161.

169) 『歐陽文忠公文集』 卷69.

"당나라가 쇠락한 이후 보첩이 없어지며 이어지지 못했다"170)라고 보첩이 사라지는 것을 애석해 하며 『소씨족보』를 편찬하였다. 이 보첩들의 형태는 신흥 사대부들로서 한정된 범위 속에 5세를 기준171)으로 한 가족 중심의 '소종지법'으로 편찬된 것으로, 수십 대를 확대하여 기록한 '대종지법'의 형태와는 달랐다.172) 이들은 이전의 관직진출이나 통혼과 같은 정치적 기능보다는, 단순한 유교적 이념에 입각한 가족윤리의 실천의 방법으로 조상을 숭배하고 혈족을 관리하는 사회 문화적 기능을 가진 종보를 편찬하였다. 이때 출발한 신보는 일부 사대부 계층을 중심으로 편찬된 송·원대를 거쳐 명·청시대에는 평민층까지 확산 보급되며 엄청난 발전기를 갖게 된다.

처음으로 새로운 형식의 보를 만들었던 사람이 구양수와 소순이었지만, 소순은 "이것은 오로지 우리 두 사람만이 할 수 있는 일은 아니고, 장차 천하가 모두 하지 않을 수 없을 것이다"라고 하였다. 이것은 당시 종보를 편찬하는 가문이 적지 않았던 것을 말함과 동시에 변화된 사회에 걸맞은 성격의 보를 요구하는 경향이 있었던 것을 반영한 결과라고 할 수 있다.

결국 이와 같은 새로운 형태의 신보 성립에 대하여 획기적인 역할을

---

170) 『嘉祐集』 卷13, 14. 소순은 종보가 끊어진 까닭은 "천하다가 귀하게 된 자는 그 선조를 부끄럽게 여기고, 가난하다가 부해진 자는 그것을 기록하지 않아 끊어졌다"라고 하였다. 처음에는 같은 조상에서 나온 친족들이 그 사실을 몰라 서로 모르는 사람처럼 되는 것은 안타까운 일이며, 이러한 일이 없도록 하는 것이 종보를 편찬하는 이유라 하였다. 이전 시대의 현인군자들이 오래도록 조상을 인식하고 설사 가묘가 없어도 종족이 흩어지지 않고 존속했는데, 바로 이것이 보첩의 힘이라고 역설하면서 종보 편찬의 목적이 조상숭배와 족인들의 단결임을 강조했다.

171) 『소씨족보』는 고조를 중심으로 유복친 이내의 범위만 해당되었으며, 그 이상의 족인은 싣지 않았다.

172) 후에 편찬된 구양씨족보에는 185대까지 거슬러 올라 黃帝姬軒轅(公元前二六九七至 二五九七年)까지 세계표에 기록되어 있다.

수행하였던 것이 구양수와 소순이었다. 소순에 의해 편찬된『소씨족보』는 후록에 지화 2년(1055) 9월이라는 기록으로 보아 이때에 편찬된 것 같다.[173] 소순은 자신이 편찬한 족보를 구양수에게 보이고 비판을 받았다. 구양수는 이것을 보고『구양씨 보도』를 만들었는데, 이것은 5세까지는『소씨족보』와 가깝고, 8세까지 소급하여 다시 중간에 단절된 이전의 세표를 붙이고 족인 87인을 수록하고 있다.[174]『소씨족보』가 편찬자 중심으로 5세까지밖에 소급하지 않은 것에 비해서『구양씨 보도』는 종족 중심으로 상한을 설치하지 않고 있다. 이는 종법에 대한 양자의 견해가 일치하지 않았기 때문이라 생각된다. 이러한 양자의 견해가 신보의 발전에 큰 기여를 하였던 것이다.[175]

이 두 사람의 족보 편찬 이론과 실천, 그리고 형태는 후세에 많은 영향을 주어 종보 편찬의 모델이 되었으며, 18C 이후 조선 족보 편찬의 형식에 일반적인 모델이 되었다. 이들의 이론을 따라서 송나라의 많은 사대부들이 자기 가문의 종보를 편찬하게 되었다. 나아가 이들에 의한 종보의 편찬은 사대부들의 철학이념인 유교의 질서 확립을 위한 효제의 실천과 윤리실천의 표현이기도 하였다.[176]

---

173)『蘇氏族譜』는 1036년에 출생한 소식(1036~1101)이나, 1039년에 출생한 소철(1039~1112)이 기재되지 않은 것을 볼 때 이전에 만들어진 것 같다. 그것은 발간연도 보다도 제작이 훨씬 앞서기 때문이다.

174)『歐陽文忠公文集』卷71,『구양씨 보도』는 ‘5세 1도’의 방식으로 족인 87인을 기록하고 선조들의 란에는 생자의 수를 기록했으며, 다음에 소전을 붙여 아버지인 관에서 고조부 탁까지는 자, 관직, 배우자, 장지 등을 자세히 기록하였지만, 6세조에서 10세조까지는 직계에만 전을 쓰는 등 친계와 방계를 구분하여 기록하였다.

175) 多賀秋五郎, 앞의 책, p.126.

176)『歐陽文忠公文集』卷71. 구양수는『구양씨보도서』에서 자신의 종족이 盧陵大族으로 번성하고 족인들이 과거와 벼슬에 들어선 것이 조상의 유덕에 의한 것이며, 따라서 수보의 목적은 자손으로서 조상의 덕을 계승하고 높은 인품과 덕망을

이들은 계도에 조상의 이름이 쓰여 있는 것이기 때문에, 위패처럼 공경하고 신봉하였다. 아울러 '족보정'이라는 정자를 설치하여 집안의 보를 돌에 새기고 정자 아래에 절을 하고 공경하였다고 한다.[177] 이어 족인들의 경조사를 서로 알리고 종족 중의 고아와 빈곤자를 서로 돕도록 하며 이를 따르지 않는 자가 있으면 종족내의 족인이 책망하라고 하였다.[178] 또한 명나라 초기에 사철의 첫 달인 '孟月'에 일족이 모여서 종보를 읽기도 하고, 매달마다 족인이 모여서 족보도를 경배하였다.[179] 중국의 화북이나 동북지방에서는 종보와는 별도로 집집마다 가보가 있어, 근대에 들어와서도 매년 정월에 이것에 경배하는 풍습이 있다.[180] 특히 신혼부부들이

높이고 널리 알리는 데 있다고 서술했다.

177) 『蘇氏族譜亭記』, "作蘇氏族譜 立亭於高祖墓塋之西南 而刻石焉" ; 『李氏族譜亭記』, "歲時聚族 拜奠亭下".

178) 『嘉祐集』 卷14, 『譜例』.

179) 『宋氏世譜序』, "譜之法 正月之吉 會族以修譜也 四時孟月 會族以讀譜也 十二月之吉會族而書其行爲勸戒也" ; 『黃氏月會序』, "每月吉 與族之人 悉集族長之家 致薦於武經公 畢以長幼序拜 想慰問外 懸族譜圖而觀焉".

180) 大山彦一, 『中國人の家族制度の硏究』 참고. 중국인들은 족보의 경배와 더불어 묘지에 가서 조상숭배 의례를 행하는 것이 하나의 문화적 관습이었다. 원래 한나라 때에는 한식절에 집에서 찬밥을 먹었으나, 묘지참배의 습관은 당나라 때에 와서야 성립되었다. 즉, 당나라 중엽에 한식과 청명을 같이 합치게 되었으며, 732년 칙령에 의하여 종묘가 없는 일반백성들이 조상의 묘에 가서 제사를 드리고 무덤을 관리하는 것을 권장하고 있다. 그 이후 청명의 풍습은 역대 『儀禮大典』의 '開元禮'에 기재되어 지켜오고 있다. 따라서 청명에 묘에서 제례를 올리는 것은 송나라 이후 북중국에 아주 보편적으로 실시되었다. 이후 남송시대에 들어서면서 항주를 비롯한 남중국 지역으로 전파되었다(周密, 『乾淳歲時記』 14~15).
송대에 와서는 청명 외에도 불교의 普渡節과 음력 10월 1일에도 무덤을 방문하여 제물을 바치고 경배하는 것이 지방의 세시 풍습으로 정착되어 유행하였다(孟元老, 『東京夢華錄』, 臺北, 1966). 사람들은 모든 조상의 무덤을 하루 안에 찾아보기 편리하도록 한 지역에 가족묘를 만들었고, 자연히 같은 조상을 모시는 자손들이 한자리에 모이는 계기가 되었다. 또한 소목에 따라 가족공동묘지에의 위치를 정하게 하고 종족원이 의례에 참가하도록 의무화하였다. 뿐만 아니라 종족의 공동묘지를 확보하기 위하여 토지를 기증하는 경우도 나왔다(황간, 34 : 13~14).

결혼식을 끝내고 본가에 와서 종보에 경배를 올렸으며, 연말 또는 정월 15일이나 청명절, 7월 15일, 10월 1일, 본가에 가서 본가의 종보에 절을 함으로써 조상에게 존숭의 예를 올렸다.

원대에는 유학을 거지 다음으로 경멸했기 때문에 일부 유학자들에 의해 소극적으로 종보가 편찬되었을 뿐 보편화 되지는 않았던 것 같다. 지금까지 전해 내려오는 원대의 종보가 거의 없어 구명하기는 어려우나, 이 시대의 종보의 의미를 간과해서는 안 된다. 왜냐하면, 이때의 종보는 중국 최대의 발전기인 명·청시대 종보 편찬의 과도기로서 지금의 종보 편찬체제와 구체적인 수록사항이 이미 고정화 되었으며 이후에도 그 체제에 많은 변화는 나타나지 않는다.

명·청시대의 종보 편찬은 양에 있어서 뿐만 아니라 질에 있어서도 중국 역사상 최고조에 달했다.[181] 이 시대에는 종보의 편찬이 각 가문의 혈통을 기록한 일이라고 하지만, 보는 국가의 입장에서 사회 통치의 기본이기도 하였다. 이는 가족의 안정이 사회의 안정을 가져오기 때문이라는 의식이 지배층에 널리 퍼졌기 때문이다. 이로 인하여 국가는 가묘를 건립하

조선에도 이런 문화가 전파되어 지금까지 전해내려 오고 있다.

181) 특히 중국에서는 광동성과 복건성에서 족보가 많이 발달하였다. 이 지역은 풍부한 쌀 생산지로서, 경제력을 바탕으로 종족집단이 종족이념을 구체화하기 쉬운 조건을 가지고 있었기 때문이다. 이 지역은 집약적인 농업방식에 따라 많은 노동력이 필요하였기 때문에 노동력의 동원과 상호 협력의 필요성에 의하여 종족조직이 필요하였던 것이다. 김광억, 「중국의 친족제도와 종족조직」, 『한국친족제도연구』, 역사학회, 일조각, p.139 참고.

또한 영국의 인류학자이며 인류학계에서 중국연구의 개척자이자 권위자로 불리는 Maurice Freedman은 중앙정부의 직접적인 통제로부터 멀어져 있었다는 사실은, 한편으로는 종족의 자율 및 자치성을 확보하는 계기가 되는 것이었고, 동시에 중앙정부의 부담을 덜어주는 것으로서 중앙정부의 권위와 권력에 도전할 만한 정도가 아닌 범위 내에서 국가로부터 강력한 종족집단의 조직화에 대하여 지지를 받았을 것이라는 논리를 폈다.

고, 보를 편찬하여 가족 간의 결속을 강화하는 것에 대하여 적극적으로 지지 하였으며, 왕실의 보첩인 옥첩의 찬수를 통해서 개인 족보의 편간을 이끌어 갔다.

즉, 명나라 태조는 자신의 가족의 혈통을 기록한 종보를 편찬함으로써 적극적인 보에 대한 관심을 가졌으며, 이전에 보첩찬수의 관심이 없었던 청나라도 건국 후 20년이 되는 1655년(순치 12)에 한족들의 족보를 모방하여 청나라를 창건한 누르하치 가문의 보를 찬수하여 제출하였다.[182] 이처럼 명·청 양대의 보와 관련 문헌 중에는 끊임없이 정부당국이 보의 찬수를 격려하는 기록이 있다.[183]

중국에서는 16C 이후 종법주의에 기초를 하여 의장, 사당 등을 설립하거나 종보의 편집 등을 통하여 종족을 조직하려는 운동이 일어났다. 특히 범씨 의장이 있는 소주성을 중심으로 현성과 주변 시진 등에서 일어났으며, 소주부의 향촌지역에까지 널리 보급되었다.[184]

종보의 편찬이 발달하게 된 또 다른 사회적 이유는 각 지역의 주도권 확보에 있었다. 당시 중앙정계의 고위관직은 북중국지방 출신들에 의해 독점되었으며 인사의 적체는 더욱 심해졌다.[185] 남송 이후 인사적체로 말미암아 진사로 선발되었다 하더라도 중앙관계로의 진출이 치열하여 관료로 나아가는 길이 쉽지 않았던 것이다.[186] 따라서 사대부들은 차선책으로 각 지역에서 지역적 권위와 위치를 확보하고자 노력하였다. 이러한

182) 金啓綜, 『蠻族歷史與生活』, 黑龍江人民出版社, 1981 ; 張其卓, 『蠻族在岫岩』, 遼寧人民出版社, 1984 참고.

183) 來新夏·徐建華, 『中國的年譜與家譜』, 臺北 : 臺灣商務印書館, 1994.

184) 井上 撤, 『中國の宗族と國家の礼』, 日本 : 研文出版社, 2000.2.

185) 何柄棣, 曺永祿 外編, 『중국 과거제도의 사회사적 연구』, 동국대학교 출판부, 1987.

186) 馬端臨, 『文獻通考』 卷30, 卷31, 學士條.

노력의 일환으로 사대부들은 각 지역에서 종족의 집단화를 통해 위상을 높여 그 권력을 국가로부터 보장받고 족인들에게는 사회 진출을 용이하게 하기 위하여 종보라는 매개체를 이용하려 했기 때문이다. 따라서 이때의 종보는 가문의 풍성함을 나타내기 위하여 족인의 양을 확대하면서 '대종지법'의 형태를 채택하여 수십 대 심지어는 수백 대까지 계대를 소급하였던 것이다.

이러한 현상은 종족의 집단화를 통해 또한 종족의 뿌리를 제왕이나 현인·명인으로 하여 그들을 시조로 하기도 하였다. 종보의 기록 내용도 단순한 세계만을 기록하는 것이 아니고 종족의 결합이나 통제를 위해 여러 가지 내용을 종보에 수록하였다. 그렇지 못한 한미한 가문에서는 유명 관인을 시조로 관련시키거나 종보의 서문을 다른 성의 유명한 사람에게 의뢰하는 등 자신의 가문을 과시하기 위하여 노력하였다. 그러나 일부 한미한 가문의 잘못된 의식 속에서 위보가 등장하기도 하였다.

또한 명·청시대 종보의 확산과 발달에 있어서 경제적인 요인을 빼놓을 수는 없을 것이다. 특히 이때의 경제적 부흥은 종족의 결집을 자극하고, 족인들의 활동을 격려했으며 종보의 편찬을 확대시켰다.

송대에는 종족재산이 가난한 종족원의 구휼 및 보조의 목적으로 쓰인 자선기구의 성격이 강했던 반면, 명·청대에 들어와서는 이들의 종족들이 경제적 조직체를 형성하면서 강력한 응집력을 가지고 종보의 발달을 주도해 나가기도 하였다.[187] 상업도시인 불산진에서는 수공업이나 상업

187) J. Watson은 송대에서는 묘에서 지내는 제사의 비용을 마련하기 위하여 경작하던 논밭이나 다른 형태의 종족재산은 주로 종족 중에 재산을 많이 가진 자의 기부나 증여에 의해서 마련되었으며, 필요한 경우에는 가난한 종족원을 도와주거나 그들의 교육을 위하여 학교를 운영하는 등, 의장으로서의 성격이 강한 것인 반면, 명·청대 이후에는 종족구성원의 개인적인 이익을 위한 합작회사의 성격을 지니며, 자선기구적인 재산증여는 거의 존재하지 않는다고 지적하였다. Watson,

에서 성공하여 재산을 축적한 가문들이 향신을 배출하고, 동시에 사당과 가문의 공동재산인 족전을 설립하면서 족인들을 결집시켰다.[188)]

여기에서 나오는 종족 재산의 수익은 조상들을 숭배하는 비용으로 쓰였다. 종족원들은 종족 공동재산에서 나오는 수익금을 그들끼리 나누어 쓰기보다는 학교를 운영하여 종족의 자제들을 무료로 공부시키고, 그들이 과거시험에 응시할 비용을 보조하는데 사용했다. 또한 조세를 공동으로 부담하고, 부역이나 군역의 면제를 위한 비용으로 사용하였다. 이들은 자제들을 교육시켜 관리가 배출되면 종족일원으로서의 특권과 명예를 유지하였다.

예를 들어 중국 의장의 창시자로서 후세에 큰 영향력을 미쳤던 범중엄의 가문 구성원들이 의택과 의장의 혜택을 받고 있었으며, 그의 자손들도 대대로 이 유지를 계승하고 있었다.[189)] 의장은 자손에게는 청렴결백한 마음으로 공직을 수행하게 하고, 관리가 되지 못한 자에게는 생활비 전부를 보장해 주었다. 당시 종족 구성원은 약 90인이었고, 의장의 수입은 그들의 생활을 유지하는데 필요한 모든 것을 충분히 공급할 수 있었다.[190)]

나아가 이들은 중국사회의 특유한 가족주의라는 기초 단체의 신뢰성을 바탕으로 지역사회에서 시장을 독점하고, 염전이나 채소시장 유통망을 장악하거나, 어장이나 굴 양식장 및 채취장을 점유하여 경제적 자원을 확보하려 하였다. 이런 과정에서 다른 종족과의 경쟁에 필요한 종족조직의

James L, "*Chinese Kinship Reconsidered : Anthopological Perspectives on Historical Research*", China Quarterly 92 : 595, 1982a.

188) 井上 撤, 鄭誠一 譯, 앞의 논문, p.162.

189) 북송시대 범씨 의장의 규정은 전부 41항이었는데, 그 가운데 28항은 범중엄의 아들들, 즉 純仁·純粹·純禮 3형제에 의해서 수정되었다.

190) 遠藤隆俊, 金鍾健 譯, 「북송 사대부의 일상생활과 종족-범중엄의 「家書」를 통한 분석-」, 『중국사연구』 27집, 2003.12, p.37.

필요성을 느끼며 종족들을 결집하려는 의도에서 종보의 확산을 가져왔던 것이다.[191]

근래 중국에서는 종족을 중심으로 조상들이 물려준 경제적 기반을 갖고 종족 공동사업체를 운영하면서 어려운 종족들을 도와주는 하나의 경제 종족집단이 형성되기도 하였다.[192] 이들은 반드시 농업 토지를 기반으로 하는 것만이 아니고, 경우에 따라서는 공장이나 기업체를 종족 공동재산으로 가지고 서로 협력하면서 운영하기도 한다.

현재 광동지방과 홍콩지역의 종족들 가운데에는 시장이나 염전, 굴 양식장 그리고 운송업체 등을 종족의 재산으로 가지고 있기도 하다.[193] 뿐만 아니라, 구체적인 공동재산이 없다고 할지라도 종보를 매개체로 한 종족원간의 특수한 연계망을 갖고 공동체적 사업을 조직하기도 하며, 어떤 경우에는 종족끼리 사설은행을 경영하는 경우도 볼 수 있다.

특히 광동과 복건, 그리고 휘주 지역은 중국에서도 종법제가 발달한 전형적인 지방이었다. 이들은 외부에서 이주해와 종족들이 무리를 지어 거주하면서 협업과 공동경작을 하거나 지역 상권을 장악하면서 생활을 해나갔기 때문에 당·송 이래 수백 년의 세계를 이루며 종의를 중시하는 전통이 강했다.[194]

---

191) Beattie, Hilary J., *Land and Lineage in China : A Study of T'ung Ch'eng County, Anwhei in the Ming and Ch'ing Dynasties*, Cambridge : Cambridge University Press, 1979.

192) 종족들이 재산을 공동소유 한다든지, 동업 또는 상호 자금대여는 긍정적인 작용을 하기도 했지만, 반면에 종족 내에서의 소송으로 발전하는 경우도 종종 나타난다.

193) Watson, James L., "Chinese Kinship Reconsidered : Anthopological Perspectives on Historical Research", *China Quarterly* 92 : 595, 1982a.

194) 趙吉士, 『寄園寄所寄』 卷11, "古老雜記 : 新安各姓, 聚族而居, 絶無一雜姓攙入者, 其風 最爲近古" ; 嘉靖 『徽州府志』 卷2, "風俗 : 家多故舊, 自唐宋來數百年世系, 比比皆是. 重宗義".

이들은 척박한 자연환경 속에서 낮은 생산성을 극복하기 위하여 고도의 노동집약이 필요하였다. 따라서 가장 쉬운 노동력의 조달은 혈연의식을 바탕으로 종족간의 유대를 강화하는 것이었다. 특히 토착인과의 갈등이나 잦은 자연재해를 극복하기 위하여, 또는 농업생산에 필수적인 수리사업을 추진하기 위해서도 종족 단위의 조직력과 경제력이 필요했다.[195] 또한 각종 부역을 부담하는 데도 종족차원에서 대응하는 것은 여러모로 유리했다. 종족조직은 이갑제 하에서 조세부담 단위로서의 성격을 갖는 총호를 구성함으로써, 향촌사람들이 겪는 조세부담의 어려움이라는 사회문제를 완화하고, 국가의 재정수입 확보를 보장해 주는 역할을 수행했다.[196]

특히 종족 중에서 관계로 진출하는 자가 많이 나올수록 부역감면 혜택뿐 아니라 일족의 번영도 보장받을 수 있었기 때문에, 자제들을 체계적으로 교육시키고자 재정적 후원 등 여러 방면에서 노력을 아끼지 않았다.[197] 휘주는 '東南鄒魯'[198]라 불릴 만큼 정주이학의 전통이 강한 곳으로, 종족차

---

195) 葉顯恩, 『明清徽州農村社會與佃僕制』, 安徽人民出版社, 1983, p.160.

196) 휘주를 대상으로 종족조직과 부역수취체제의 관계를 밝힌 연구로는 洪性鳩, 「明末　清初の徽州における宗族と徭役分擔公議－祁門縣五都桃源洪氏を中心に－」, 『東洋史研究』 61-4, 2003이 있다. 조선에서도 임진왜란과 병자호란 이후 이와 유사한 종족 조직 현상이 일어나는데, 이를 '소농사회론'이라고 한다. 이에 대한 한일 학계의 최근의 주장은 이영훈, 「조선후기 이래 소농사회의 전개와 의의」, 『역사와 현실』 45호, 역사비평사, 2002 ; 宮嶋博史, 「소농사회론과 사상사 연구」, 『한국실학연구』 5호, 한국실학학회, 2003 참조.

197) 族學의 설립과 구체적인 운영에 대해서는 常建華, 『宗族志』, 上海人民出版社, 1998, pp.380~429 참고.

198) '추노'란 원래 춘추시대 맹자가 살았던 추국과 공자가 살았던 노국을 말하며, 교육이 발달한 지역이라는 의미이다. 남송 소흥년간 휘주 사호참군이었던 범성대의 「次韻知郡安撫九日南樓宴」이라는 시에서 가장 처음 휘주를 일컫는 말로 쓰였다. 그 후 원말 休寧縣 출신 학자인 趙汸의 「商山書院學田記」에서 "新安自南遷後, 人物之多, 文學之盛, 稱于天下……故四方謂東南鄒魯"라고 정식으로 사용되었다.

원의 전략적인 교육이 성행하여 다수의 과거 합격자를 배출할 수 있었다. 이러한 풍토는 종족제의 이론적 기초가 더욱 견실해지도록 만드는 데도 영향을 끼쳤다.[199)]

이와 같이 휘주 특유의 조건 하에서 환경과 정치, 그리고 사회적 제반 요소에 대한 생존 전략으로서 일찍부터 종족조직이 발전해왔지만, 명나라 중기 이후 이와 같은 변화가 두드러지게 나타나기 시작했다.[200)]

종족은 중국 향촌사회를 구성하는 기본단위의 하나였던 만큼 시기적으로 다른 모습을 보이고 있다. 특히 송대 이후에 족보·사당을 중심으로 한 종족 조직이 출현하였고, 이러한 새로운 모습의 종족제가 명나라 중기에 이르러 한층 강화되어 갔다.[201)]

이러한 종족제의 발달은 혈통 중심의 집합체로서 종족들의 결합과 종족 질서를 유지하며 조직을 지탱해 나가기 위한 수단으로 종보 편찬의 확산을 가져왔다.

종보는 한족사회의 소산이지만, 그 영향을 받아 다른 민족 사이에서도 편찬되어지고 있는데, 이는 만주족과[202)] 몽고족 사이에서도 많이 보이

---

199) 唐力行,『明淸以來徽州區域社會經濟硏究』, 安徽大學出版社, 1999, p.43.

200) 井上 徹은 송대부터 사대부들이 공유지의 설치나 족보의 편찬, 또는 사당 설립 등으로 종족들을 함께 거주하게 하여 부계중심의 종법의 통제 하에 친족들을 조직하려는 움직임을 '종족형성운동'이라고 하였다. 이러한 운동이 화중과 화남 사회에 정착해 가는 것은 16세기 이후 가정년간(1522~1566)을 전후한 시기라고 하고 있다.「夏言の提案－明代嘉靖年間における家廟制度改革－」,『文經論叢』, 弘前大 32-3, 1997 ;『中國の宗族と國家の禮制』, 硏文出版社, 2000, p.178.

201) 仁井田陞,『支那身分法史』, 東方文化學院, 1942 ; 淸水盛光,『支那家族の構造』, 岩波書店, 1942 ; 牧野巽,『支那家族硏究』, 生活社, 1944 ; 牧野巽,『近世中國宗族硏究』, 日光書院, 1949 ; 淸水盛光,『中國族産制攷』, 岩波書店, 1949 등 참고.

202)『吉林他塔喇氏家譜』, 1909년(선통 원년) ;『赫舍里氏家譜』, 1874년(동치 13) ;『馬佳氏 族譜』, 1928년(민국 17) ;『滿洲三甲拉佐領下薩克達氏家譜』, 1868년(동치 7) ;『長白完顔氏舊德錄』.

며,[203] 조선에서 이주한 사람들의 자손이나,[204] 회교도,[205] 베트남과 일본, 오키나와에서도 수보가 행해지는 것을 볼 수 있다. 그러나 그들의 종보는 종법이나 종교상의 차이, 또는 관습이나 생활상의 차이에서 중국 한족처럼 대종족을 기반으로 하는 것은 아니었다. 또한 종보는 한자로 쓰여지는 것이 보통이어서 베트남이나 조선은 똑같이 한자로 쓰여졌지만, 만주족이나 몽고족 사이에서 만들어진 것에는 만주문자,[206] 혹은 한·만양쪽[207] 문자로 쓰여지고 있다. 아울러 일본의 근세에 발달하였던 가보에도 영향을 끼쳤지만 단순한 명칭이나 체제에 그치고 있는데 이는 일본에서는 종족제도가 존재하지 않기 때문이다.

이렇듯 송대 이전의 구보는 관직이나 혼인에 필요한 자신의 가문을 나타내려는 정치적 목적으로 편찬한 반면, 송대 이후의 신보는 순수한 혈연관계 기록으로서 사회적, 문화적 의미가 크다고 할 수 있다.

또한 명·청대 이후 신보의 발달은 사회의 융통성으로 과거를 통한 관료 진출에 종족집단의 지원을 필요로 했으며, 경제적 성장으로 말미암아 이전보다도 더욱 더 종족간의 협력과 결합이 가능해졌다. 정부에서는 강력한 중앙집권체제를 효과적으로 유지하기 위하여 각 지역의 유력한 종족집단과의 상호 협력이 절실히 필요하였으므로 사회 안정성 차원에서 이들 종족을 적극 지원하였다. 또한 교통의 발달로 인하여 이전에 고립된 종족이 서로 왕래가 잦았으므로 씨족의 결합이 이전보다는 훨씬 용이하게 되어 종보의 발달을 가져왔던 것이다.

---

203) 『蒙古博爾濟錦氏族譜』, 1735년(옹정 13).

204) 『李氏家譜』, 1893년(광서 19).

205) 『米氏宗譜』, 1903년(광서 29) ; 『屠氏昆陵支譜』, 1904년(광서 30) ; 『昆陵沙氏族譜』, 1885년(광서 11).

206) 『長白山李佳氏族譜』 ; 『八旗滿洲氏族通譜』 ; 『輿壂達爾哈家譜』.

207) 『蒙古旗世襲武職及世管佐領家譜』 ; 『廂白旗蒙古世襲武職摺譜』.

제3절 종보 사례 연구

여기에서 다루는 중국의 성씨[208]는 인구 대비 상위 5위 성씨인 이씨·왕씨·장씨·진씨·유씨이다. 그 중 대표적인 가문의 종보를 각각 1개를 선정하여 그들의 성씨가 형성된 과정과 종족의 군망, 그리고 명확하게 차별성을 보이며 연구 가치가 있는 범례를 통하여 종보의 편간내용을 살펴보겠다.

우리가 이해해야 할 것은 중국의 성씨제도는 조선과는 달리 주나라 봉건제도에서 봉후건국하여 사성명씨한 데서 성과 씨가 생성하고 분화되었다. 따라서 동성은 부계를 중심으로 한 조상의 같은 뿌리에서 나왔고 분화하였다는 생각으로, 성이 같은 사람은 같은 혈족으로 모두 부계의 공통 조상의 자손으로 간주하였다. 따라서 동성이라도 본관이 같지 않으면 같은 동족으로 생각하지 않는 조선과는 다른 성격을 가지고 있다.[209]

1. 합비이씨의 형성과 종보 편간

208) 2006년 1월 10일 중국과학원에서 3억 명을 표본조사해서 중국역사상 가장 정밀한 자료조사를 해서 발표했다는 "100대 성씨"에 의하면 중국의 성씨 중 0.1%이상을 차지하는 성씨가 129개로 나타났다. 이는 전체 중국 인구의 87%에 해당하는 것으로 중국도 역시 대성 중심으로 인구가 분포되어 있다는 것을 말해준다. 이 중 이씨는 전체 중국 인구의 7.4%인 약 9,600만 정도로 가장 많고, 왕씨는 7.2%인 약 9,400만 명, 장씨는 6.8%인 약 8,900만 명으로 조사됐다. 이는 중국 속담에 張三李四란 말이 생길 정도로 전통적으로 장씨와 이씨가 많았으며 이는 널리 떠돌아다니는 속담이 사실임이 증명된 것이다, 그 뒤를 이어 유씨와 진씨, 그리고 양씨, 황씨, 조씨, 주씨, 오씨가 중국10대성을 차지했다.
여태까지 중국에서는 성씨에 대한 정확한 자료조사를 하지 못하고 표본조사에 의지하고 있다. 중국 당국의 발표에 의하면 현재 중국의 성씨는 56개 민족에 약 12,000개의 성씨가 있을 것이라고 추정된다고 한다. 그러나 최신판 『중국성씨대사전』에는 무려 23,000개의 성씨가 소개되어 있다.

209) 徐俊元·張占軍·石玉新, 『中國人的姓氏』, 홍콩 : 南奧出版社, 1987, pp.1~20 ; 李樹健, 『韓國의 姓氏와 族譜』, 서울대 출판부, 2003, p.2 참고.

중국의 5대 성씨 중 이씨는 가장 많은 인구를 가지고 있다. 이씨는 중국의 첫 번째 대성으로 매우 광범위한 곳에 분포되어 있다. 지역별로 점유 현황을 살펴보면 북방 여러 성의 점유 비율이 높아서 일반적으로 8% 이상이고, 남방 여러 성의 점유 비율은 일반적으로 8%에 못 미치고 있다. 더욱이 동남부 연해 주변 성의 점유 비율은 겨우 4% 전후이다.[210)]

이씨 성의 기원은 다음과 같이 다섯 가지 설이 있다.

첫째로, 嬴성에서 기원한다는 설이다. 顓頊은 高陽氏의 후예이며, 요나라 때 皐陶謨가 형옥을 담당하는 관직(大理)의 일을 담당했었다. 그 아들 伯益은 嬴姓을 받았고, 그 후대 자손들이 3대 동안 大理의 직무를 세습하였다. 그 자손들은 당시의 관습에 따라서 관직을 성씨로 삼으므로 理氏로 불렸다. 理氏로 개성했다가 다시 이씨로 바꾼 경위에 대해서는 두 가지 설이 있다. 첫 번째는 상나라 주왕 때에 皐陶謨의 후예 理徵이 직간을 하다가 상나라의 주왕에게 죄를 입어서 죽게 되었다. 이때 그의 처 契和氏가 어린 아들 利貞을 데리고 피난하다가 오얏씨(李子)를 먹고 배고픔을 채워서 겨우 목숨을 건질 수 있었다. 이런 연유로 理氏에서 李氏로 개성했다고 한다. 또 다른 설은 주나라 이전에는 이씨가 없었는데, 노자의 성이 李이고 이름이 耳였다. 利貞의 후예가 조상들이 대를 이어 理官을 역임했고, 理와 李 두 자의 古音이 서로 통한다고 하여 李를 氏로 삼았다고 한다. 분명히 李氏는 李耳의 성씨에서 유래한다.[211)]

둘째로, 다른 족들이 이씨로 개성한 경우이다. 삼국시대 때 제갈량이 哀牢夷를 평정한 후에 소수민족인 조씨, 장씨, 양씨, 이씨 등에게 성을

---

210) "李姓是中國第一大姓, 分布很廣, 約占全國漢族人口的7.94%. 就地區而言, 李姓在北方諸省中所占比例較高, 一般在8%以上, 而在南方諸省中所占比例一般不足8%, 尤其在東南沿海諸省中, 比例僅在4%左右". http://www.ycwb.com/gb/content/2005-01/17/content_833985.htm.

211) 『姓氏考略』.

사여하였다. 선비족의 성씨는 복성인 叱李氏가 있었는데 중국 문화에 동화된 이후에 한자어 단성인 李氏로 바꾸었다. 이들이 바로 낙양이씨이다. 또 다른 경우는 당나라 개국에 공헌한 여러 장군들(徐氏, 安氏, 杜氏, 郭氏, 麻氏, 鮮於氏 등 16씨)에게 당나라 성을 따르도록 해서 이씨 성을 사여했다.[212)]

셋째로, 춘추시대에 조나라의 將領 武安君을 李左車로 하였고 그 이후로 이씨 성을 사용하도록 명령했다.

넷째로, 소수민족 중에 본래부터 이씨를 가지고 있었던 경우이다. 연변의 조선족에는 이씨 성이 이전부터 존재했다.

이씨의 당호로는 '隴西堂'이 있다. 이는 이씨가 농서군에서 시작한 데서 유래한다.

다음은 각 지방으로 퍼진 이씨 중에서 지역의 유력자로 성장한 군망을 개관해 보면 아래와 같다.

〈표 15〉 이씨 군망표

소재지	군 설치 시기	시조
농서군	전국시대	개기 시조는 진사도 이담의 장자 이숭
조 군	한나라	개기 시조는 진태부 이기차의 아들 이목
돈구군	서진시대	농서이씨의 지파, 그 개기 시조는 서한의 명장 이광의 1세손 이충
중산군	한고제	조군이씨의 지파이고, 그 개기 시조는 이기의 셋째 아들 이제
광한군	한나라	농서이씨의 지파이고, 그 개기 시조는 이상(이광의 부)

『합비이씨종보』 범례[213)]를 중심으로 종보 편간의 특징을 살펴보면 다음과 같다.

212) 『魏書官氏書』, 『通志氏族略』.

213) 『合肥李氏宗譜』 범례, 1925/ 『중화족보집성』, 中國 : 成都, 巴蜀書社, 1995, 영인본.

1) 종보의 형태는 "위로는 고조에 이르고 아래로는 원손에 미치기까지 5세로써 구별을 하여 본종과 오복의 의리를 밝혔다. 대개 5세에 이르면 제사를 시제로 옮기는 천위를 하고 복이 5세에 이르면 참복을 한다. 때문에 나를 기준으로 고조까지 5대와 현손까지 5세가 모두 9세니 이는 구족의 의리를 취한 것이다"라고 하여 5세 1도로 일반적인 형태를 띠었다.

2) 분파의 종보 기입에 있어서 대방과 소방의 차례는, 대방 자손이 비록 나이가 어리더라도, 나이가 많은 소방 분파보다 반드시 열에 있어서는 앞에 있으며, 나이가 많고 분파가 많더라도 반드시 소방의 앞에 있게 하여 대방과 소방의 위치를 분명히 하였다. 만약 자식이 없어 후사를 세운 경우, 후에 자식을 낳으면 반드시 친생자를 정파로 하고 繼立子를 뒤에 붙이는 것은 적자 가문을 명확히 하기 위함이었다라고 하여 대방과 소방의 서열을 분명히 하여 중국의 종법제도를 철저히 따랐다.

3) 보첩에 기록된 계대가 시조로부터 멀어서 알 수 없는 자는 그 연혁을 간단하게 기록하고, 계대가 가까워 잘 알 수 있는 자는 상세하게 기록하였다. 이러한 연유는 의심스러운 것은 후에 살펴보게 하려한 것이었으며 신빙할 만한 것을 전하려는 까닭이었다.

4) 세계표의 5단에 명호, 생졸, 분묘를 기록하는 방법은 자식이 없는 경우에는 이를 자세하게 기록하였는데, 후에 문제를 거론할 때 응하지 못하기 때문이다. 자식이 있는 경우에는 주를 상세하게 기록하지 않았는데, 후에 문제를 제기할 경우 대응을 할 수 있었기 때문이다.

5) 자손이 멀리 옮겨간 경우에는 보첩에 반드시 그 지명과 사실을 상세하게 기록하였다. 세대가 멀어지고 속한 것이 소략해지더라도 종족을 잊어버리지 않도록 하기 위하여 종족들의 이동관계를 상세히 기록한 것이다.

6) 조상의 분묘를 주거지 근처에 만들고, 분묘 관리를 소홀히 한 자는

호장과 분파의 장이 벌을 주게 하였다. 분묘에 제전을 두어 분묘를 관리하고 땅을 경영하는 일에 대한 규정을 두었다. 임무를 소홀히 하고, 그 땅을 전당잡혀 사사로이 이용하는 후손에게는 그 방비책과 책벌하는데 대한 규정을 두어 후손들에게 조상의 분묘관리와 제전관리에 대한 규정을 기록하여 족인에 대한 의무와 교훈을 규정하였다.

7) 종보는 5년마다 1회씩 청명에 정례적으로 점검을 하였다. 기일에 맞추어 종보를 보관하는 집에서 본파의 후사가 청단으로 잘 수선하여 정리해서 이를 가지고 공소에 나아가 회합하였다. 여기에서 나이가 10세에 이른 자는 그 파의 이름에 올리고, 16세에 이른 자는 그 자호와 배필을 기록하였다. 그러나 이미 죽은 자는 그 죽은 해와 분묘를 기록하였다. 이는 종보의 분실을 막고 후손들에게 종보에 대한 존숭과 경배심을 갖추도록 한 것이다.

8) 남자는 뛰어난 인격과 절의로서 자손에게 모범이 될 만한 자, 부녀자는 적서에 관계없이 조숙한 행실과 정절을 지키어 가문에 모범이 될 만한 자는 반드시 그 행실을 상세히 기록하여 널리 드러내어 알렸다. 또한 기록에서 누락되지 않도록 하여 조상의 영예를 높이고 그 업적을 나타내어 자손들에게 교훈으로 삼았다.

9) 종보는 30년마다 한 번 수보하는 것으로 하였다. 이때는 해당 족장이 각 파의 호장 및 종족 중의 뛰어나고 능력있는 선비들을 5년 1회의 회기로 모이게 하였다. 종보의 편수에는 원래의 종보와 상세히 대조하고 휘첩에 거듭 새겨서 착오가 없도록 하였다. 기일을 소홀히 하고 준수하지 않거나 어그러뜨리게 하는 자는 반드시 그 이름에 '丁費未出'이라고 기록하였으며, 호장이 사적인 욕심을 부리는 경우에도 반드시 벌을 주었다.

『합비이씨종보』는 5세 1도의 일반적인 형태를 띠었으며, 대방과 소방의 서열을 분명히 하고 적통 가문을 명확히 하여 종법제도를 철저하게 따랐다.

자손들의 이동관계를 종보에 상세하게 기입하여 훗날 후손들이 그 뿌리를 잊지 않도록 하였다. 제전을 두어 분묘관리에 힘쓰게 하고 규정을 어기는 자는 벌을 주어 족인에 대한 의무와 교훈을 정해 놓았다.

또한 부녀자의 모범적인 행실과 정절을 기록하여 이를 후손들에게 본받도록 하였다. 나아가 종보의 관리와 편찬에 대하여 규정을 두어 상세히 원보와 대조하여 위보를 사전에 방지하였다.

2. 쌍삼왕씨의 형성과 종보 편간

왕씨는 중국의 두 번째 대성으로 전국 각지에 분포되어 있으며, 한족 인구의 7.65%를 점유하고 있다. 특히 왕씨는 산서, 하북, 하남지역에 가장 많이 분포해 있다.[214]

왕씨 성의 기원은 다음과 같이 8가지 설이 있다.

첫째로, 姬성에서 왕씨 성이 유래한 경우이다. 주나라 영왕의 태자 희진은 왕에게 직간을 하다가 그의 노여움을 사서 서민으로 강등되어 현재의 산동성 교남 일대인 낭야로 유배되었다. 세대가 지나면서 자식을 많이 낳았는데 그 근본이 왕족이므로 사람들이 그들을 '왕가'라고 불렀고 이를 성으로 사용하게 되었다고 한다. 일설에는 주 문왕 15번째 아들인 필공고의 후손들이 경조와 하간 일대에 산거했는데, 근본이 왕족이기 때문에 왕성을 자칭했다고 한다. 이를 후세에도 고치지 않고 이어 받아서 점점 대성이 되었다.

둘째로, 嬀씨 성에서 왕씨 성이 유래한 경우이다. 순 임금의 후손들이 북해와 진류 일대에 거주했고 그들의 근원이 옛 군왕의 후예들이므로

214) "王姓是中國第二大姓, 分布全國各地, 約占全國漢族人口的 7.65%, 尤以山西, 河北, 河南最多". http : //www.ycwb.com/gb/content/2005-01/17/content_833985. htm.

세계를 이어서 왕성을 사용했다.

셋째로, 子씨 성에서 왕성이 유래한 경우이다. 이들은 탕 임금의 후손들이다. 은나라 말에 왕자 비간은 왕에게 간하였다가 피살되어 급군에 묻혔으며, 그의 자손들이 그 지역에 거주하면서 능묘를 수호했다. 후에 그 근원이 왕족에서 출현했기 때문에 왕성으로 개칭했다.

넷째로, 田씨 성에서 왕씨 성이 유래한 경우이다. 기원전 368년에 전화가 강성을 대신하여 제국군주가 되었으며, 사서에 "전씨가 제나라를 대신했다"라고 기록되어 있고, 팔왕에게 왕위를 전했으나 진나라에게 패하므로 그 자손들은 서민으로 강등되었다. 그 중의 지파가 제나라 왕족임을 인식해서 왕씨로 성을 삼았다.

다섯째로, 춘추시대 위나라 헌자의 후손에서 왕성이 유래한 경우이다. 한·조·위 세 나라가 진을 분할하여 각자 왕씨를 자칭했다. 위나라가 진나라에게 망한 뒤에 왕족들이 각지로 피난을 갔다. 그 중 적지 않은 지파의 서자손들이 위나라 왕족이었기 때문에 성을 왕씨로 고쳤다. 신릉군 위나라 무기는 태산에 피난했다가 서한 때 입조하여 난릉군으로 책봉 받았다. 그 후에 왕공에서 나온 현귀한 가문이라고 자칭하면서 성을 왕씨로 고쳤다.

여섯째로, 연나라 태자 단의 후손에서 왕씨 성이 유래한 경우이다. 서한 말년에 왕망이 신나라를 세우고 황제를 칭했다. 이때 연나라 태자 단의 현손인 명가가 왕이 되려는 것을 포기하자 왕망이 총애하여 왕씨를 사성하니 왕망과 같은 성이 되었다. 역사상 왕씨를 사성 받은 사람이 더욱 많아졌고, 그 자손들도 왕을 성씨로 쓰기 시작했다.

일곱째로, 소수 민족에서 왕씨 성이 유래한 경우이다. 왕씨 성 중에서 하남 출신자는 가빈씨에서 왔고, 풍후 출신자는 겸이족에서 왔다. 또한 영주 출신자는 고려에서 왔고, 안동 출신자는 가사포에서 왔다. 이들은 모두 포로가 된 성씨의 왕이기 때문에 대체로 자식들이 왕의 후손이라고

해서 왕씨로 불렀다.[215)]

여덟째로, 남조시대 양나라 장왕 승변이 왕씨로 개성한 경우이다. 그는 원래는 선비족 출신이며 성은 오환 씨인데 후에 스스로 왕씨로 개성했다. 또 수나라 유개왕 세충은 원래 서역 호지성을 가졌었는데, 중원에 들어온 뒤로 스스로 왕씨로 개성했다. 또한 오대시대에 유거비는 스스로 이름을 고치고 성을 바꾸어 왕보의라고 불렀으며, 그 자손들이 왕씨 성을 계속 사용했다. 만주족 완안씨도 왕씨 성으로, 몽고족 야율씨도 왕씨 성으로 개성을 했다.

쌍삼왕씨의 시조인 쌍삼공은 무읍왕씨 1세조이다. 쌍삼공의 이름은 유이고 자는 신지이며 호는 쌍삼거사이다. 당나라 때 좌산기상시와 강남서도 관찰사를 역임한 왕중서의 손자이며, 낭중지제고 왕정공의 아들이다. 쌍삼공은 어릴 때부터 조부 왕환을 따라 강남을 돌아다니며 시인들과 친분을 맺었다. 당말에 쌍삼공은 선주에서 무읍으로 거주지를 옮겼고, 이 때문에 무의 시조가 되었다. 쌍삼공에서 4세를 경과하여 4파로 분파되었으며, 그 후로 또한 몇 개의 지파로 나누어졌다.

이 족보는 세계와 지파로 구분하여 편찬되었다. 1권은 서와 범례, 2권은 시조의 천무 본말, 3권은 세파 파조의 기원과 1세부터 20세, 4권은 21세부터 25세, 5권부터 8권까지는 26세부터 30세, 9권부터14권까지는 31세부터 35세, 15권은 36세부터 40세, 16권은 사규, 17권은 문휘총람, 18권은 칙유, 19권은 상찬·신도비·묘지명 등, 20권은 영묘도 등을 수록했다.

왕씨의 당호로는 '삼괴', '괴음'이 있는데 그 중에서 '삼괴당'이라는 당호가 많이 쓰인다.[216)]

---

215) 『通志 氏族略』.

216) "北宋兵部侍郎王祜, 字景叔, 有文名, 宋太宗謂其文章'晴節兼著'. 祜嘗手植三槐於庭. 預言'吾子孫必有三公者'. 後次子旦位宰相. 時稱'王氏三槐'".

다음은 각 지방으로 퍼진 왕씨 중에서 지역의 유력자로 성장한 군망을 개관해 보면 아래와 같다.

〈표 16〉 왕씨 군망표

소재지	군 설치시기	입향조
태원군	전국시대 진 장왕	동한의 사도 왕윤
경조군	삼국시대 위나라	희성 필공고의 후손
천수군	서한 때	은상 왕자 비간의 후손
중산군	한나라	북위의 중산왕 왕예
진류군	서한나라	규성 제왕건의 손자 왕안
하동군	진나라	은상 왕자 비간에서 기원. 주령왕 태자 진과 주평왕 태손 적의 후손
하남군	한나라	선비족 가빈씨의 후손

『쌍삼왕씨지보』[217] 범례를 중심으로 종보 편간의 특징을 살펴보면 다음과 같다.

1) 족보 형태는 각 종족의 족보 형식을 참작하여 5세로 도식을 삼아 세대 수를 기록하여 일반적인 5세 1도 형식을 갖추었다.

2) 세차는 항렬의 차례를 밝혀 연·월·일시를 기록하여 존귀하고 비천함과 장유의 구분을 정하였다. 항렬의 차례는 순서를 구별하고, 생년을 기록하여 연수를 드러내며, 관리로서의 업적과 행실을 기록함으로써 유덕함을 빛나게 하였다.

3) 열녀와 절의, 효도를 기록함으로써 풍속을 장려하고, 졸년의 날짜를 기록함으로써 자연스러운 삶을 다한 것을 기념하였다. 신분이 높은 사위를 기록함으로써 가문의 높음을 자랑하였다. 장지를 기록함으로써 무덤을 다닐 수 있게 하였다. 여러 문헌에 드러난 덕업과 행실을 찾아내고 족히

217) 『雙杉王氏支譜』, 효목당, 1946년(민국 35)/「王氏族譜編選說明」, 『중화족보집성』, 왕씨 제18책, 中國 : 成都, 巴蜀書社, 1995, 영인본.

기록할 만한 것은 조사하여 밝혔다. 이는 조상들의 유덕함을 드러내어 후손들에게 교훈을 주게 함이었다.

4) 결혼하여 정처, 계처, 측실과 자식이 있으면 부부를 나란히 기록하고, 계취는 '재취 모씨'라고 기록하였으며, 자식이 없으면 기록하지 않았다. 절개를 잃은 자는 비록 정처에게 자식이 있어도 기록하지 않아 절개를 매우 중요시 하여 유교의 근원을 따르도록 하였다.

5) 본래의 생부에게서 출계하면 그 아랫대에 이르러 서술하는 것을 그치고 '某某於所後之父'라고 보첩의 범례대로 기록하였다. 그 소목이 불확실한 자는 기록하지 않았으며, 다른 성에서 양자를 들인 자는 의례히 생부에 '出紹某姓'이라고 아래에 기록하고 나머지는 모두 기록하지 않았다.

자식이 없어 양자를 찾아 후사를 이으려는 자는 어느 족속의 어느 자식으로서 후사를 이었는지를 밝혀 기록하였다. 외삼촌과 내종형제 계통으로 후사를 잇는 자는 그 계통을 소상히 심사하여 실제대로 기록하되, 종법을 어지럽힌 자는 기록하지 않았다. 이는 그 계통을 확실히 하여 후에 혼란이 없도록 하기 위함이었다.

6) 다른 곳에서 옮겨와서 문적에 올라있는 자는 세대가 가까우면 그 유래가 분명하였지만, 세대가 멀면 그 근본을 조사하여 고증하기 어렵기 때문에 각각 아래에 작은 글씨로 기록하여 후에 흩어져 없어지지 않도록 하여 자손들의 순수성을 기록하려 했다. 종보는 윤리를 바르게 하는 것을 우선으로 하고 풍속을 두텁게 하는 것을 근본으로 하였기 때문에, 간혹 종족을 더럽히고 업신여기며 가보를 욕되게 하는 자는 이름을 삭제하여 수록하지 않았다.

7) 이전의 종보에서 생졸년이나 배우자에 대해 상고할 것이 없는 자는 장차 생졸년 등을 기록할 공간을 비워두어 편질이 복잡하였다. 이에 이어서

기록하여 공간을 남겨두지 않고 편리하게 열람하게 하여 편질의 간략함을 기하였다. 명나라의 조고, 조정 등의 글자는 빈칸이 없게 하고, 청나라 순치, 강희 등의 글자는 경의를 나타내기 위하여 줄을 바꾸어 쓰되, 다른 줄보다 몇 자 올리거나 비우고 쓰는 대두법을 쓰지 않았다.

8) 종보는 수보한 지 40년이 지나고, 수록하지 못한 자가 5세에 이르면, 윤리와 기강이 흐트러짐을 우려해서 종보를 수찬하였다. 또한 때로는 불초한 자손이 있고, 혹여 제대로 간수하지 못하니, 족보에 호칭을 분명히 하여 '某人'이라고 주석하고, 某字로 하여금 호보 한 책 한 책에 각각 영보자호를 기록하여 종보의 분실을 예방하였다. 수보비용은 모두 은으로 하고 토지로 하지 않았다. 오직 서문, 전기 등의 항목에 드러내는 글자에만 비용을 내었다. 아울러 종보의 가치를 인정하고 예를 따라 마련하여 내게 하되 스스로 능력 범위 안에서 마련하게 하였다. 수보비용에 있어서는 수보하는 종보에는 본방의 장정마다 2백문을 출연하고, 별도로 출연을 권하여 숫자에 의거하여 정하였다.

이와 같이 윤리강상에 의거하여 절개와 효도하는 풍속을 장려하고 조상들의 유덕함을 빛나게 하여 가문의 부흥과 자손천세의 윤리기강을 중시하였다. 또한 양자 규정을 확실하게 밝혀 그 계통을 중시하였으며 종족의 내부 질서를 어지럽힌 자는 종보에 기록하지 않는 등 그 규율을 엄격하게 하였다. 아울러 흩어져 있는 종족들의 계통을 분명히 하여 자손들의 순수혈통을 유지하려 했다.

3. 요강삼장문장씨의 형성과 종보 편간

장씨 성은 중국에 광범위하게 분포하여 한족 인구의 7.07%를 점유하고 있으며, 중국 인구 중의 세 번째 대성이다.[218] 장씨 성의 기원은 소호의 아들 휘가 활과 화살(弓箭)을 제조한 것에서 연유하여 황제가 장씨 성을 사여했다.

장씨의 기원은 5가지로 나눌 수 있다.

첫째로, 황제의 후손 휘로부터 유래한다는 설이다. "황제 소호 청양씨의 다섯째 아들인 휘는 弓正으로 중국 최초로 弓矢를 제조했고, 이로 인해서 자손에게 장(弓+長)씨 성을 사여했다"는 설이다.[219] 이로부터 알 수 있는 것은 중요한 무기인 弓의 발명자는 휘이며, 그 후로 장을 성씨로 삼았는데 이들이 하남장씨이다.

둘째로, 황제 姬성의 후대라는 설이다. "춘추시대 때 진나라의 대부 해장이 있었는데, 字가 張侯였기 때문에 그의 자손들은 자로써 씨를 삼아 장씨라 칭했다"라고 기록되어 있다.[220] 장씨는 오랫동안 진나라에서 벼슬을 하였다. 기원전 403년에 한·조·위 세 나라가 진나라를 분할 지배하게 되면서 원거주지에 거주하는 일부를 제외하고 대부분은 삼국의 천도에 따라 거주지를 옮기게 되었는데, 이들이 산서장씨, 하북장씨, 하남장씨이다.

셋째로, 사성을 받거나 또는 타성이나 타족이 장씨로 성을 바꾼 경우이다. 세거하던 운남지역의 남만 추장 용우나가 삼국시대 촉나라의 재상 제갈량으로부터 장씨를 사성 받았으며, 이후로 그 자손들이 장씨를 성씨로 사용하였다. 진나라 말에 한나라의 귀족 희량이 박랑사에서 진시황을 습격했다가 실패하여 성을 장씨로 고치고 이름을 량으로 했다. 삼국시대에 위나라의 명장 장요도 원래 성이 섭이었지만 장씨로 개성하고 마읍에

---

218) "張姓是我國分布很廣, 人口衆多的姓氏之一, 約占全國漢族人口總數的7.07%, 中國人口第三大姓. 尤以山東, 河南, 河北, 四川四省爲最多". http : //www.ycwb.com/gb/content/2005-01/17/content_833985.htm.

219) 「宰相世系表」, 『新唐書』.

220) 『通志 氏族略』.

세거하면서 장성 가운데 대족이 되었다.221)

넷째로, 원 태조 칭기즈칸의 후손들은 전란을 피하여 서남지역에 자리잡고 장씨로 개성했는데 시조의 이름은 장반계이다. 그 후손들은 팽수의 고곡 일대에 많이 산다.222)

장씨의 당호는 '百忍堂'이다. 이러한 당호를 얻게 된 경위는 당나라 장공예가 당시 풍속의 영향을 받아 아홉 세대가 동거한 것으로부터 연유했다. 당 고종이 그의 집안을 방문하여 화목하게 오랫동안 분가하지 않은 경험을 물었다. 이에 장공이 100개의 '忍'자를 붓으로 써서 고종에게 바쳤다. 이에 고종이 장공에게 100자짜리 비단을 상으로 주었다 해서 얻어진 것이다. 장성의 당호는 이외에도 '청하', '금감', '효우', '친목', '관영', '연이', '돈목', '종악', '경의', '원류' 등이 있다.

다음은 각 지방으로 퍼진 장씨 중에서 지역의 유력자로 성장한 군망을 개관해 보면 아래와 같다.

〈표 17〉 장씨 군망표

소재지	군 설치시기	개기시조
청하군	한나라. 무성에 세거	한류후인 장량의 후손인 장흠
범양군	삼국시대 위나라 황초 7년	동한 사공 장호의 아들 장우
태원군	전국시대	북위 평동장군 영주자사인 장위
경조군	한나라	서한의 어사대부 장탕

『요강삼장문장씨종보』223)의 범례를 중심으로 종보 편간의 특징을 살펴보면 아래와 같다.

---

221) 『三國志 魏志』.

222) 『彭水苗族土家族自治縣概況』.

223) 『姚江三牆門張氏』 범례, 1916/ 『중화족보집성』, 中國 : 成都, 巴蜀書社, 1995, 영인본.

1) 종보의 형태는 덕삼공이 소씨 보법을 본따서 한 것처럼 5세 1도로 하여 일반적인 형태를 띠었다. 종보에는 특별히 상찬이 많은데, 이는 선조의 초상이 실제 모습을 닮지 않았다는 논란이 있을 수 있지만, 후손들이 자랑으로 삼을 수 있도록 그림을 실었다.

2) 역대 왕조의 조서, 유명인의 서문·상찬, 조상들이 임금에게 올린 글(表奏)·시와 문장·비석문·기록문서 등을 기록하여 후손이 이를 봄으로써 충효와 청렴하고 강직한 마음을 갖도록 하였다.

3) 항렬자는 四言韻語에서 정해서 이름자가 뒤섞임을 방지하도록 했다. 연원고는 덕삼공의 구보에 수록된 것을 기본으로 하고 제왕세기·춘추경전·사기·통감·광여기·상우록과 여러 명가들의 기록을 참고하여 작성했다.

4) 가승의 기록에는 악행은 숨기고 선행을 알리는 것이 일반적인 종족의 정서이기 때문에 불초한 자식이나 재가한 부인의 이름을 빼고 그 사실을 기록하지 않았다. 그러나 충효자나 예절이 바르고 청렴한 의사·열부는 종보에 기록하여 조상의 영예를 높이고 자손들에게 교육과 화목을 돈독하게 하였다.

5) 종보의 세차는 한나라 이후의 것은 매우 신빙성이 있기 때문에 지역의 세차를 밝히고, 주거지와 천거지를 기록하였다. 이는 고향을 떠난지 오래되어 원거주지를 잊지 않기 위해서이다. 따라서 다른 곳으로 이동한 사실을 밝혀 종족들의 이동사항을 매우 중시하였다.

6) 세계표에는 조상의 행적을 후손들에게 자세히 알리기 위하여 행·호·자·휘·관함을 기록하였다. 또한 배·취·빙을 기록하여 계통을 중시하였다. 혼인을 한 경우는 '취'로 적고, 혼인을 하지 않은 경우는 '빙'으로 적는 것은 장유를 구분하기 위해서이다. 정배와 측실로 적는 것은 존비를 구별하기 위함이다. 아들을 기록하는 것은 후사를 중시함이고, 여적으로 기록한 것은 시집간 것을 중시하기 때문이다. 생졸을 기록하는 것은 제사를 잊지

않기 위함이며, 묘소를 기록하는 것은 그 곳을 잊지 않기 위해서이다.

7) 후손이 없어서 양자를 들인 경우는 소전에 누구의 아들을 입양했다고 기록한다. 만약에 본생 부모가 자식이 있다가 뒤에 자식을 잃게 되면 출계했던 자식에게 친부모의 제사를 받들도록 한다. 또 자식이 없어서 다른 성을 자식으로 삼은 경우는 소전에 어떤 성씨의 양자를 데려왔다고 밝힌다.

8) 적자와 서자에 대한 종보 기록은 적서를 구분 않고 출생 순으로 기록하였다. 난리에 포로로 끌려간 종인 중에서 행방이 확인되지 않는 자는 종보에 '피로인'으로 표기해서 나중에 확인할 수 있도록 하였다.

9) 빠진 것을 보태어 채우는(보유) 것은 잃어버린 종인을 위한 것이다. 혹시 타향에 적을 두었거나 다른 지역에 이주한 자, 적파에서 분파되어 타성으로 잘못 알고 있는 자들 중에서 일시에 등재할 수 없는 자들은 후일에 일일이 대조 확인할 수 있도록 보유에 기록해 두었다. 이는 조선의 별보와 같다.

10) 사당의 전지에서 나오는 전세가 사당의 운영비로 사용됨으로 자손들은 이를 지킬 수 있도록 종보에 자세히 기록해두었다. 자손 중에서 이를 개인적으로 취득하는 자가 있으면 즉시 종장에게 알려서 종보에서 축출하도록 하였다.

『장씨종보』의 범례에는 조선의 족보와 달리 특별히 상찬이 많은데 이는 조상을 마음속에 그리며 그 모습을 닮기를 바라는 마음에서이다. 종보에 역대 왕조의 조고나 시부, 연원고 등을 기록함으로 족인들의 사회적 위치를 높이려 하는 것이다. 배·취·빙, 정배와 측실 등으로 기록함으로 장유와 존비를 구별하였으나 적자와 서자에 대한 구분을 두지 않고 출생 순으로 기록하였다. 잃어버린 종인을 위하여 보유를 한 것은 후일에도 확인을 하여 종보에 올릴 수 있도록 하였던 것이다.

4. 기하유씨의 형성과 종보의 편간

유씨성의 분포는 매우 광범위해서 전국 한족 인구의 5.38%를 점유하고 있으며, 중국 인구 중의 네 번째 대성이다. 특히 북방지역인 하북, 내몽고, 요녕, 경진 지구에서의 유씨 성의 비율은 높아서 대략 이 지역 한족 인구의 8% 이상을 점유하고 있다.[224]

유씨 성은 그 기원이 오래되었고 명망이 높은 망족이었으며, 넓은 지역에 분포해서 생활해왔다. 사성과 개성이 많았고, 소수 민족이 유씨 성으로 입적하는 경우도 많았다. 역사적으로 볼 때 '國姓'의 지위를 오랫동안 유지한 것이 유씨 성이 대성으로 편입되는 중요한 요인이 되었다.

『좌전』·『한서』·『당서』·『통지』 등 여러 종류의 사서에 기재된 유씨의 기원은 5개의 지파로 구분할 수 있다.

첫째로, 국명을 씨로 삼은 경우이다. 그 기원은 요 임금 도당씨에서 시작된다. 도당씨의 후손을 지금의 하북성 당현인 劉 지역에 책봉한 것에서 유래했다. 그 후손 유루가 용을 잘 다룬다고 전해져서 하왕조 13세 임금 공갑에게 어룡씨를 하사받았다. 그 후 상왕조에서 시위씨가 되었다가 주왕조가 두백을 책봉하여 또 당두씨로 칭하게 되었다. 성왕 때 도당씨의 후손 기성당인이 지금의 산서익성 현남에서 난을 일으켰으나, 주공이 토벌을 하고 지금의 섬서성 서안시 서남 하두성인 杜지역으로 옮긴 것 때문에 당두씨로 불리게 되었다. 그 뒤 선왕이 두를 멸망시켰기 때문에 두백의 아들 습숙은 진나라로 도주하여 관직이 士師에 이르렀고, 후손들이 관직 때문에 사씨 성이 되었다. 그 뒤 사사의 후손인 사회가 秦나라로 갔다가 후에 다시 晉나라로 돌아왔지만, 진나라에 머물고 있던 자손들이

224) "劉姓分布極廣, 約占全國漢族人口5.38%, 爲中國人口第四大姓. 北方地區的河北, 內蒙古, 遼寧, 京津地區中劉姓比率較高, 約占該地區漢族人口的8%以上." http : //www.ycwb.com/gb/content/2005-01/17/content_833985.htm.

선조의 성인 유씨를 다시 사용했다. 이들이 기성유씨이다.

둘째로, 읍명을 씨로 삼은 경우이다. 서주의 성왕이 왕계의 아들을 지금의 하남성 언사현 서남부 지역인 劉邑에 책봉했고, 그 자손들이 읍명을 씨로 삼았다. 이후로 세대를 이은 주경사, 강공, 헌공은 모두 왕계의 후예이다. 이들이 희성유씨이다.

셋째로, 흉노족이 어머니 성을 따라 유씨가 되었다. 서한 초에 한 고조가 북방민족에 대한 화친정책의 일환으로 종실의 여자를 강성한 흉노부족인 冒頓 單于의 처가 되도록 하였는데 모돈의 성은 연제이다. 흉노 풍속에 귀족은 모두 어머니 성을 따랐기 때문에 연제씨의 자손은 모두 유씨를 성으로 삼았다. 역사 기록에 동군, 하남, 유방 조음 삼족의 유씨는 모두 흉노출신이라고 기록되었다. 오호십육국 시기 漢國을 세운 유연도 흉노의 귀족 출신이다.

넷째로, 婁씨가 사성을 받아 유씨 성이 되었다. 漢나라 초에 낙양의 세력가인 齊나라 사람 누경이 유방에게 관중을 헌납하는 정책을 썼다. 이에 한고조가 유씨 성을 내렸으며 유경으로 개성을 하고 그 자손들이 유씨 성을 사용하기 시작했다.

다섯째로, 항씨가 사성을 받아 유씨 성이 되었다. 유타는 원래 항씨였는데, 한나라 초에 유씨 성을 하사받았다. 또 공훈이 있는 탕군장을 평고후로 책봉했고, 그 자손들이 유씨 성을 사용했다.

이외에도 유성의 다른 지파도 있다. 원나라 때 漢軍 도원수 호광 좌승 유국걸은 원래 여진족 출신이고 본래의 성은 烏古倫이다. 중원에 들어온 후로 유씨로 개성한 예이다.

중국 역사상 왕조와 정권을 세운 사람들 가운데 유씨가 가장 많았고, 그 시기도 가장 길었다. 서한, 동한, 촉한, 오호십육국 시기의 한, 월, 남송과 오대의 후한, 남한, 북한, 남송 건염 4년에 금나라가 책봉한 대제

등 전부 합하면 650년에 이른다.

전한을 세운 유방, 후한을 세운 남양인 유수, 촉나라를 세운 탁현인 유비, 흉노인 유연·유요, 팽성인 유유, 사타인 유화원·유안, 상채인 유습, 경주인 유예 등은 모두 유씨성을 가진 개국 군주이다.

유씨성은 '국성'으로 오랫동안 이어지면서 많은 특권을 향유했다. 그들의 지위는 상당한 위치에 있었으며, 중국 역사상 많은 영향력을 가져와 수많은 망족을 배출했다. 『당서』의 「재상세계표」에 거론된 팽성유씨, 위씨유씨, 임회유씨, 광평유씨, 단양유씨, 조주남화유씨 등은 모두 '재상십이인'에 꼽히는 인사들이다. 하남유씨는 재상 1인을 배출했고, 그 중에서 팽성유씨에서 인물이 많이 배출되었다.

전대흔이 『十駕齊養新錄』에서 위진에서 당까지 5~6백년간 민간의 嫁娶名帖에 전하기를 "왕씨를 거론할 때는 반드시 낭야왕씨를 거론하고, 이씨를 거론할 때는 반드시 농서이씨를 거론하고, 장씨를 거론할 때는 반드시 청하장씨를 거론하고, 유씨를 거론할 때는 반드시 팽성유씨를 거론한다……"라고 하여 유씨 중에서 팽성인이 대표적임을 거론했다.

『기하유씨종보』는 본권 10권 및 수권과 말권 각 1권씩으로 구성되어 있다. 청나라 유병정 등이 편수했고 1904년(청 광서 30)에 서윤당에서 연인본으로 출판되었다. 책 수는 8책에 750면에 이른다. 이 책은 거용공을 세계 총도의 일세조로 삼았다. 거용공은 저낭야에 대대로 살았으며, 854년(당 선종 대중 8)에 무과에 진사 합격하여 임하위를 제수 받고, 선주 영국령으로 옮겼다. 그 후에 난을 평정한 공으로 은청광록대부 우산기상시 산남동도절도사가 되었다. 그의 장자는 분인데 859년에 진사가 되었다가 은청광록대부 검교, 상서좌부사, 진남군절도사를 역임했으며, 중서령팽성군개국공을 증직 받았다.

유분은 14명의 아들을 두었는데, 여섯째 아들이 한서이며, 한서공의

12세손이 기공이다. 기공은 처음으로 태평현 서하 기하로 옮겼으며, 이로 인해서 태읍 서향 기하의 유씨 입향조가 되었다. 한서공 이후의 지파는 『기하유씨세보』에 수록되었다. 그 일세조인 거용공은 한나라 초원왕 유교의 후예인데, 유교가 팽성에 도읍을 정했기 때문에 세상에서 '팽성유씨'라고 부르게 되었다.

이 족보의 수권에는 서, 세계총론, 선세도, 상찬, 거용공 행장, 분공 행장, 분공십사자 행장, 묘도, 비기, 분천총람 등을 수록했다. 1권에는 세계총도, 2권부터 10권에는 각각 세계 지파를 수록했다. 권말에는 견촌 수선공의 세계를 수록했는데, 수선공은 기공의 후손이고, 진보공의 둘째 아들이지만, 태읍의 서쪽편인 견촌으로 이주했기 때문에 권말에 첨부했다.

『유씨종보』 24권은 청나라 유금구 등이 중수했고, 1874년(동치 13) 돈목당에서 28책 1900면의 연인본으로 출간했다. 이 족보는 병산공을 1세조로 삼았는데, 병산공의 이름은 자휘이다. 유자휘는 송나라 자정전대학사를 역임하고 위국공에 책봉되었으며, 그 당시 이학의 명유로서, 학자들이 병산선생이라고 불렀다. 그는 아버지 사망에 충격을 받아서 무이산 병산 아래에 은거하여 학문 연마에 힘썼다. 주자학의 대가인 주희가 병산을 방문하여 그를 스승으로 삼았다. 이 족보에 주희가 찬한 『병산선생묘표』와 『송사유림전』이 실려 있다.

유자휘의 아버지 유겹, 형 유자우, 조카 유기이와 회동제형 유령, 소무지현 유순은 모두 금나라에 대한 항쟁을 자기의 임무라고 여겨서 끝내 굴복하지 않고, 죽음으로 절개를 지켰기 때문에 세상에서 그들을 5충신으로 송대의 현신으로 불렀다. 이 족보에 실린 『오충당기』에 그들의 행적이 실려 있다.

유씨는 복건성 담계에서 이미 9세 2백여 년을 살았다. 처음에는 경조 만년현에 살았는데, 당나라 희종 때 유명한 장군 유상이 있었다. 당나라 말기 전란이 일어나자, 그 아들 유용이 남쪽으로 내려가다가 이곳에 이르러 그 형승을 좋아하게 되어 자리 잡고 살게 되었다. 유용이 광세를 낳았고, 광세는 옥을, 옥은 문광을, 문광은 조의를 낳았다.

조의의 둘째 아들인 민각의 조상을 거슬러 올라가면 기원전 201년(한 고조 6)에 유교는 초 원왕에 책봉되었고 팽성에 도읍을 정했다. 이 족보는 유교를 일세조로 삼았다. 그런데 병산공은 자식이 없었기 때문에 형의 아들 평을 양자로 삼았고, 평은 학아, 학고, 학박, 학기, 학가, 학포를 낳았다. 그 후로 자손이 번성하여 중국의 망족이 되었다. 이 족보는 9권부터 24권까지 각지에 흩어져 있는 병산공 후예들의 세계를 기록했다.

유씨의 세거지 이동을 살펴보면, 유씨는 처음에는 하북의 당현에서 발원했지만 유씨의 시조는 지금의 섬서성에 살았다. 기원전 300여 년 전부터 하남과 강소성으로 이주하기 시작했다. 전국시대에 진대부 회유의 아들이 진국에 머물러 산 것 때문에 유씨라고 칭하기 시작했다. 유회유의 10세손 유재는 위국에서 관직을 맡았지만 위가 망한 뒤에 대량으로 옮겨서 유청을 낳고, 옮겨 다니다가 지금의 강소성 등에 정착했다. 그 뒤 유씨가 한나라를 세워서 중국을 통치하면서 천수, 중산, 남양, 팽성, 동평 등 14개 지역에 널리 퍼지게 되었다.

한나라 말기 삼국이 경쟁할 때 중원의 유씨들은 동탁의 난을 피해서 사방으로 이주했다. 동남쪽으로 간 유씨들은 손오에게, 서남쪽으로 간 유씨들은 사천으로 가서 촉한에 투항했다. 위진남북조 시기에 유씨들은 대거 남쪽으로 옮겨가서 강남지방에 대한 영향이 매우 커졌다. 당송대에 유씨들은 강남북에 두루 분포해서 중국 전역에 골고루 퍼져 지금까지 그 형세를 유지하고 있다.[225]

---

225) 『中國家譜網』, 劉氏 遷徙, http : //www.jiapu.net.

이렇게 각 지방으로 퍼진 유씨 중에서 지역의 유력자로 성장한 군망을 개관해 보면 아래와 같다.

〈표 18〉 유씨 군망표

소재지	군 설치시기와 치소	입향한 조상
팽성군	서한 시기에 후를 둠. 초국이 팽성군으로 고침. 뒤에 다시 치소가 팽성에 있었기 때문에 팽성국으로 고침.	한고조의 후예
패군	한고조 유방이 가향인 수수군을 패군으로 개정. 치소를 상현에 둠.	지금의 안휘, 하남성의 유씨들이 이 지역의 군망임.
홍농군	서한 시기에 군을 두었으며, 치소를 홍농에 둠.	한시기 유가
하간군	한나라 초. 치소는 악성	장제의 아들인 하간왕 유개
중산군	한나라. 치소는 노노에 둠.	한경제의 아들인 중산정왕 유승
양군	한나라. 치소는 저양에 둠.	한문제의 아들인 유문
돈구군	서한과 서진 두 차례 군을 설치.	흉노족의 후손
남양군	전국시대. 치소는 완현에 둠.	서한 장사정왕 유발
동평군	한과 진나라. 치소는 무염	한선제 네 번째 아들 동평왕 유우
고밀국	서한. 치소는 고밀에 둠.	광릉왕의 아들 유굉
경릉군	한과 진나라. 치소는 석성	후한 유언
하남군	한나라. 치소는 낙양시 동북	흉노족의 후예
위씨현	춘추시대 정국의 위씨읍. 진나라 때 현을 설치.	동한 장제 11세손 유통
광평군	한나라. 치소는 광평에 둠.	서한 경제의 후손 유창의 후예
단양군	서한. 치소는 완릉에 둠.	임회유씨 지파이며, 입향조는 동한 광무제 유수의 7세손 유회
광릉군	서한 때 강도국을 광릉국으로 개칭. 치소는 광릉. 동한때 군으로 고침.	한선제 광릉왕 유서
장사군	전국시대. 치소는 임상에 둠.	장사정왕 유발
임회군	한무제. 치소는 지금의 안휘	동한광무제 유수의 6세손인 진영성령 유건

『기하유씨종보』의 범례[226]를 중심으로 족보 편찬의 중요 원칙을 살펴보

226) 『起霞劉氏宗譜』 수권, 범례, 1904년/ 서윤당 연인본 『중화족보집성』, 中國 : 成都, 巴蜀書社, 1995, 영인본. 기하유씨가 거주하던 곳의 옛 이름은 계두였으며, 다른

면 다음과 같다.

1) 세계도는 소식의 족보 형태를 모방하여 5세를 1도로 했다. 5세를 한 단으로 한 것은 복상이 끝나기 때문이다. 이것은 오복제에 의거한 것이다. 문공가례를 기준으로 복제도를 실은 것은, 보는 자들에게 친친의 뜻을 갖도록 하기 위해서이다.

2) "종족의 덕행을 강조하다보면 과장될 수 있으므로, 시조 이하의 모든 기사는 사실만을 기록해야한다"라고 하여 종보 기록에 있어서 제일 먼저 사실성을 중요시 하였다. 따라서 종파와 지파에 대한 기술은 거용공 이하 인물 가운데 관직과 공적에 대한 사실이 분명한 경우에만 서술하였다. 여기에는 생졸과 장례관계를 기록하였다. 지파가 세거지를 옮긴 경우는 누가 어느 곳으로 옮겼는지를 기록해서 후대에 참고할 수 있도록 한다.

3) 입양의 경우는 어느 형제의 아들을 입계했다고 기록하고, 생부의 옆에 어느 형제에게 출계했다고 기록한다. 어머니가 데리고 온 이성의 아들을 본종에 입종하는 것은 가능하지만, 다른 여자에서 낳은 자식이라고 처가 의혹을 제기하면 족보에 올리지 못한다. 또한 남편을 잃은 본족의 부녀자가 재혼하는 것은 가능하지만, 재혼했다가 유씨 자식을 핑계로 다시 유씨 족보에 기재하는 것은 허락하지 않았다.

4) 훌륭한 행실이 군읍지에 실린 자나 절부로 선정된 자를 기록하여 효행과 절의를 널리 알렸다. 젊어서 남편을 잃은 부인을 기록하여 착한 행위를 세상에 널리 알리고 풍속교화의 단서로 삼았다. 또한 조상의 덕행을 실어서 옛 사람의 선행을 본받도록 하였다.

5) 선영도를 실어 후손들이 그 산천을 볼 때마다 경건한 마음을 갖고, 경계선을 침범하지 말도록 하였다.

사람들이 모두 '계하유씨'라고 불렀다. 지금 그 이름을 고쳐서 '기하'라고 부른다.

6) 유씨의 배행은 원래 16자였는데, 파가 정해진 이후로 80자가 추가되었다.

『기하유씨종보』에서는 자녀들을 종보에 기록하는 데에 엄한 기준을 두었다. 예를 들어 어머니가 데리고 온 이성의 아들을 처가 의혹을 제기하면 종보에 올릴 수 없었다. 또한 남편이 죽어 재혼했다가 자식이 있어 이를 유씨 자식이라 하여 종보에 기재하는 것을 허락하지 않는 등 본종을 매우 중요시 하였다. 종보에는 조상의 덕행을 기록하거나 절부와 효의를 높이 평가하여 후손들에게 본을 받게 하였다. 윤리강상을 저버리는 행위나 종족에게 비천하고 난잡한 행위를 하는 족인들에게는 종족의 계율을 적용하며 종족집단을 유지해 나아갔다.

5. 백탁진씨의 형성과 종보 편간

진씨 성은 인구 비례로 볼 때 한족 인구의 4.53%를 점유하고 있는 전국 다섯 번째의 대성이다. 특히 남방 지구에 진씨 성이 많이 거주한다. 대만과 광동의 진씨 성은 본성 인구의 10% 이상을 차지하여 성내의 첫 번째 대성이 되었다.[227)]

진성의 기원은 5개로 나누어 볼 수 있다.

첫째로, 嬀씨 성에서 진성이 유래한 경우이다. 진씨의 시조는 순 임금의 후예인 규만이다. 『통지』「씨족략」에 의하면 주 무왕이 상을 멸망시킨 후에 전대 성왕의 후인이라고 하여 규만을 진에 추봉하였다. 이에 규만이 진후가 되었고 호공만이라고 불리게 되었다. 호공만의 10세손인 규완 때에 이르러 진나라에 내란이 일어나서 여공의 어린 아들이 제국으로

---

227) "陳姓是人口列全國第五位的大姓, 約占全國漢族人口4.53%, 南方地區多陳姓. 在台灣廣東二省, 陳姓約占本省人口10%以上, 爲省內第一大姓". http://www.ycwb.com/gb/content/2005-01/17/content_833985.htm.

도피하여 국명으로 성씨를 삼게 되어 진씨로 불리게 되었다.

둘째로, 진나라 공족에서 진씨 성이 유래한 경우이다. 진나라에서는 규만이 죽은 후에 그의 자손들이 나라 이름을 성씨로 삼아 진씨라 하였다. 호공만의 자손 진완이 하나의 계파를 주도한 것 이외에도 3개의 지파가 있었다. 그 첫 번째는, 진애이니 그의 아들 유가 진유로 피신했다. 두 번째는, 진민이니 공의 장자 진연이다. 그는 양무호독향에 피신했다. 세 번째는, 진민공의 둘째 아들 전온의 후손인 진맹련이 고시에 거주했다. 그 후에 자식이 없어서 영천의 진식을 양자로 삼아서 결국 영천진씨에 편입되었다.

셋째로, 백영귀에서 진성이 유래한 경우이다. 수나라 초기에 백영귀가 진씨로 성을 고쳤고, 그의 후손들도 진씨 성으로 많이 바꾸어 만년진씨가 되었다.

넷째로, 유교의 후예들도 진씨 성으로 개성했다.

다섯째로, 남북조시대에 선비족의 지파인 삼자성후 막진씨가 북위 효문제를 따라서 낙양으로 남천한 후에 한화정책의 시행에 따라서 복성을 한자 단성인 진씨로 개성한 경우이다.[228]

진씨가 전국에 확산되게 된 경위를 고찰해 보면, 규만이 진열에 책봉된 후부터 기원전 479년에 진 민공이 초나라에 망할 때까지 진국은 20세대를 경과했고, 26대의 군왕을 배출했으며, 588년간을 집권했다. 그 사이에 규만의 12대손 진완이 기원전 672년에 제나라로 도피하여 성씨를 전씨로 바꿨다. 그의 자손들은 제국의 대부, 경, 상 등을 역임하다가 10세손 전화가 강성 제국으로부터 정권을 탈취하여 전씨 제국을 건립했다. 8군 184년 동안 유지하다가 16세 소전건 때에 진시황에 의해서 멸망했다. 전건은

228)『魏書 官氏誌』.

세 아들을 두었는데, 셋째 아들 전진이 도피하여 영천에 거주하면서 진성을 회복했다. 이후로 중원지역에서 활발하게 혼인관계를 맺어서 후손이 번성하여 명문거족으로 성장했다. 진씨족보와 관련 사서의 기록에 보면 진국에서 내란이 발생하고 망국에 이를 때까지 진씨는 여러 번 외부로 이주했다.

번성한 진진은 영천진씨의 시조가 되었다. 진진의 4세손 진원은 네 아들을 두었다. 큰아들 진연의 자는 중궁이고 동한 때 사람이다. 진연은 진씨 족계 중에서 매우 중요한 인물이다. 진연의 6명 아들은 매우 명망이 높았다. 진연과 더불어 그의 장자 진기와 네 번째 아들 진심을 삼군으로 합칭하기도 한다. 진심의 현손 진백은 서진말 건흥년간에 도강하여 곡아 신풍호에 거주했다. 진세달은 장성령이 되어 장성 하약리로 이주했다.

10세를 내려가서 진담선, 진패선, 진휴선이 있었다. 진패선은 남조 양나라 때 노장군에 임명되어 진왕에 책봉되었다. 557년에 양을 대신하여 칭제하고 진이라는 국호로 건강에 도읍을 건설했다. 진국은 5제 33년간 유지되다가 589년에 수나라에게 멸망 당했다. 이 기간에 진국은 진씨 성을 가진 왕을 많이 책봉해서 진씨 자손들이 장강과 월강에 널리 세거하는 전기를 마련했다.

그 중에서 의도왕 진숙명의 10세손인 진환은 당나라 때 임해령이 되어 피난을 갔다가 복건 천주 선유현으로 되돌아왔다. 진환의 다섯째 아들 진백선은 강서 여산에 은거했고, 그의 후손 왕은 832년(당 문종 태화 6)에 강서 덕안현 태평향 상악리로 이주하여 강주 의문진씨의 입향조가 되었다. 진왕은 효로 가문을 다스리고 세대를 230년간이나 유지했다. 또 3,700인 이상을 거느린 종족집단과 300개 이상의 전장을 이루었고, 전후 19세대 이상을 동거하는 대가족을 유지하다가 1062년(송 인종 가호 7)에 황제파의 협조로 분리 이전해서 16개 성의 125개 지방으로 분산되었다.

당나라 초기와 중기에 중원의 진씨는 두 번 복건성으로 이동했다. 669년(당 고종 총장 2)에 조정에서 하남 고시인 진정을 영남행군총관으로 임명하여 복건 남부의 '만료소란'을 진압하는 군대를 지휘하도록 했으나 중과부적으로 구룡산에 퇴각하였다. 조정에서는 진정의 형 진민과 진부에게 58개 성씨로 구성된 지원병을 주고 난을 진압하도록 하였는데, 민을 지나다가 진민과 진부가 전사했으나 그의 어머니 위씨가 그 무리들을 거느리고 민에 입성했다.

677년(당 고종 의봉 2) 4월에 진정이 사망하자 아들 진원광이 아버지를 대신해서 병력을 거느리고 9년 전쟁을 치렀다. 전쟁의 형세가 평정된 후인 686년(당 중종 수공 2)에 조정에 요청하여 장주군을 설치했다. 진원년은 무리를 거느리고 가서 벽지를 개간하여 둔전을 설치했다. 유망민을 모아서 농사를 짓고 상업과 공업을 일으켜서 장주 일대 수천 리를 빈곤의 걱정이 없는 지역으로 만들었다. 이 때문에 후세들의 존경을 받아서 개장성왕이라고 불렸고, 그 자손들은 개장성왕파라고 불렸다. 이후로 민, 월, 태 및 남양제도에서 진씨 성은 최고 중요한 일파가 되었다.

청나라 초기부터 현재까지 300여 년간 많은 진씨가 대만으로 이주했는데, 그 중에 근무영 시산하댁 진씨 일파 2,000여 명이 대만에 들어왔다. 이로부터 그들은 대만 인구 중에서 가장 종족원이 많은 대족이 되었다. 진씨의 월남 이주 역사도 오래되었다. 송대에 진씨의 인구수가 매우 많아져서 안남 왕조의 중신들이 많이 배출되었다. 월남 이씨 왕조의 여자 황제인 이소황의 남편 진경은 1228년에 월남의 진씨 왕조를 창건했다. 8세 13왕 175년간 진성인구의 확산에 기여해서 지금은 진성이 월남 10대 성씨의 으뜸이 되었다.

진씨의 당호는 '삼각당'이며, 각은 존경한다는 의미와 손님이라는 의미가 있다. 주 무왕이 주를 멸망시킨 후에 황제의 후손을 계에 책봉했고,

제요의 후손을 축과 진에 책봉하고 이들을 삼각이라고 불렀다. 그들은 주 왕조의 객인일 뿐 신하가 아니라는 의미이며, 그들을 특별히 존경한다는 의미가 있다.

다음은 각 지방으로 퍼진 진씨 중에서 지역의 유력자로 성장한 군망을 개관해 보면 아래와 같다.

〈표 19〉 진씨 군망표

소재지	군 설치시기	개기시조
영천군	진나라	개기시조는 제왕 건삼의 아들 진진
광릉군	서한	한무제의 아들 유서의 후손들 중에서 진씨 성으로 개성
하남군	한고제	흉노족 진씨 계열
무당군	북위	진식 후손의 지파
풍익군	한무제	진선제의 아들 원릉왕 진숙흥의 후손
경조군	한나라	당대에 경조로 천거한 진식의 후예인 진충의 후손

『백탁진씨육수족보』[229]의 범례를 중심으로 진씨가문 종보 편간의 특징을 살펴보면 아래와 같다.

1) 고인이 된 부모의 생몰을 자세히 기록한 것은 생일을 경축하고 기일에 제사를 지낼 수 있도록 하기 위함이다. 묘소를 자세히 기록한 것은 이를 잘 지키고 보수할 수 있도록 함이다.

2) 부[考]와 모[妣]를 동렬에 크게 기록하여 서로 대등함을 나타내었다. 첩의 아들을 동렬에 쓴 것은 부자관계를 소중하게 생각하였기 때문이며, 글자를 작게 써서 명분을 바로 잡으려 하였다. 남편이 죽은 후에 자식이 있으면 재가한 부인도 기록하였는데, 이는 세상에 어머니 없는 사람은 없기 때문이다. 그러나 생일만 적고 사망을 적지 않았는데 이는 제사가 단절되기 때문이다.

---

229) 『白汑陳氏六修族譜』 범례, 1894/ 『중화족보집성』, 中國 : 成都, 巴蜀書社, 1995, 영인본.

3) 처가쪽에도 죽은 어머니를 뜻하는 '妣'라고 쓴 것은 선대를 존숭하기 위함이며, '配'와 '娶'로 구분한 것은 존망을 확연히 나타내고자 함이다. 60세 이상 장수한 사람들은 '壽'라고 기록하였는데, 이는 오복 가운데 한 가지에 해당되기 때문이었다. 또한 이름자 중에서 기휘를 위반한 경우는 모두 바로 잡았다.

4) 적출이나 서출로 입양한 자식의 이름 아래에 생모를 모두 적은 것은 탄생의 유래를 명백히 하고자 함이다. 본족의 아들이 다른 종족에 양육된 경우에도 그 이름 아래에 어떤 성으로 출계했다고 기록하는 것은 그가 종족으로 돌아와 종사를 잇기를 바라기 때문이다.

5) 개가한 어머니가 데리고 온 자식은 다른 성에 속함으로 비록 부귀한 자라도 종보에 수록하지 않아 종사를 바로 잡으려 하였다. 어머니가 데리고 간 자식은 본종의 소속이기 때문에 유아거나 유복자를 막론하고 모두 종보에 수록하였다. 옛날에 위열공 경이 다른 성씨에게 양육되었지만 본족으로 돌아온 경우를 본받을 만하다라고 하여 본종을 매우 중요시 하였다. 간통을 하여 나은 자식을 양육했다고 해도 본 종족이 아니기 때문에 종보에 함부로 등재하지 않았다.

6) 자손 가운데 승려가 된 자는 이승과 세속을 끊은 것이지만 생모의 이름 아래에 열거하는 것은 소생을 중시하고, 또한 그가 세속으로 돌아오기를 바라기 때문이다. 자손 가운데 멀리 이주한 자도 이름 아래에 분명히 주를 달아놓는 것은 그가 돌아왔을 때 인증의 자료로 삼으려고 함이다.

7) 태어나지 않은 자식을 미리 공란으로 종보에 올리지 않았다. 이는 얼마 후 태어날 자식의 연명과 수보의 간행 년이 맞지 않는 것을 염려해서 하는 행위이나, 뒷날 입양이나 간통하여 낳은 자식의 이름을 함부로 올려서 종족의 질서를 혼란시키는 폐단의 근원이 될 수 있기 때문이다.

8) 사당의 그림은 조와 종을 의지하는 것이다. 백탁사 도를 함께 그린

것은 그 절이 선인들이 창설한 것이기 때문이다. 또한 그림을 그려서 자손들이 지내온 근본 내력을 알 수 있도록 함이다. 시조 이외의 묘도는 모두 그려 넣지 않았는데 이유는 그림만 많으면 화본으로 변질되기 때문이다. 제전·묘전의 계약, 산의 계약서나 소송안, 또는 비문·종문 등을 모두 수록하여 후대 자손들이 근거로 삼게 하였다.

9) 보첩의 편책 자호는 각 책마다 도기를 찍어서 배분해 주는 것은 각방 자손들의 수장 상황을 쉽게 파악하려고 함이다. 도기가 없는 것은 훔쳐서 열람하는 자들을 분간할 수 있게 해준다.

여기에서는 첩의 소생을 적자와 같이 쓰는 것은 부자관계를 소중하게 하여 서얼의 구분을 없앴으며, 탄생의 유래를 명백히 하고자 적출이나 서출로 입양한 자식의 이름아래 생모를 기록하였다. 개가한 어머니가 데리고 온 이성의 자녀나, 간통하여 양육한 자는 종보에 기록하지 않았으나, 개가한 어머니가 데리고 간 본종은 모두 수록하여 본종의 혈통을 중시하였다. 종보를 중시하여 잃어버리거나 위조됨을 방지하기 위하여 영보자호를 기록하여 자손들이 수장 상황을 파악하였다.

이상과 같이 중국의 종보에 대해 알아보았다.

종보는 족인들의 혈연계통을 나타내는 한 가문의 기록이지만 국가적으로도 매우 중요한 역할을 담당하였다. 중국에서의 종족은 사회 기초단위로 족장의 권한 아래 족인들의 질서를 윤리적으로 통제하고 교화를 통하여 집단 내부를 정화함으로써 일차적으로 사회의 일탈행위를 사전에 막는 중요한 집단이었다. 따라서 국가에서는 사회 안정성 차원에서 이들을 지원했으며 호적과 더불어 중요한 문서로 인정하였다. 개인적으로는 종족의 일원으로 의무과 권리를 동시에 가지고 있으며, 사회진출에 도움을 받았다.

종보는 중국 종법제도로부터 출발하여 주로 황실과의 친밀 관계, 장유

등의 관계를 기록하였다. 그 후, 진·한대에 들어와 제왕, 제후의 보서 이외에, 관료, 부호가를 중심으로 보첩이 제작되기 시작하였다.

한대 이후의 혼란기에는 전란 등으로 종보가 실전되는 일이 많았는데, 위진남북조시대에 들어 구품중정제의 실시로 문벌관념이 강조되는 분위기 속에서 보학이 실용학문으로서 중시되기 시작하였다. 수·당대에 들어서 세족, 호문의 세력을 바탕으로 한 종보는 품관과 혼인의 중요한 기준 자료가 되면서 정치적 기능을 해왔다.

특히 송대에서는 학술사상과 복고정신이 더욱 강조되는 분위기 속에서 구양수와 소순, 두 사람의 새로운 족보 체제로 보학에 큰 변화가 나타났다. 이때는 사대부들을 중심으로 유교적 이념에 입각한 가족윤리의 실천 방법으로 편찬한 사회적 기능을 가진 종보가 등장하였다. 이러한 종보의 규범과 체제는 그 후 큰 변화 없이 지속되었다고 할 수 있다.

명대에는 소종보에서 대종보로 확대되었다. 체제에 있어서도 많은 부분이 추가되어 사료로서의 내용이 풍부하게 포함되기 시작하여 중국 종보 발전의 큰 획을 그은 것으로 평가되며, 청대에 이르러 더욱 더 확산되었다.

제3장 조선 족보와 중국 종보의 비교

제1절 기재 형식 비교

1. 족보의 표제

족보의 표제를 정하는 것은 매우 중요할 뿐 아니라 다양한 의미를 갖고 있으며, 또한 일관성이 있었다. 일반적으로 표제는 본관·성씨·보의 명칭 순으로 표제를 정하는 것이 보통이다. 조선 족보의 표제는 단순하며 매우 비슷하다. 일반적으로 본관·성씨·보의 명칭 순으로 표제를 정하는 것이 보통이다. 일부는 파의 명칭이나 기수를 이들의 뒤에 기록하였다. 그러나 극히 일부지만 특별하게 오세보 형식의 『진신오세보』, 팔세보 형식의 『양조문음무진신보』, 십세보 형식의 『황각십세보』 등이 있으며, 당색에 따라 『남보』·『북보』·『잠영보』 등의 명칭이 붙여진 것도 있다. 또한 외손만 기록된 『외손보』, 등과자의 가계를 성관별로 기록한 종합보인 『문보』·『무보』·『음보』·『잡과보』 등의 명칭을 가진 족보가 있다.

그러나 중국의 종보는 조선과 달리 성씨·지명·군망·기수 등의 내용이 들어가는 것도 있고, 그 문중이 이동하였을 때 어디에서 어디로 옮겨 왔는지를 표시하는 경우도 있다. 중국의 경우는 어느 지역으로 이주를 하여 새로운 현조가 나타나면 그 지명을 삼아 종보의 명칭을 삼는 경우가 있다. 예를 들어 중국은 『경강장씨종보』·『신안필씨족보』·『유봉주씨종보』와 같이 본관·성씨·족보의 명칭을 순서적으로 표제를 삼는 것은 조선과 같은 형태이다. 하지만 『주씨삼속족보』[1]·『고윤오씨중수종보』[2]·『장만교주씨속수종보』[3]와 같이 족보 편찬 차례를 표제에 기록하는 것도 상당히 많다.

또한 『대항조씨천거주가장중수족보』[4]·『석산과씨호당지파천상지보』[5]와 같이 종족이 어디서 이동하여 왔는지를 표제에 기록하는 경우도 있다. 이는 중국에서는 종족의 이동을 매우 중요시하였기 때문이다.[6] 중국에서는 이주한 세거지의 지역명을 따라 본관을 정하는 경우가 많은데 예를 들어, 무원주씨[7]에서 갈라진 장향도주씨의 경우 장향도로 이주한 후 그 지명을 붙여 본관으로 사용하였고,[8] 다시 그의 후손들이 다른 곳으로 이주한

---

1) 『周氏三續族譜』, 1907년(광서 33).

2) 『古潤吳氏重修宗譜』, 1886년(광서 12).

3) 『蔣灣橋周氏續修宗譜』, 1891년(광서 17).

4) 『大港趙氏遷居住駕庄重修族譜』, 1927년(민국 16). 10권 30책으로 張軫과 張治忠 등이 중수하였다. 31㎝×20.5㎝로 목활본이다.

5) 『錫山過氏滸塘支派遷常支譜』, 1930년(민국 19). 11권 10책으로 過鏡涵이 수보하였다. 31㎝×18㎝로 木活本이다.

6) 중국은 자손들이 이동하여 거주하는 것을 소중하게 기록하였다. 예를 들어 자손이 멀리 옮겨간 경우에는 보첩에 그 지명과 사실을 상세하게 기록함으로써 세대가 멀어지고 혈족관계가 희미해져 잃어버리지 않도록 하여 종족들의 이동관계를 상세히 기록하였다. 『합비이씨종보』 범례, 1925년(민국 14).
주거지와 천거지를 기록하는 것은 고향을 떠난 지 오래되어 원거주지를 잊지 않기 위해서이다. 『요강삼장문장씨종보』 범례, 1916년(민국 5).
자손 가운데 멀리 이주한 자도 이름 아래에 분명히 주를 달아 놓는 것은 그가 돌아왔을 때 인증의 자료로 삼으려고 함이다. 『백탁진씨육수족보』 범례, 1894년(도광 20).
지파가 세거지를 옮긴 경우는 어느 조상이 어느 곳으로 옮겼는지를 기록해서 후대에 참고할 수 있도록 한다. 『기하유씨종보』 범례, 1904년(도광 30).

7) 무원주씨는 주자학의 대가인 주희의 가문이며, 무원은 안휘성에 있는 지명이다.

8) 장향도주씨는 무원주씨인 주희의 가문과 같은 계통이지만, 선조가 안휘성 경현 장향도에 거주하면서 장향도주씨라 하였다.

후 세거지의 명칭을 따라 금릉으로 이주한 종족들은 '금릉주씨', 청양으로 이주한 종족들은 '청양주씨'라고 하여 같은 조상의 후손들이지만 본관의 명칭을 달리 사용하고 있다.

그리고 단순히 『중수등영장씨족보』[9]나 『속수산음장천호씨종보』[10]와 같이 기수와 성씨만을 표시하는 경우도 있으며, 『강희잠양오씨종보』나 『건륭계축속수홍계분파조씨종보』와 같이 왕조를 맨 앞에 기록하는 경우도 있다.

이외에도 일부 종보에서 특수한 명칭을 채택하여 의미를 부여하는 경우도 있다. 이는 '正本求源' 하겠다는 의미를 가진 『華氏本書』나, 『文賦』에 나오는 '誦先人之清芬'이라는 데서 명칭을 만든 『吳越錢氏清芬志』,[11] 『좌전』 중에 '數典忘祖'의 뜻이 담긴 '數典不忘'이라는 명칭도 사용하였다.

2. 족보의 편찬주체와 편찬 체제

고려시대의 족보는 종실·귀족·공신과 고급 관인의 내외자손에 대하여 문음이나 과거에 응시할 때, 이를 증빙하는 '씨족도'·'세계도'·'족도' 및 가첩류 등을 향읍이나 읍사에 비치하고 관리한 적이 있었으나 이는 시기도 일시적이었고 시행도 소극적이었다. 조선 초에 간행된 『안동권씨 성화보』와 『강릉김씨족도』, 중기에 간행된 『풍양조씨족보』 등은 후손인 감사들에 의해 감영에서 간행되기도 하였지만 이는 일부에 지나지 않았고 국가차원에서 관리하지도 않았다. 그러나 중국에서는 국가가 정책적으로 인재를 관리하고 망족들을 보호하며 정권 유지를 하기 위하여 그 편찬을 주도하고

9) 『重修登榮張氏族譜』, 1895(도광 21).

10) 『續修山陰張川胡氏宗譜』, 1886년(광서 12).

11) 『吳越錢氏清芬志』, 1878년(광서 4). 錢日煦가 편찬하였으며, 16책으로 29.5㎝×18㎝ 목활본이다.

보첩을 보관하는 등 오랫동안 관찬적 성격을 띠었다.

중국은 씨족 등급의 문건인 보첩이 위진남북조시대에 이미 가족 신분을 증명해주며 전문적인 학문으로 발전하여 상류 사회인들은 필수적으로 보첩을 이해하고 연구하였다. 그들에게는 문벌의 결속력을 통해 통치이익을 더욱 공고히 유지하고 보호하기 위하여 종보는 필수적이었다.[12] 따라서 국가에서는 종보의 권위를 보증하기 위하여 종종 정부에 의하여 편찬되고, 정부기구인 『보국』과 『보고』를 설치하여 보첩을 보관하고 관리하면서 공적 성격을 강화하였던 것이다.

호문사족들이 통치의 주체로 등장한 수·당에 들어와서는 통치집단의 기득권을 유지 발전시키고 그 기반을 더욱 공고히 하기 위하여 당나라 왕조의 보첩편찬은 기본적으로 관에서 독점하였다. 정부는 전문기구를 설치하여 대형의 보첩을 기록하였다. 그러나 송나라가 등장하여 관리선발에 있어서 과거제도를 엄격히 시행함으로써, 과거와 혼인에 있어서 문벌의 중요성이 급격히 감소하였다. 이에 따라 보첩의 정치적 기능이 소멸되면서 서서히 단순한 개인의 사사로운 혈통을 기록하는 오늘날의 보첩 형태가 나타나면서 개인의 기록으로 문중에서 관리하고 편찬하였던 것이다.

당나라 정부가 편찬한 보첩은 정치적 기능에 의해서 '성씨보'와 '의관보'로 구분되었으며, 관에서 편찬한 보첩은 하나의 유용한 정치적 도구로서 활용되었다. 또한 보첩 형식을 통해서 각 파의 정치적 기득권을 고정적으로 계승시키고 통치집단 내부의 이익관계를 조정하였다. 659년(고종 현경 4)에 편찬된 『성씨록』이 바로 이와 같은 것이었다. 5품 이상의 관료 전부를 보첩에 수록하여 직위의 높고 낮음에 따라서 성씨의 고저를 확정하였다.

12) 張澤成, 「譜牒與門閥士族」, 『中國史論集』, 南開大學歷史系編, 天津古籍出版社, 1994.

이 같은 보첩의 간행은 통치 기초를 확대하고 측천무후의 기반과 지위를 제고하여 순리적으로 정권을 획득하여 기초를 닦을 수 있도록 하였다.[13)]

초기 족보의 편찬체제도 조선과 중국은 서로 달랐다. 조선시대 족보 편찬자들은 족보 서문에 구양수[14)]와 소순의 소씨족보 서문 구절과 정주의 족보 편찬의의에 관한 문구를 인용하고 있지만, 족보의 편찬체제는 중국과는 많이 달랐다. 서거정은 『안동권씨 성화보』 서문에서 소순의 서문을 인용했지만 '소씨족보'는 그 기재 범위가 "위로는 고조, 아래로는 아들, 옆으로는 시마까지(上止高祖 下止於子 旁止緦麻)"라는 데서 동고조의 오복친[15)]을 대상으로 했던 것이라고 했다.

그리고 중국에서는 종법적 친족제도 아래에서 부계친족 위주로 족보가 편찬되었지만 조선전기의 족보는 처음부터 내·외손을 동일하게 실었기 때문에 성혼 같은 유학자는 "그것은 조선 씨족지이지 족보는 아니다"라고 한 바 있다.[16)]

이는 조선에서 17C에 들어와 역사의 변환 속에 종족의 인식과 범위에서

---

13) 차장섭, 앞의 논문, pp.214~222 참고.

14) 구양수는 『신당서』의 편찬 주관을 맡아 「종실세계」와 「재상세계」에서 황족의 세계와 재상의 세계를 기록하였다. 이것을 본받아 자신의 가족 세계를 사서의 체제와 도표의 형식을 채택하고 '소종지법'을 사용하여 5세조인 안복부군 구양만을 중심으로 가족의 이동과 혼인관계, 관봉과 이름, 시호 및 그들의 행적을 기록하여 새로운 형태의 족보를 만들었다.

15) 시마란 상복중의 하나로 삼종형제, 중종손, 중현손의 장례에 석달동안 입는 복을 말한다. 오복제란 장례 때에 상복을 입는 기준과 범위를 말하는 것이다. 참쇠는 27개월, 제쇠는 1년, 대공은 9개월, 소공은 5개월, 시마는 3개월간 상복을 입는다. 친족들은 이 등급에 따라 상복을 입었다.
또한 혈연관계에 있는 친족들이 서로의 범죄를 동일시하여 면하게 하거나 감형받게 해주며, 가까운 친족들끼리 서로를 고발하는 것은 비록 정당한 근거가 있더라도 윤리에 의거하여 범죄로 간주하였다. 이는 친족들 간의 의리를 중요시하고, 윤리를 우선하려는 의지였으며, 국가를 지탱하는 기본적인 요소였다.

16) 이수건, 『한국의 성씨와 족보』, 서울대학교출판부, 2003, p.54.

뚜렷한 차이를 가져오면서 중국의 종법제도를 받아들였지만, 중국은 계보의 발생시기부터 부계중심의 종법의식이 분명했고 큰 변화 없이 그것이 계속 이어져 내려왔기 때문이다.

3. 남녀 자손과 외손 기재 문제(내보와 내외보)

중국은 본종 중심의 종법제에 의거하여 동성의 본손만을 기재하는 내보였다. 그러나 조선에서 신보가 등장하기 전 족보의 기재상 특이한 점은 남자와 여자를 출생 순으로 하고, 친손과 외손을 구분 없이 기재했다는 것이다. 그러나 후기에 내려오면서 본종 사상의 강화로 인하여 아들을 먼저 기록하고 딸(사위)을 나중에 기록하는 선남후녀의 방식과, 본손을 우선으로 하고 외손을 점차적으로 축소 기재하는 변화가 나타났다.[17)]

이는 남녀평등이나 친손과 외손을 동일시하던 그 당시의 사회상을 반영하는 것으로 17C 중엽까지는 자녀가 똑 같이 재산을 남녀균분 상속제로 하였을 뿐 아니라, 아버지가 사망한 경우 아들보다는 어머니가 재산을 물려받았다. 제사도 아들과 딸 구별 없이 돌아가면서 제사를 지냈다. 재산균분 상속으로 친손이 없으면 외손도 제사를 지내는 풍습이 조선 중기까지 이어졌다. 고려 때에는 주요한 제사인 2월과 5월, 8월과 11월에 지내는 사중월제에도 부인이 아헌을 담당하였는데, 부인이 없을 경우에는 형제들이 이것을 대행하였다. 조선에서도 남편이 자식 없이 사망하면 그 부인이 제사를 행하였다.

---

17) 이러한 선남후녀의 방식을 택한 것은 본종을 중시하였기 때문이다. 『문화유씨족보』, 1803년간, 범례, “先書子 次書女者 重本宗之意也” ; 『능성구씨족보』, 1787년간, 범례, “先男後女 重本統也” ; 『풍양조씨족보』, 1760년간, 범례, “子女列書之際 先男後女 以示重本宗之義”라 하였으며, 족보의 기재에 있어서도 아들을 못 낳고 먼저 딸을 낳았으면 한 줄을 비워놓고 딸을 써서 장남의 자리에 쓰이지 못하게 하여 본종의 예를 철저히 따랐다.

이러한 남녀평등의 사회적 의식을 나타내는 대표적인 족보가 『안동권씨 성화보』와 『문화유씨 가정보』이다. 이 두 족보의 기재 내용은 여말선초에 가족과 사회에서 여성의 지위가 성리학적인 가치관이 성립되고 종법적 윤리의식이 중요시 했던 후기 사회의 그것과는 달리 남녀가 서로 대등하고 독립적인 사회의식이 그대로 반영되었던 것이다.

이들의 족보는 자녀의 수록 방법에 있어 남녀의 구별 없이 출생한 순서에 따라 기재하고 있다. 부인이 재가하였을 경우에도 『안동권씨 성화보』는 아주 떳떳하게, 그리고 『문화유씨 가정보』에서는 그와 같은 풍습을 비난하면서도 사실대로 밝히고 있다. 그리고 성화보의 경우 딸을 기록하되 (딸의 이름 대신 그 딸의 남편의 성명을 기록하고 있는 점은 후기의 족보와 같다) 단순히 '여'라 하지 않고 '여부' 즉, '딸의 남편'이라는 표현을 쓰고 있다는 사실 등에서 그것을 확인할 수가 있다.[18] 또한 혼인관계에 있어서도 전실·초실·선실·후실·부실·부실산이라 표시하여 부녀의 재가를 금지하는 법[19]이 나오기 전이라 그랬는지 재가를 자연스럽게 받아들이며 친·외손 차별 없는 가족제도를 그대로 나타내고 있다.

역시 『문화유씨 가정보』에서도 친손과 외손을 동일한 차원에서 똑같이 수록하였으며, 친손도 외손과 함께 성을 기록하였다. 이러한 것은 동성자손

---

18) EDWARD W. WAGNER, 「1476년 안동권씨성화보와 1565년 문화유씨족보-그 성격과 의미에 대한 고찰-」, 『석당논총』 15집, 1989. 『안동권씨 성화보』는 혼인관계를 통하여 맺어진 각 씨족의 계보까지 망라한 만성보적 성격을 가지고 있다. 여기에 수록된 총인원은 중복자 1,000명을 제외하면 약 8,000명인데 이 중 90% 이상은 외손계들이다. 『문화유씨 가정보』도 중복자 약 9,000명을 제외하면 38,000명인데 여기도 역시 비슷하다. 특히 성종~중종 연간(1469~1544)의 75년 동안에 배출된 문과 급제자 총수는 89번의 시험에서 1,595명이 배출되었는데, 이 중 70% 이상인 1,120명이 『문화유씨 가정보』에 기록되어 있다. 그 중에서 문화유씨는 25명밖에 되지 않고 나머지는 외손계통이다.

19) 『성종실록』 권82, 성종 8년 7월 임오조 ; 『연산군일기』 권39, 연산군 6년 11월 갑인조.

(親孫)이나 이성자손(外孫)을 구별하지 않는 평등성에서 중국과는 달랐다.

〈표 20〉『문화유씨족보』 사례

代	인물	代	인물												
一代	始祖柳車達	六代	子柳寵												
二代	子柳孝金	七代	子柳公權												
三代	子柳奐	八代	女尹威								子柳彦沉				
四代	子柳盧一	九代	子尹克敏								子柳淳				
五代	子柳寶春	十代	子尹敦	女許琪					女崔澄		子柳旱雲 无后	子柳成庇			
		十一代	女呂克諧	子許程	子許評	子許冠	女金骿	女金恂	子崔冲	女金載	女朴延	女許琪	子柳塘	子柳湜	子柳玗

물론 족보 편찬비용도 내외자손들이 그 촌수나 족파를 불문하고 공동으로 부담하였다.20)

위의 표에서 살펴본 바와 같이 시조 유차달의 7세손 유공권의 사위인 윤위가 아들인 유언침 보다 앞에 기록되어 있다. 또한 사위(딸) 윤위의 아들인 윤극민이 본손인 유순보다 먼저 앞에 기록되어 있다. 이러한 것은 묘지와 분재기에서도 나타나는 것을 볼 수 있다. 16C의 묘지에는 자녀를 연령순으로 기재하였지만 19C에 들어와서는 선남후녀의 순서로 자녀를 기재하였다.[21] 이는 분재기에서도 마찬가지로 나타난다. 예를 들면, 다음과 같다.

〈표 21〉 분재기에서의 자녀 기재 순

연도	자녀의 기재순서
1526년	장자, 차녀, 삼남, 말녀
1566년	일자, 일녀, 이자, 이녀, 삼자, 삼녀, 사자
1606년	장녀, 이녀, 삼녀, 사남
1640년	일녀, 이남, 삼녀, 사남, 오남
1672년	장남, 여서, 말녀, 말남
1695년	일녀, 이남, 삼남, 사녀, 오남
1705년	일자, 이녀, 삼자, 사자, 오녀
1708년	장자, 차자, 말자, 장녀, 차녀, 말녀
1716년	장손자, 차손자, 장손녀, 차손녀
1727년	장자, 차자, 삼자, 말자, 장녀, 차녀, 삼녀, 사녀, 오녀
1770년	장남, 차남, 차매, 차남, 차매, 차남, 차남
1812년	장자, 차자, 삼자, 사자, 오자, 육자, 장녀, 이녀, 삼녀, 사녀

위의 도표에서 나타나는 것과 같이 17C 중엽 이전은 남녀의 구분 없이 출생 순위로만 기재를 하였지만, 18C 중엽까지 출생순위와 선남후녀의 두 가지 방식이 공존하다가 18C 중엽 이후부터는 선남후녀 방식으로

20) 『문화유씨 가정보』, "諸大丞公之內外後裔 在三都 專守城之任 鎭方面之在位者 不論 其寸數之親疏 族派之遠近 各出供債之費".

21) 최몽룡, 「이조묘지수례」, 『고고미술』 129·130 합병, 1976.

기재하였다.[22)]

족보에서도 시기에서는 꼭 일치하는 것은 아니지만 이와 같은 경향이 나타난다. 몇 성씨의 족보에 나타난 출생순과 선남후녀 방식의 기록을 살펴보면 다음과 같다.

〈표 22〉 족보에 나타나는 남녀 기록방식의 양상

족보편찬성씨	출생순서 방식 기록년도	선남후녀 방식 편찬년도
안동권씨	1476	1794
문화유씨	1565	1689
연안김씨	1653	1712
달성서씨	1702	1815
동복오씨	1712	1793
청송심씨	1713	1843
안동김씨	1719	1790
양성이씨	1719	1765
청풍김씨	1750	1857

위의 표에서 살펴본 것같이 족보 편찬 성씨마다 그 시기는 약간 다르지만 대체적으로 18C를 전후해서 변화가 있는 것을 볼 수 있다. 여기에서 분재기와 약간의 차이가 있는 것은 분재기에 비해 족보는 후에 제작되기 때문에 그런 것 같다.

이러한 변화는 조선이 초기에 비해 후기로 내려갈수록 중국의 종법제도로 인하여 종족의식이 강화되면서 남자를 우선하고, 상대적으로 여성의 사회적 지위가 하락되면서 남아선호사상이 더욱 강화되었다는 것을 알 수 있다. 이러한 시대의 변화에 따라 족보 기재의 방식도 달랐으며, 이것은 종족의식과도 매우 관계가 있는 것이다.

족보에서의 외손기록의 범위도 종법제도의 정착으로 친손을 중시하면

22) 최재석, 「조선시대의 족보와 동족조직」, 『역사학보』 81집, 1979, pp.58~59 도표를 참고하여 정리.

서 점차 시기가 지날수록 축소되기 시작한다.

〈표 23〉 족보에서의 외손기록 범위의 시기

	외손 3대	외손 2대		외손 3대	외손 2대
청주이씨	1657		풍양조씨		1731
고성이씨	1633		청풍김씨	1750	
진성이씨	1600		강릉김씨		1743
연안김씨	1719		기계유씨	1704	1738
청송심씨		1765	남원윤씨	1706(1790)	1860
인동장씨		1769	반남박씨	1683	
달성서씨	1815		문화유씨		1689
대구서씨		1702(1736)	용인이씨	1732	
동복오씨	1712		평산신씨		1732
영일정씨	1720		강릉최씨		1702

위의 도표를 살펴본 바와 같이 17C 초에 외손의 범위가 외손 3대로 점차 축소되었으며, 18C에 들어오면서 3대 또는 2대로 축소되었다.[23] 과도기였던 16C에는 친손과 외손 모두 성을 기재하였는데 반해, 그 후에는 외손은 성을 기록하였으나, 친손은 시조만 성을 기록하고 자손들은 기록하지 않았다. 이는 동족의식의 변화로 이전에는 자손의 개념을 혈족중심의 사상에서 점차 본종중심 사상으로 이동하면서 같은 자손이라도 동성의 자손과 이성의 자손을 구별하려는 데에 있었던 것이다.[24]

다음은 조선 족보와 중국 종보의 사례를 통하여 어떤 차이점이 있는지를 살펴보겠다.

---

23) 최재석, 앞의 논문, p.54. 도표 인용.

24) 『용인이씨족보』, 1732년간, 범례, "本宗則初祖之後 不復書姓字 所以上系於祖 明一本之義也 外孫則書姓以示別異 亦欲不使 他系 混亂於本宗也" ; 『양성이씨족보』, 1659년간, 범례, "始祖書姓氏 子孫不書姓字 明其一本 外孫書姓者 以分內外".

<朝鮮族譜>

"致章 生父命胤 英廟丙寅生乙丑 七月二十二日 卒 墓 全兩田面 新琴里案山丙坐

配 慶州金氏 父 錫永忌三月十三日 墓益山裡里市高峰案山竹寺山

子 道彦 字義賢 英廟甲午生再甲午二月八日卒 母患斷指救延三日居廬三年士林屢狀請褒 墓竹寺山西坐

配安東權氏 父 德龍忌四月十九日 墓黃鳥嶝前麓巳坐

子 道仁 字義伯 丁卯辛丑生再辛丑十日月十八日卒 墓墓竹寺山西麓丙坐

配仁同張氏 父參奉厚敬 祖宣傳官弼周 曾祖宣傳官哲元 外祖全義李周元忌五月五日 墓竹寺山靑龍亥坐

女 文鍾八 南平 人"[25]

<中國宗譜>

"娶 胡氏 棐英 溪頭都 葵公女 生乾隆 丁卯年……卒……

側室 吳氏 敬 係通州如皐縣人 生卒……

子二 繁 側室 吳出 國珍 正配胡出

女三 賢姑 嫡西陽 胡鴻 勉姑 嫡燕窩裡 洪錫 俱正配胡出 透姑 嫡溪 頭都胡芳 側室 吳出"

"側室 洪氏 配蓮 徽州府人 生卒……"[26]

"娶 管氏 靖蓮 馬渡橋 柏公女 生乾隆 甲戌年 卒……

側室 洪氏 配蓮 徽州府人 生……

子七 範 側室 洪出 箄 正配管出……

女六 蕙姑 嫡安公堂 趙黃……[27]

"配 太學生贈大理寺評事 許勉煥女……

---

25) 『전주최씨계묘보』.

26) 『장향도주씨지보』, 1825년(도광 5), 朱搢 등수.

27) 『장향도주씨지보』, 1825년(도광 5).

子七 震 莊敬 緝敬 許出 泰 側室童出 德敬 許出 剛 寬敬 童出”
女五
長 嫡進士禮部儀制司郎中 仁和 沈世煒子 太學生河南南村巡檢守純
次 嫡山東運河道 華亭 王興堯子 太學生錫廉 俱許出……
三 嫡貴州開州牧 仁和 錢樹子 太學生廷烜……
四 嫡太子少保直隷總督 元和 姜晟子 二品廕生 四川……
五 嫡……28)

위의 두 족보는 비슷한 시기에 조선과 중국에서 출간된 족보의 내용이다. 1843년에 편찬된 『전주최씨계묘보』에서 살펴보면 최치장의 둘째 아들인 최도인의 배우자는 참봉이며 인동장씨인 장후경의 딸이라고 기록되었다. 그녀의 조부인 장필주와 증조부인 장철원은 선전관을 지낸 관직과, 아울러 외조부인 이주원의 기일과 묘소의 위치까지 자세히 기록되어 있다. 이러한 것은 가문을 중시하였던 사회풍조를 반영한 것이라 할 수 있으며, 격이 맞는 가문끼리 혼인을 통한 사회신분의 상승을 노렸던 것이기 때문이다.

그러나 중국에서는 『장향도주씨지보』에 나타나듯이 정실부인에 대한 내용은 "娶 胡氏 娶英 溪頭都 葵公女 生乾隆 丁卯年……卒"과 같이 부인은 안휘성 경현 계두도에 사는 호규의 딸 호경영이고 건륭 정묘년에 태어났다는 것과, 마찬가지로 측실부인도 계통주 여고현 사람인 오경이다"라고 기재하였다. 이와 같이 출신지역과 누구의 딸이라는 것만 간단히 기재하고 있으므로 족보의 사회적 기능은 조선과는 달랐던 것이다.

조선의 『전주최씨계묘보』에서는 딸의 이름도 적지 않고 남평문씨의 문종팔에게 시집갔다는 것만 간단하게 기록하고 있다. 이처럼 다른 족보도 사위만 '여부'로 기재되었을 뿐 여자 이름을 기재한다는 것은 좀처럼 찾아보기 힘든 경우이다. 그러나 중국 종보의 『장향도주씨지보』에서는

---

28) 『해녕진씨가보』, 1806년(가경 11), 陳應麟 중편, 陳敬璋 중정.

혜고 등 여섯 명의 딸들의 이름이 일일이 열거되고 있고, 『해녕진씨가보』에서도 인화 등 다섯 명의 딸들의 이름과 결혼한 내역을 기재하고 있다.

또한 조선의 족보에서는 처를 기록할 때에는 그녀의 본관과 성만 기록하고 이름은 기록하지 않았다. 다만 그녀의 사조(부·조부·증조부·외조부)를 기재하는 것이 관례였다.[29] 그러나 중국의 보첩에서는 배우자에 대해 이름과 고향을 기록한 반면 처가의 가문에 대해서는 기록이 적고 아버지의 이름만 기재되어 있어 기록이 매우 빈약하다는 것이 조선과의 차이이다. 조선은 딸의 이름을 쓰지 않을 뿐 아니라 누구한테 출가하였다는 기록을 하지 않고 사위의 이름을 기재하여 이를 대신하였다. 이는 언제나 딸 대신 사위 누구라 하여 사위의 이름을 아들과 같이 인정하여 친 아들과 동등한 란에 기재하였다.[30] 그것도 과도기의 족보형태에서는 출생 순에 따라 수록하였다. 이것은 우리 족보에 있어서 외손을 친손과 같이 동등하게 수록하였던 특이한 현상이었다.[31]

이러한 족보 기재의 형태 또한 당시의 사회 현상을 반영하는 것으로 가문간의 혼인 관계를 중요시 하는 것을 나타내는 것이다. 또한 자녀균분 상속제[32]라든가 외손봉사, 자녀 윤회봉사,[33] 남귀여가혼, 솔서혼 등 고려

---

29) 족보의 범례에서 "姓貫及四祖備錄"이라 하여 사조를 밝히고 그들의 과거, 관직, 학행 등 각 개인의 행적을 기재하였다. 특히 외조의 경우 성명과 함께 반드시 본관을 밝혔다. 물론 이들 사조를 다 밝히기가 어렵거나, 사조 중 현조가 없을 때에는 사조 일부 또는 전부를 생략하고 사조 이외의 선대 중 한 현조를 찾아 그의 몇 대손인가를 밝히는 경우도 있었다. 이는 족보 이외의 호적이나 과거응시 때에도 그러하였다.

30) 고려 이후부터 조선 초 종법제가 들어오기 전까지의 친족 집단은 사위가 호구원으로 인정되었다. 이러한 유형의 친족제하에서 상속은 남녀균분의 방식으로 이루어졌다.

31) <표 20>『문화유씨족보』 사례 참고.

32) 재산상속에 있어서 자녀균분 상속제는 매우 의미가 크다. 이는 딸을 출가시킨다는 의미보다는 사위를 맞는다는 의미가 더 강하게 내포되어있다. 따라서 사위는

시대의 사회적 관습으로 사위나 외손도 친자식과 같이 대하였으며, 이러한 사회현상이 조선 중기까지 계속되었다는 것을 나타내는 것이다.[34] 재산 분배에 있어서도 사위도 아들과 똑같은 자격으로 참여하였으며 그들이 사망하면 외손들이 상속권을 이어받았다. 따라서 조선 초에는 외손 또는 외가에 대한 유대의식이 매우 강하였다.

실제로 족보에 나타난 묘소의 지역을 살펴보면 외가 지역에 많이 분포된 것을 알 수 있으며, 외가 지역에서 대대로 뿌리를 내리는 지파들이 많았다. 또한 정치적 탄압이나 개인 사정으로 주거지를 이동할 때에는 외가에서 물려준 토지가 있는 곳으로 거주하여 대를 이어가는 경우가 많았다.

바로 이러한 것이 중국의 내보와 달리 조선에서는 전기까지는 내외보가 족보의 일반적인 형태이었으며, 후기에 가서야 중국의 종법제도를 이어받

처가로부터 처남과 동일한 재산을 상속받았다. 이는 제사를 지내는 임무는 아들과 똑같이 딸에게도 있었기 때문이다. 규장각에 보관되어 있는 『고문서집진』(서울대학교출판부, 1972)에 의하면 1531년(중종 26)의 분재기에는 조상의 제사를 외손이 지낸다는 조건으로 재산이 두 딸에게 상속되었다는 기록이 있다. 1600년대 중엽까지도 분재기에는 어머니가 결혼 때 가져온 외가 재산과 아버지 측에서 내려온 친가 재산으로 나누어 기재하고 있다. 따라서 토지를 비롯한 모든 재산이 처가 쪽에 있을 때에는 결혼과 동시에 분가하여 그곳으로 이주하는 경향이 많았다. 그 결과 고려 후기 이래 재경 관인들이 낙향을 하거나 기성 사족이 거주지를 옮길 때는 대개 처가나 외가 쪽을 택하였던 것이다. 이에 따라 그의 자녀들도 외가에서 생활을 하였음으로 외손이라는 개념은 친손과 다름없었다. 따라서 족보에 외손과 친손 관계없이 다 기록하였고, 족보에 딸 대신 사위의 이름이 올랐던 것이다. 이는 중국과는 다른 제도로 중국은 딸의 이름이 그대로 기재되었다.

33) 『고려사』 권53, 大夫士庶人祭禮 ; 『고려사』 권63, 大夫士庶人祭禮 ; 『중종실록』 권26, 중종 11년 10월 기사, "領事申用漑曰 我國祭祖 不依禮文 不依禮文, 臣前亦啓之. 有嫡子則支子不得祭之者, 禮也. 而今俗, 其親忌日, 棄神主爲紙榜, 各家輪回祭之, 此風鄙甚. 不依禮文, 宜令禮官禁之".

34) 『명종실록』 권17, 명종 9년 9월 을축, "然我國則與中國不同, 中國則有大宗之法, 故夫亡無子之婦, 不得主祭矣, 我國則大宗之法, 不行於世久矣. 長子之妻, 夫死無子者, 入居奉祀之家, 主其先世之祭, 其來已久, 故其分亦定".

아 오늘날과 같은 내보과 같은 형태를 띠게 된다.[35)]

이상에서 살펴본 바와 같이 조선과 중국의 족보는 그 기재 형식에 있어서 많은 차이를 보여주고 있다. 표제에 있어서는 조선은 매우 단순하고 획일적인데 반해 중국은 지역적, 시대적으로 다양하고 복잡하다. 또한 족보의 편찬 주체도 초기 중국에서는 국가에서 관리하고 보관하는 등 공적 성격이 강하였던 반면, 조선은 중국에 비해서는 일시적이었으며 시행도 소극적이었다. 기록 범위에 있어서도 중국은 큰 변함이 없었지만 조선은 중국에서 종법제가 들어오기 이전에는 내·외손을 전부 기재하고 자녀를 남녀, 적서에 차등 없이 출생 순으로 기록한 내외보였다. 그러나 종법의 영향을 받은 신보에서는 선남후녀, 적서차등, 사위이름 기재, 외손 배제 등 본종 중심으로 기록한 내보였다.

제2절 사회 · 경제적 비교

1. 사회적 비교

17C를 분기점으로 조선은 새로운 시대적 특징을 가지며 획기적 사회변화를 갖게 된다. 조선 전기까지도 고려시대 요소인 불교사회와 비종법적 가족제도, 그리고 사회제도인 부부평등적 친족제도, 동성결혼과 이성양자, 자녀윤회봉사제[36)]와 같은 남녀 평등적이고 개방적이며 다양한 문화가

---

35) 송준호, 「족보를 통해서 본 한·중 양국의 전통사회」, 『두계 이병도박사 구순기념 한국사학논총』, 지식산업사, 1987.9, pp.477~501 참고.

36) 분재기에 의하면 16C 초부터 17C 말까지는 자식들이 돌아가면서 지내는 제사인 윤회봉사와 큰 아들이 제사지내는 장자봉사가 가문에 따라 같이 이루어지고 있지만 18C 초부터는 장자봉사가 주류를 이루고 있다. 따라서 재산 상속도 제사를 지낸다는 조건으로 장남에게 별도 상속이 되었다. 이는 제사를 담당할 장남에게는 지위와 재산을 안정시킬 필요가 있었기 때문이었다. 나아가 이러한 조상을 모시는

주류를 이루었다. 특히 혼인관계에 있어서의 처가살이인 솔서혼이나 남귀여가혼의 풍습은 중국의 친영방식과 달라 족보에 있어 많은 차이를 가져온다. 중국은 혼례에서 『주자가례』에 입각한 친영의 관습을 가지고 있었다. 이에 반해 조선은 신랑이 신부 집에 가서 혼례를 하고 오랫동안 처가에 머무는 혼인방식인 남귀여가혼이었다. 이러한 관습은 외손을 직접 키워왔기 때문에 친손과 같이 동등하게 취급하여 외손도 동등한 권리와 의무를 갖게 되면서 재산도 상속받고 제사 의무를 갖게 되었다. 이로 인하여 자손에 대한 구분 없이 족보 기재에도 친 외손이 동시에 기재되었던 것이다. 이러한 이유로 조선에서는 초까지도 자식이 없다 하더라도 양자의 필요성을 느끼지 못하였을 것이다.

그러나 조선은 성리학의 전래로 말미암아 건국이념인 유교사회로 개혁되면서 부계친족 중심의 가족제도, 동성불혼, 이성양자 금지, 친영례[37]와 장자봉사제, 자녀 차등상속제 등 중국의 종법제도적 가족제도 형태로 점차 변화하기 시작하였다.[38]

제사를 중심으로 남계친이 우선시 되면서 족보에서도 자연스럽게 남자를 우선으로 기록하는 선남후녀의 방식을 갖게 되는 것이다. 또한 딸들은 제사에서 제외되면서 결혼하면 출가외인이라는 명목 아래 자연스레 문중의 종족원들은 남자들로 한정되었다. 이는 지금까지도 이어져 내려오고 있으며 문중 재산 분배문제로 인한 사회 문제로 대두되고 있다.

37) 고려시대에는 결혼을 하면 처가에 거주하는 '처방거주'가 사회적 풍습이었으나, 조선 초에 들어와 남편 집에 거주하는 '부방거주'의 친영례가 제정되었다. 그러나 이는 제대로 실현되지 못하다가, 1435년(세종 17) 파원군 윤평이 태종의 딸인 숙신옹주를 친영한 것이 처음이었다. 이후 16세기 초인 중종 때에 본격화되어 명종 때에는 신부 집에서 혼례를 마친 뒤 잠시 머물다가 신랑 집으로 와서 생활하는 절충적 반친영을 하였다. 신부 집에 머무는 기간은 지역마다 각기 다르나 초기에는 3년 정도에서 점차적으로 기간이 줄어 후기에는 3일 정도였다. 이러한 풍습은 얼마 전 까지도 우리사회에 있었던 풍습이다.

38) 17C 전반까지는 부계를 중심으로 한 직계가족의 형태는 적었으며, 딸과 사위의 가족이 호로 포함되어 하나의 가계로 이루어지고 있는 공동체 가족이 존속하였다.

성씨 제도에 있어서도 중국은 봉건제도 아래 봉후건국하여 사성명씨한 데서 성과 씨가 생성하고 분화되었다. 이로 인하여 중국에서는 남계친을 중심으로 한 동성은 같은 조상에서 시작되어 분화하였다는 관념을 갖고 성이 같은 사람은 모두 부계조상의 자손으로 여겼던 것이다. 그렇기 때문에 동성은 결혼을 할 수 없다는 유교적인 '동성불혼'과 '이성불양'의 원칙이 일찍부터 지켜져 오면서 동성을 중요시 하여 자식이 없을 경우 후사를 잇기 위해 본종을 중심으로 양자를 들였으며, 다른 성에서는 양자를 들이지 않았다.

그러나 조선에서 성의 유래는 중국과는 달리 고려 초기에 공신·외척·고관 등이 토성분정을 받고 본관별로 봉작읍호를 받은 것이다. 그러나 중국의 성관제도가 들어오면서 혈통과 무관한 동성의 다른 본관들이 나오게 되었다. 따라서 같은 성이라도 본관이 다르면 혈통이 다른 것으로 봐야 되기 때문에 조선에서는 본관을 매우 중시한다.

중국과 조선의 사회의식의 차이는 가족제도의 기본인 양자제도에 중요한 영향을 미치고 있다. 이는 입양에 대해서도 많은 차이를 가져왔다. 중국은 오래 전부터 본종 중심의 양자가 이루어지는 데에 반해, 조선에서는 초기까지도 외손이 친손과 같은 대우로 존재하기 때문에 아들이 없더라도 딸의 자손으로 제사를 지내게 하여 양자의 필요성을 크게 갖지 않았다.

양자를 계후자, 또는 계자라고도 한다. 입양은 자신의 대를 잇는다는 중요한 명제도 있었지만, 더욱 중요한 것은 죽어서 자신의 제사를 지내주는 사람이 필요하기 때문이었다.

중국의 종법철학은 종보의 기재방식에도 나타나는데 아들이 없거나 종인이외의 타성 입양자를 '절'이라 기록하였다. 이는 타성을 종보에 기재하는 것을 금지하여 동종을 중시하는 부계중심의 종법적 가족윤리를 종보에 그대로 나타냈던 것이다. 또한 타성으로 입양 간 경우에는 그대로 기재하였다.

구체적으로 중국 종보의 범례를 중심으로 살펴보면, 본래의 생부에게서 출계하면 그 하대에 이르러 서술하는 것을 그치고 "某某於所後之父"라고 보첩에 기록하였다. 또한 그 종족관계가 불확실한 자는 기록하지 않았다. 그러나 그 출계가 이성인 자는 의례히 생부에 '出紹某姓'이라고 밑에 기록하고 나머지는 모두 기록하지 않았다.[39)]

적출이나 서출로 입양한 자식의 이름 아래 생모를 모두 적어 출생의 유래를 명백히 하였다. 본족의 아들이 이성에게 입양된 경우에도 그 이름 아래에 어떤 성으로 출계했다고 기록하였는데, 그 이유는 그가 종족으로 돌아와 종사를 잇기를 바라기 때문이었다.[40)]

만약 자식이 없어 양자를 들인 후에 자식을 낳으면 반드시 친생자를 정파로 하고 계립자를 뒤에 붙여 기록하였다. 이는 적통 가문을 명확히 하기 위함이었으며, 대방과 소방의 서열을 분명히 하기 위해서였다.[41)]

후손이 없어서 양자를 들인 경우는 소전에 누구의 아들을 입양했다고 기록했다. 만약에 친부모가 자식이 있다가 뒤에 자식을 잃게 되면 출계했던 자식에게 친부모의 제사를 받들도록 하였다.[42)]

汝鉉(國武公 長子)－明成 繼 鼎鉉公 長子 明成爲嗣
鼎鉉(國武公 次子)－明成 出繼 汝鉉公 爲嗣

兆聖(守義公 長子)－天爵(住蘇州)

39) 『쌍삼왕씨지보』 범례, 1946/ 『중화족보집성』, 中國 : 成都, 巴蜀書社, 1995, 영인본.
40) 『白汒陳氏六修族譜』 범례, 1894/ 『중화족보집성』, 中國 : 成都, 巴蜀書社, 1995, 영인본.
41) 『合肥李氏宗譜』 범례, 1925/ 『중화족보집성』, 中國 : 成都, 巴蜀書社, 1995, 영인본.
42) 『요강삼장문장씨』 범례, 1916/ 『중화족보집성』, 中國 : 成都, 巴蜀書社, 1995, 영인본.

天英(出繼 兆龍公 爲嗣)
天祿(住蘇州)
兆龍(守義公 次子) 繼 兆聖公 次子 天英 爲嗣－天英(住柯山)[43]

위에서 살펴본 바와 같이 입양의 경우는 어느 형제의 아들을 입양했다고 기록하고, 친아버지 옆에다가 어느 형제에게 출계했다고 기록한다. 국무공의 장자인 여현은 그의 동생 정현의 장자인 명성을 양자로 들였다. 또한 수의공의 둘째 아들인 조용은 그의 형 조성의 둘째 아들 천영을 양자로 들였다. 중국에서는 이처럼 가까운 혈연관계에 있는 형제나 4촌 이내에서 양자를 들였으며 동생의 장자를 양자로 삼기도 하였다. 그러나 반드시 '이성불양'의 원칙이 지켜졌던 것은 아니다. 일부 지방에서는 실제로 다른 성에서 양자를 들이는 경우도 있었으며, 데릴사위제도 성행하였다.

중국의 동남부 지역에서는 가족구성의 원리에 부계율이 적용되지만 가계계승에 있어서 자신의 아들이 없는 경우 입양과 데릴사위제를 택한다. 친족 가운데서 입양을 하는 것이 우선적이지만, 직계자손이 없을 때는 양자를 들이는 법규에는 아들이 많은 가장 가까운 방계 남계친 중에서 양자를 들여야 한다고 되어있다. 그러나 실제로는 입양하는 집과 아무런 친척관계가 없는 다른 종족으로부터 양자를 들여오는 경우도 종종 있었다.[44]

이와 같이 중국 일부에서는 반드시 부계친의 범주 안에서 입양을 하지는 않았으며 자신의 종족원에서 입양하지도 않았다. 즉 비친족 혹은 부계친 범주의 바깥에서도 입양을 할 수 있었다. 이렇게 자식이 없어서 다른 성에서 자식으로 삼은 경우는 소전에 양자 일인을 어떤 성씨의 누구를

43) 『산음호당김씨종보』, 1829년(도광 9).

44) Freedman, M. H., *Chinese Family and Marriage in Singapore*, London, 1957, p.62.

데려왔다고 밝힌다.[45] 이 입양된 자가 가계의 정식 계승자로서의 합법성을 얻기 위해서는 개등의식을 치르게 된다. 그것은 친족을 초대하여 잔치를 벌이고 조상의 사당에 고하여 자식으로 인정을 받고 종보에 이름을 올리는 것이다.

특히 데릴사위 제도가 대만과 중국본토의 동남부 해안 지역에 많이 발견된다. 이는 아들이 없고 딸만 있을 경우 사위를 맞아들여서 그에게서 난 자식의 일부는 자신의 성을 부여받고 그 손자로 하여금 종족의 구성원으로 동질성을 갖게 한다. 이는 우리가 흔히 말하는 외손봉사와는 다르다. 즉 어머니의 성을 갖게 되고 완전히 어머니 친가의 남계친의 일원이 되는 것이다.[46] 이와 같이 중국은 양자 입양에 있어서 각 지역마다 많은 차이가 있었으며, 촌수의 범위에 있어서도 선택의 탄력성이 있었다.

혼인에 있어서도 중국에서는 '동성불혼'의 원칙이 있었으나, 각 지역관습에 의해 동성끼리의 혼인이 허용되기도 하였다. 청나라 법조문에는 "동성의 남녀가 혼인했을 때 당사자와 혼인중매인은 각각 60대의 태형에 처하며, 혼인은 무효가 되어 이혼해야 하고 혼수품과 예물은 정부에 귀속된다"라고 하였다. 그러나 동성사촌이 아닌 이성사촌끼리는 결혼을 하기도 했다. 실제로 지역에 따라 친가가 아닌 사촌들과 혼인하는 것이 가능했던 반면, 외사촌 및 이종사촌 간의 혼인이 허용되기도 하였다. 또한 외사촌누이와의 혼인을 장려하는 전통이 있는 반면 고종사촌누이와의 혼인은 꺼려하기도 했다. 청과 명나라에서는 이성간 사촌들과의 혼인을 일반적으로 금지했음에도 불구하고, 이들과의 혼인을 허락하기 위해 1729년 법전에

45) 『요강삼장문장씨』 범례, 1916/ 『중화족보집성』, 中國 : 成都, 巴蜀書社, 1995, 영인본.

46) 김광억, 「중국의 친족제도와 종족조직」, 『한국친족제도연구』, 역사학회편, 일조각, p.125.

특별 사면조항을 만들기도 하였다.[47]

조선의 경우, 고려 때에는 부계혈통주의가 강화되지 않아 혈통계승을 위한 양자제도가 그리 활발하지 않았다. 따라서 "일반 백성들이 본인의 자손이 없고 형제에게도 아들이 없는 경우 세 살 전에 버려진 아동의 양자를 허용하고 수양자는 아버지의 성을 따르게 하도록 하는 법이 있었으며, 본인에게 자손이 있거나 형제에게 아들이 있으면서 양자를 하는 경우에 이성수양자를 금지한다"[48]라고 하여 동성의 양자가 아닌 이성으로도 양자로도 삼았다.

또한 고려의 오복제도에는 "동종의 아들이나 세 살 전 버려져서 수양자[49]가 된 자는 수양부모가 죽으면 삼년 복을 입고 친부모를 위해서는 일년 복을 입으며, 이성족인 수양자는 정한 바는 없지만 은혜를 중히 여겨 9개월 49일 동안 상복을 입도록 하였다.[50] 또한 후사가 없는 자가 양자를 자기 성을 호적에 올린 자는 친아들과 같이하며, 동종을 양자로 한 경우에도 대를 잇는 것으로 인정하여 3년 상복을 입게 허락한다"[51]라고 하였다.

이와 같이 이성수양자에게도 부모의 성을 갖게 하고 상복을 입게 하였다.

---

47) Freedman, M. H., 김광억 역, 『동남부 중국의 종족조직』, 일조각, 1996, pp.122~123 참고.

48) 『고려사』 권84, 지, 문종 22, 권38, 형법1 호적조, "凡人無後者無兄弟之子則收他人三歲前棄兒養以爲子卽從其姓繼後付籍已有成 法已有子孫及異兄弟之姓子者而收養異姓者一禁".

49) 고려시대에는 혈통의 계승을 목적으로 하는 수양자와 은혜적 관계를 목적으로 하는 시양자가 있었다. 『고려사』, 열전 권43, 김준전.
조선시대에는 다른 사람의 자를 기르는 것을 시양이라 하고 3살 전 아이를 기르는 경우를 수양이라 하여 친아들과 같게 보았다. 『경국대전주해』 형전, 사천조.

50) 『고려사』 권64, 지 권18 예6, 인종14년 2월 오복제도.

51) 『고려사』 권64, 지 권18 예6, 공양왕 3년 5월 오복제도.

또한 친자와 동등한 재산상속법을 갖고[52] 아들 자격의 지위를 준다는 것과 외손에게도 제사를 지내게 했다는 것,[53] 그리고 음직에 있어서도 계승할 수 있도록 하여 성이 다른 수양자라 하더라도 친자와 다름없이 대우를 했던 것이다.[54]

이렇듯 혈통계승을 중요하게 생각하지 않았던 의식으로 말미암아 고려시대에는 급격한 정치·사회적 변동으로 인해 가문이 몰락하는 경우가 많았다. 이는 유아사망률이 높을 뿐 아니라 부계적 혈통주의가 강화되어 있지 않아 자식이 없어도 양자를 하지 않고 외손으로 하여금 봉사를 하게 했기 때문이다. 따라서 양자제가 일반화 되지 않아 자식이 없는 가문의 단절성이 나타나서 고려 때 융성했던 가문이 현재까지 이어지지 못했던 것이다.[55]

조선시대 초까지도 고려의 영향을 받아 본종 중심의 양자제도가 그리 활발하지는 않았던 것 같다. 1476년(성종 7)에 편찬된『안동권씨 성화보』에는 '무후'라는 표시가 317사례나 될 뿐 아니라, 사실상 무후로 되어있는 경우가 친손만도 207예이고 더구나 딸만 있는 가계만도 21번의 사례가 나타났음에도 불구하고, '계자' 표시가 단 한군데도 없다는 것은 매우 특이하다. 이는 남녀평등, 내외손을 동일시 여기던 당시의 풍습으로서 양자가 필요 없었기 때문이다.[56]

---

52)『고려사』 권85, 지 권36 형법2, 노비.

53)『고려사』 권7, 문종세가 원년 3월 신묘조, "門下侍郎平章事皇甫款上言 臣無嗣乞以外孫金祿宗爲後從之官祿宗九品".

54)『고려사』 권75, 지 권29 선거3, 전주 음서, "개경과 서경의 문무반 5품 이상자에게 각각 한명의 아들에게 음직을 허용하되 친자가 없으면 수양자 및 손자에게 허용한다"(예종 3년 2월) ; "동종의 수양자에게는 음직을 계승하게 하고 유기소아의 수양자의 경우 양천을 구별하기 곤란한 경우에는 동서남반에 모두 5품에 한한다"(인종 5년 2월).

55) 이수건,『한국의 성씨와 족보』, 서울대학교출판부, 2003, p.169.

〈표 24〉『안동권씨 성화보』 사례

女夫朴登							
子惟仁	子惟義 無后	女夫鄭保					
		女夫成孝淵	女夫李墀	女夫李右亨	女夫李絶孫	子允貞 子允和 無后 女夫李有仁	子允寬
		子0 子琓	子陸 子陞 女夫朴恒 子0 女夫呂希寧 子陌	子渾	子之任 女夫崔哲重		子 子
		子 子 子	子 子 子 子 子				

위의 표에서 나타나듯이 권유의와 권윤화도 자식이 없었지만 양자를 들인 기록이 없다.

그러나 조선 중기 이후부터는 종법에 의한 종가사상이 싹트기 시작하여 종족간의 종족의식이 강화되었다. 또한 큰아들이 제사를 지내는 것과 혈통에 대한 관념이 철저하게 인식되면서 가부장제적 친족조직이 활발하여 수직적 혈통의 계승을 중시하였다. 따라서 아들이 없는 경우 형제의 장자를 중심으로 혈연적 근친관계에 있는 같은 항렬의 자손을 입양했으며,

56) 권영대, 「성화보고」, 『대한민국 학술원논문집』 20집, 1981, p.318.

18C를 지나 19C에 내려올수록 점차적으로 입양 대상의 촌수 범위가 넓어졌다.

조선의 법률에서도 "처와 첩 그 어느 쪽에서도 대를 이을 자손이 없으면 관에 고하여 같은 종족의 지파를 후사로 삼는다"[57]라고 하여 가계계승과 제사를 위해 친족 중에서 양자를 들이는 것을 인정한 것이다. 이 제도 역시 시대의 사회상황을 잘 나타내 주는 것으로 조선시대에 들어와 양자의 사례가 족보에 기재되어 있어 이를 살펴보는 것도 매우 중요하다고 할 수 있다.

〈표 25〉 문화유씨 족보의 입양 범위 사례

연도	범위	비고
16세기 중엽	3촌~5촌	동생의 차남이나 삼남
17세기 중엽	3촌~9촌	동생의 장남이나 차남 또는 삼남
18세기 중엽	3촌~13촌	동생의 장남
19세기 중엽	3촌~15촌	〃
20세기 초엽	3촌~21촌	〃

위의 표에서 나타난 것과 같이 양자는 후대에 오면서 점차 그 촌수의 범위가 넓어졌다. 특히 주목할 만한 것은 16C까지는 동생의 장남을 입양시키는 경우는 거의 없고 동생의 차남 이후를 입양시켰는데, 17C부터는 동생의 장남이나 차남 이후를 입양시키는 두 가지 방법이 공존하였고, 18C부터는 거의 동생의 장남을 입양시켰다.[58] 이것에서 조선 후기로 들어오면서 종가사상이 강화되었다고 볼 수 있다.[59]

57) 『경국대전』, 「예전」, 입후조, "嫡妾俱無子者 告官立同宗支子爲後".

58) 차장섭, 「조선시대 족보의 한 유형－삼척김씨 족보를 중심으로－」, 『대구사학』 67집, 대구사학회, 2002. 『삼척김씨 을묘보』(1795년)에서는 양자제가 더욱 강화되어 형이 아들이 없는 경우 동생의 장자를 형의 양자로 보내는데 심지어 자신의 아들이 한 명인 경우에도 자신의 외아들을 형에게 양자로 보내고 자신은 자식이 없어 대가 끊어지는 경우도 있었다.

양자에 관한 기록은 족보에 철저하게 기록하였다. 양자는 생부와 양부가 동시에 존재하므로 출계상황을 기록하였는데 양자로 들어간 사람의 이름 아래나 좌측에 '출계'라고 기입하고 양부의 이름과 그가 기록된 면의 번호를 쓴다. 또한 양부가 기록된 면에는 그의 이름 밑이나 좌측에 계자라 기입하여 이름을 쓰고 아래로 생부의 이름과 그가 기록된 족보의 면을 기록함으로 조상의 뒤를 잇는 도리를 표시하였다.[60]

양자의 대상범위를 선정하는데 있어서는 여러 가지 방법이 있다.

첫째는, 혈연적 근친자 즉, 형제간이나 4촌, 6촌, 8촌을 대상으로 하는 것으로 가장 일반화 되었다.

둘째는, 혈연적 원근관계를 우선하여 정치적·사회적으로 번창한 가문끼리 양자를 통해서 가계를 계승함과 동시에 가문의 위상을 높이고자 하는 의도에서이다. 이는 위세를 자랑하는 가문끼리 양자를 주고받음으로써 가문간의 유대를 강화하고 이를 통해 그들만의 위세를 유지 발전시키고자 하였음을 반영한 것이다.

셋째는, 파가 다르더라도 동일지역에 거주하는 종가끼리 가문의 지위를 유지시키고자 양자를 교환하는 경우가 있다. 결국 양자가 가지는 의미는 혈연적으로 대를 잇겠다는 것과 아울러 양자를 통해서 가문의 위상을 유지·발전시키고자 하는 두 가지 기능을 동시에 수행하였다.[61]

---

59) 최재석, 「조선시대의 족보와 동족의식」, 『역사학보』 81집, 1979, pp.65~67 참고.

60) 차장섭, 앞의 논문, p.17. 『삼척김씨 기유보』의 범례에서는 양자의 기록 방식을 규정하였다. 즉 출계인은 본래의 자리에 누구의 후가 되었음을 적고, 후가 된 곳에는 생부의 이름을 적어서 종통지의의 중요함을 나타내었다. 이 같은 규정은 『갑술보』에서 더욱 강화되었다. 출계자는 본래의 친부모 아래에 계모후라고 적고, 후친 아래에는 '계자'라고 기록하지 않고 단지 '자'라고만 기록한다. 방주에 자와 호 아래에 반드시 생부 누구라고 기록하여 혼란을 방지하고 또한 후지종을 소중히 하고 선유지론을 따르는 것이다.

61) 차장섭, 「조선시대 족보의 편찬과 의의-강릉김씨 족보를 중심으로」, 『조선

이렇듯 가족제도의 기본인 양자제도에도 조선 초까지는 중국과 다르다는 것을 알 수 있었다. 조선은 중국의 종법적 영향을 받기 이전에는 친·외손 구별 없는 동등한 대우로 인하여 양자제도가 활발하지는 않았으며, 같은 성에서 반드시 입양한 것은 아니었다. 그러나 중국에서 종법이 들어온 이후부터는 종법적 부계친 중심의 사고로 인한 본종 중심으로 양자가 이루어졌으며, 후기에 갈수록 본종 의식의 약화로 입양의 범위가 넓어지는 것을 알 수 있었다.

중국에서의 양자제도는 '이성불양'을 원칙으로 부계친의 범주 안에서 이루어졌으나, 지역에 따라 약간의 차이는 있었다. 이는 족보에 그대로 기재되어 있고, 양국 모두 이를 중요하게 여기고 있었다.

2. 경제적 비교

중국은 조선과 달리 종족집단이 경제적 조직체를 바탕으로 이루어졌다.

오래 전부터 중국은 종족들이 의장이나 의전을 형성하여 종족원들에게 많은 도움을 주며 매우 활발하게 활동하였다. 물론, 유교사회인 중국에서도 상인층은 공식적으로는 매우 낮은 계층이었다. 그러나 이들은 장사를 통해 번 돈을 고향의 토지에 투자하고 이를 기반으로 아들들을 공부시켜 과거시험에 응시하게 하였던 것이다. 이런 과정을 거쳐 경제적인 부는 사회적 지위와 정치적 권력을 획득할 수 있었다. 또한 상업을 바탕으로 부를 축적한 사람들은 향신층들 간의 혼인을 통해 신분상승을 노렸던 것이다. 이들은 상업을 통해 번 돈으로 종보를 편찬하는 일에도 적극적이었으며 재물의 상당량은 다시 종족에게 환원하였다.[62)]

시대 사학보』 2, 서울 : 조선시대사학회, 1997.6, pp.63~64 참고.

62) 박원고, 「명·청시대의 중국족보」, 『한국사 시민강좌』 24, 일조각, 1999, p.180. 『방씨회종통보』를 편찬한 방선조는 사대부가 아닌 휘주상인이었다. 이는 중국의

중국에서는 송대 이후부터 종족 조직체[63]들이 경제적인 면에서 토지를 기반으로 한 공동체적 종족재산[64]을 소유하고 있었다. 이들은 이러한 재산을 활용하여 공동으로 조상에게 제사를 지내고 종족원들에게 경제적 혜택을 주고 결합할 수 있도록 하였다. 여기에서의 종족재산은 반드시 토지뿐만 아니라 상업을 통하여 얻은 재산이나 경우에 따라 공장이나 기업체, 즉 염전이나 굴 양식장 그리고 운송업체 등을 종족 공동재산으로 가지고 있으며, 구체적인 공동재산이 없더라도 종족원간의 특수한 연계망을 형성하여 공동체적 사업을 조직하기도 한다.[65]

종족재산의 수익은 조상숭배 의례에 드는 비용을 충당할 뿐 아니라,

상업을 이끌던 상인집단이다. 이들은 염상·전당상·차상·목상으로 이름을 떨쳤으며, 그 중에서도 염업이 주된 업종이었다. 방선조는 큰 재산을 모아 고향으로 은퇴하자, 일족의 종사를 수축하고 족보를 편찬하는 일에 열의를 가지고 거금을 아낌없이 기부하였다. 이러한 현상은 방선조만의 특수한 사례가 아닌 당시 성공한 휘주상인의 보편적인 행동양식이었다. 객지에 나가 상업 활동을 하는 객상들에게는 종보가 족인들의 연락 구실도 하였으며, 각지에 퍼져있는 족인들은 상업정보의 중요한 제공자였다. 따라서 족보를 편찬하는 목적은 인재확보와 정보 수집을 포함한 상업 활동의 연락망을 형성하는데 있었다는 것이다.

63) 종족이란 인류학적으로 정의한다면, 어떤 특정의 조상을 정점으로 하여 그의 남계친 자손들이 공동재산을 기반으로 하여 조직되는 것으로 조상숭배의 의례를 수행하는 집단이다. 또한 사회적 관계와 정치 및 경제적 동맹관계를 구축하고 자신의 아이덴티티를 그것에 참조하여 찾게 되는 것이다. 이는 우리가 말하는 동족과 구별되어야 한다. 사실 동족이란 말은 일본의 'どうぞく'에서 온 것으로 일본의 'どうぞく'의 개념과 구조적 성격은 우리의 것과는 전혀 다르므로 이를 그대로 우리 사회의 설명에 적용하는 것은 타당하지 않다. 오히려 중국의 것과 많은 점에서 비슷하므로 종족이라는 말로서 영어의 'lineage'로 번역하는 것이 타당하다. 김광억. 앞의 논문, p.127 참고.

64) 劉興唐, 「福建的血族組織」에서는 공동 토지재산이 '書燈田'이라는 장학재단을 위한 토지와 '祭田'이라는 제사용 토지로 나누어졌다고 한다. 서등전은 종족원들의 학생들을 위하여 사용되는 토지이며, '제전'은 종족원들이 윤번제로 경작하였다.

65) 김광억, 앞의 논문, p.130.

종족의 자제들을 가르칠 학교설립 및 운영에 쓰인다. 족인들의 아들들은 조상의 사당에서 무료로 공부하고, 또한 과거시험에 응시할 비용을 보조받아 관리로 진출하기도 하였다. 송대에는 종족재산이 가난한 종족원의 구휼 및 보조의 목적으로 쓰여진 자선기구의 성격이 강했던 반면에, 명대에는 기업적 법인체의 성격이 강하게 발달하였다. 종족원들은 종족 공동재산을 만들고 이를 기부한 사람들로 특별 종족을 조직하며, 그 자제들만이 종족운영의 학교에서 교육을 받고 관리나 학자가 되는 기회를 갖게 되는 것이다.[66)]

특히 종족제가 확대되어 가는 데는 휘주 상인의 영향을 지적하지 않을 수 없다. 종족단위의 소송비용을 전담하거나, 종사를 건립하는데 자금을 대는 등 명나라 중기 이후 종족제의 발달에는 분명히 상업의 발달에 따른 휘주상인의 역할이 컸다.[67)] 종족의 지원을 받아 성공한 휘주상인들이 다시 종족에 부를 환원시켜, 이들의 경제적 지원 아래 종보를 중심으로

---

66) 김광억, 앞의 논문, p.135. 이러한 경제적 현상은 종족의 분파를 가져온다. 특정의 조상이 위토를 남기면 사당이 건립되고, 그 이익은 그 사당에 속한 자손에게 분배된다. 그러나 인구가 증가하고 세대가 늘어감에 따라 사당으로부터 받는 이익이 차이가 나고 종족원들 사이에 경제적·사회적 지위의 차이 및 분화가 일어나며 종족 분파가 일어난다. 조상이 남긴 재산은 공동기금으로 위토를 장만하고 사당을 만들며 제사비용을 충당한다. 나아가 족묘 혹은 족당으로 발전시킨다. 세대를 거듭하면서 자손이 번성함에 따라 위토에서 생기는 경제적 수익의 분배에서 차이가 나게 된다. 즉, 많은 자손을 둔 조상은 자손들에게 돌아갈 몫은 적게 되고, 자손이 적은 가문은 돌아갈 이익이 많기 때문이다. 이러한 이익의 차이로 몇 세대가 지나면서 자손들 간에 종족의 공동활동을 위한 모금이나 기타 활동에 대하여 부담액을 놓고 분쟁과 알력이 생기게 된다. 또한 종족원들 간에 경제적 지위에 있어서 이질감이 증대되고 이때 부유한 종족 측에서 분파를 시도할 수도 있다. 이에 따라 새로운 파조를 중심으로 종족의 분파가 일어나게 되는 것이다.

67) 박원고, 「명청시대 휘주상인과 종족조직－흡현의 유산 방씨를 중심으로－」, 『명청사연구』 9집, 1998.

종족조직을 단계적으로 확대해 나아갈 수 있었던 것이다.

중국의 상속법에서는 일반적으로 아들들 중 조상의 사당을 돌볼 책임을 진 장남에게 특별히 따로 몫을 떼어주었는데, 이 특별한 몫을 제외한 재산에 대하여 자손들은 동등한 권리를 갖고 있었다.

조상이란 단순히 아들만 남긴다고 되는 것이 아니라 무엇보다도 그를 위하여 향불을 피워 줄 재산을 남겨야 한다. 즉 부모로부터 재산을 물려받은 자녀에 한하여 조상의 제사를 지내야하는 의무가 주어지는 것이다. 곧 자식들이 부모재산을 상속받은 경우에만 제사를 지낼 의무를 갖는 것이다. 이러한 이유로 부모 혹은 다른 조상의 위패는 상속자에 의하여 모셔지는 것이며, 경우에 따라서는 제사가 상속받은 여러 형제 사이에 윤번제로 모셔지기도 한다.[68]

그러나 조선은 상업적 활동을 사회계급의 차원에서 낮게 대우하였기 때문에 중국과 같이 상업적 이익을 종중의 재산으로 활용하지는 못했다. 뿐만 아니라 넓은 의미의 종족의 공동재산은 많지 않았으며, 가난한 종족 구성원들에게 구휼을 하는 경우도 그리 많지 않았던 것 같다. 조선에서는 단지 공훈이 있을 때 국가에서 하사하는 토지를 중심으로 그 자손들에게 공동재산으로 상속된 선산과, 문중에서 공동으로 구입한 재산을 중심으로 이루어진 종토로부터 나오는 이익을 조상의 제례비용으로 사용하는 정도였다. 또한 유력한 양반가에서는 서원이나 사묘를 세워 문집이나 족보를 편찬하였다. 그러나 근래에 들어와서는 번성한 종친회 단위로 장학사업을 통하여 장학금 지급 및 기숙사 운영 등 매우 활발하게 활동하고 있다.

68) 김광억, 앞의 논문, p.125 참고.

제3절 신분적 비교

족보는 그 시대의 사회의식을 반영하는 거울이다. 특히 이전의 역사는 신분질서에 의해 이루어진 사회임으로, 족보의 기재 방식이나 내용을 통하여 그 사회의 신분질서 변동을 살펴보는 것도 중요하다고 생각한다.

족보를 편찬하는 목적 중의 하나는 적자와 서자를 구분하기 위함이기도 하였다. 이러한 것은 당시의 사회의식을 그대로 반영하는 것으로, 양반층들은 신분질서를 고식화하여 자신들만이 기득권을 갖고 소수의 특권층으로 자리매김을 하려 족보를 편찬하기도 하였다. 여기에서는 조선과 중국의 사회적 신분의 차이를 족보에 나타난 기록을 중심으로 살펴보려 한다.

조선 전기에는 서얼의 차별이 심하지 않았으나 후기에 들어와 중국의 종법제와 주자학의 확산으로 사족 가문에서는 문벌을 중시하여 서얼의 차별이 심하였다. 따라서 각 문중에서는 신분의 표시가 중요하였기 때문에 족보 편찬 시에 적서 자손을 분명하게 밝혔다. 15C 후반에 편찬된 『안동권씨 성화보』에는 서자라는 표시는 단 한 차례도 보이지 않는다. 또한 1565년(명종 20)에 간행된 『강릉김씨 을축보』에도 서얼을 기록하지 않았다. 이는 조선 초기에는 서얼의 차별이 없었다는 증거이다.

그러나 시간이 지남에 따라 그 차별의 정도가 심하여 어머니의 출신에 따라 같은 혈연인 형제간에도 차별을 두었다. 심지어는 같은 어머니의 자녀라도 처가 가문의 등급에 따라 그 신분이 달랐던 것이다.[69] 따라서 배우자나 혼인관계에 있는 가문의 출신 상황을 중요시하여 이들의 사조까지의 가계배경을 족보에 기재하여 가문의 등급을 높이려 하였다. 즉, "姓貫及四祖備錄"이라 하여 사조까지의 성관뿐만 아니라 과거에 관한 것이나 관직 등을 기록하였다. 또는 그 사조 중에 나타낼만한 인물이

69) 유수원, 「논문벌지폐」, 『우서』 권2.

없을 때에는 이를 생략하고 그 윗대의 현조까지 찾아내어 그의 몇 대손이라고 밝혀 기록한 예도 있다. 중국은 본인의 배우자는 물론이고 아들이나 딸들 배우자의 거주 지역까지 기록한 반면 조선은 이를 기록하지 않았다. 대신 본관과 사조를 기록하였는데 이는 신분과 관계가 있다고 볼 수 있다.

자녀들을 족보에 기재하는 순서도 서자녀는 무조건 적자녀 다음에 기재하여 적서의 차별을 분명히 하였다. 그러나 때로는 그 서자 자손 중에서 가문을 빛낸 인물이 배출되면 그 조상의 이름자 위에 기록된 '서'자를 삭제하기도 하였다. 이러한 적서차별이 심하였지만 양반가문의 족보 이외 호적을 비롯한 공문서상으로는 원칙적으로 적서를 표시하지 않고 있다. 다만 사마방목에서 생원과 진사시 합격자 중 그 직역을 허통이라 쓰고 그 형제란에 적형 누구라고 표시하는 수가 있어 그 합격자가 서얼임을 알 수 있게 하였다.[70] 반대로 양반의 적자인 합격자의 형제란에 서형 또는 서제의 이름을 표시함으로서 적서 관계를 알 수 있게 하는 등의 예외적인 경우는 있었다. 물론 그 근거가 되는 문서는 각 씨족의 족보임으로 19C 이전의 족보야 말로 적서를 분간하는데 필요한 가장 기본적인 사료라 할 수 있다.[71]

서얼은 양반의 자손이면서도 신분제라는 틀에 얽매여 후대까지 세습되면서 많은 사회적 제약을 받아왔다.[72] 이것은 고려시대에는 없었던 문화로

70) 조선 효종 대부터 조선 후기까지의 126년 동안 『방목』에는 124명의 서자들이 기록되어 있다. 송준호, 「조선시대의 과거와 양반 및 양인」, 『역사학보』 69, 1976, p.135 참고.

71) 이종일, 「18·19세기 한중 족보상의 적서표시와 그 신분사적 의의」, 『동국사학』 37, p.325.

72) 정온의 상소문 중 『규사』에 나오는 내용은 "적서간에 존과 비의 구분은, 하늘에는 하늘의 법칙이 있고 땅에는 땅의 법칙이 있어 어떠한 경우에도 어길 수 없다.(嫡庶之間 尊卑之分 天經地義 不可撓紊)"라는 명분론을 내세워 철저한 서얼차별을

조선에 들어와서 태종 때 서얼금고법과 처첩분간 실행으로 족보 기재형식에도 차별화를 가져왔던 것이다. 서얼금고법은 태종의 정권의 안정적 유지를 바라는 정치적 차원뿐만 아니라, 당시 사회·경제적인 배경 속에서 탄생하였다. 고려시대의 일부다처첩제로 인해 조선왕조에 들어와 노비, 전토, 객사, 재물 등을 둘러싼 처첩부자간의 소송이 빈번해지자 처첩간의 분간이 필요하게 되었다. 따라서 태종 13년(1413)부터 처첩제가 굳어져 첩과 첩의 소생을 차별대우하게 되었다.[73]

또한 태종이 왕권계승분쟁을 사전에 차단하기 위한 일환으로 왕실족보를 편찬하면서 왕족 서얼들을 따로 분류하여 『유부록』에 기록한 것을 기화로 일반 문중에서도 『별보』 또는 『별록』·『추보』라 하여 서손만을 따로 모아서 만들었거나, 후에 후손이라고 주장하는 가문을 수록하였다.[74] 조선시대에는 족보에 등재된 동족 집단이 양반으로서의 신분을 유지하는 기능을 하였으며, 족보에 이름이 등재되는 것은 공적으로 양반임을 인정받는 것이었다. 따라서 당시 중인으로 분류된 향리와 서얼들에 대해서는

주장하였다. 반대로 서얼을 철폐하자는 주장도 있었는데, 이들도 역시 국가에서 인재를 뽑을 때는 신분에 차별 없이 능력에 의해서 뽑아야 한다고 하였지만 가정에서는 신분 차별을 지켜야 한다고 주장하였다.

황현의 『매천야록』(『황현전집』 수록)에 보면, 기존의 양반들은 그들의 기득권을 유지하고자 양반인구의 증가를 억제하기 위하여 신반(서얼로서 새로운 양반으로 승반된 사람)들이 양반이 되는 것을 곱지 않게 여겨 이들을 반쪽 양반이라 격하시켰다. 나아가 명칭에서도 그들과의 차별성을 나타내기 위하여 이들을 편반이나 좌족이라 폄하하였다. 또한 그들이 비록 재상이나 판서의 지류 출신이라도 반상의 중간 신분으로 보아 같은 연배간이라도 교류하지 않고 차별화하는 등 심각한 사회적 갈등을 나타냈다. 특히 정조 이후에는 노론측에서 강력하게 서얼철폐를 주장한 반면 남인들은 서얼철폐를 반대하였다.

73) 이태진, 「서얼차대고」, 『역사학보』 27, 1964.

74) 족보에 누락한 자 중에 그 근거가 분명하고 중종에서 확인이 된 경우에는 원보에 등록하고 그렇지 못할 경우에는 『별록』에 수록하였다. 이는 족보 등재를 신중하게 하려는 의도였다.

족보 등재에 차별을 두었다.[75]

또한 서얼들은 법에 의해 사회적 차별 대우가 규정되고, 이러한 차별 대우가 자손에게 세습되었으며 재산 상속에도 적손들과 차별 대우를 받았는데,[76] 서자녀에 대한 재산 상속은 적자녀에 비해 약 40% 미만의 재산을 분급하는 것으로 나타났다.[77]

따라서 이러한 사회적 차별로 말미암아 조선의 양반들은 족보의 편찬 목적이 그들의 자손이 서자로 되지 않게 하기 위함도 있었던 것이다.

> 시조로부터 명원공까지는 무릇 기록할 것이 있으면 모두 간략하게 기록하였다. 이는 조선의 일을 자손이 된 자로서 반드시 알아야 하며 또한 자손이 분명하게 서인에 이르지 않도록 하는 것은 累基之厚와 流慶之遠이기 때문이다.[78]

강릉김씨 족보를 시대별로 살펴보면, 1714년(숙종 40)에 편찬된 갑인보에는 서자를 측자나 측녀 혹은 서자 또는 서녀라고 기록하였고 서파는 별록에 따로 수록하였다. 이어 1743년(영조 19)에 간행된 계해보에서는 서자를 서자와 서녀로 기록하고, 배우자를 적파는 배로 서파는 취로 기록하였다. 1797년(정조 21)에 간행된 정사보(평의공파)에는 역시 자녀는 서자, 서녀로 기록하되 배우자를 적파는 배·졸로, 서파는 한 단계 낮추어 취·몰로 기록하였다. 1846년(헌종 12) 병오보(평의공파) 이후부터는 배우자를 적파

---

75) 이훈상, 『조선후기의 향리』, 일조각, 1990, pp.175~185.

76) 『경국대전』에 의하면 양첩자녀에게는 적중자의 7분의 1을, 천첩자녀에게는 적중자의 10분의 1을 분급하도록 규정하고 있으나 실제에 있어서는 이것이 그대로 시행되지는 않았던 것 같다.

77) 최재석, 「조선시대의 상속제에 관한 연구-분재기의 분석에 의한 접근-」, 『역사학보』 53·54 합집, 1972, p.136.

78) 『강릉김씨 을축보』 범례.

는 배·실·졸로, 서파는 취·몰로 기록하여 족보상의 기록에 차등을 두었다.

16C에 간행된 강릉김씨 을축보에 서얼을 아예 기재하지 않은 것은 위에서 언급하였듯이 태종이 왕실족보 편찬에 왕실내의 처첩과 적서간을 분명하게 하면서 서얼을 구분하여 명분을 바로잡겠다는 의도와 맥을 같이 하는 것이다.

18C에 들어와서 서얼이 기재되기 시작한 것은 임진왜란 이후 서얼허통책의 확대 실시와 지속적인 이들의 지위상승 노력의 결과였다. 전란 극복을 위한 정부의 서얼층에 대한 필요성으로 납속이나 군공 및 공훈에 의해 허통이 가능하였다. 이어서 17C 후반에는 인조 3년의 허통사목과 납속허통책의 실시, 미허통 서얼들이 과거에 몰래 응시하는 '모부' 등으로 서얼금고법은 사실상 의미가 없어졌다. 숙종 때에는 서얼층에게 군역의 면제를 인정하였을 뿐만 아니라 납속허통법을 폐지하여 서얼을 완전히 금고법에서 해방시켜 주었다.

그러나 족보의 기록에 있어서의 차별은 여전하여 서얼은 적자 다음에 기록되었고, 서녀는 사위의 성씨만 쓰고 이름은 기록하지 않았다. 서자녀는 적자녀 형제의 맨 마지막에 기록하였다. 배우자는 '취'자를 써서 적서의 구분을 하였다. 족보 기재에 있어서 적자와 서얼의 차별이 완전히 없어진 것은 1894년 갑오개혁[79] 이후부터이다.[80]

조선시대 편찬된 서얼에 대한 보편적인 족보 기록의 유형을 살펴보면 다음과 같다. 서자인 경우 출생 순이 아닌 적자를 먼저 기록하고 서자를

79) 갑오개혁으로 신분제도가 법제적으로 완전히 철폐됨으로서 서얼에 대한 형식적인 차별은 폐지되었다. 갑오개혁에서 적·첩 양쪽에 모두 아들이 없을 경우에 양자를 허용하고 과부의 재가도 허용되는 한편, 공사노비제도가 혁파됨으로써 서얼차대의 막을 내렸으나 사회의 의식은 지금까지도 영향을 미치고 있다.

80) 차장섭, 「조선시대 족보의 편찬과 의의-강릉김씨 족보를 중심으로」, 『조선시대사학보』 2, 조선시대사학회, 1997.6, pp.55~57 참고.

뒤에 기록하는 선적후서 기재방식을 취했다. 족보에서의 그 이름 글자 위에 서자녀를 표시하였다. 드물게는 이름 밑에 작은 글씨로 '서' 또는 '허통'이라 쓰고, 그 적통 형제들과는 다른 항렬자를 썼으며,[81] 서자녀와 그 자손을 족보에 기재하지 아니하였다. 또한 서자로서 비록 문과에 급제하여 고을 수령을 지낸 사람까지도 족보에 기재하지 아니하였다.[82]

자녀 중에 서자만 있으면 장남 행에 기록하여 세계를 계승시켰으나, 만일 적녀가 있으면 그 줄을 비워놓고 적녀 다음에 써서 불감선적의 뜻을 남겨놓았다. 이품 이상이 사망하면 '졸'이라 쓰고 나머지는 '종'이라 쓰며 서파는 '몰'이라 썼다.[83]

처의 경우에는, 적자손의 처를 '배'라 기록하고 성관을 표시하였으며, 서자손의 처에 관하여는 아무런 표시가 없거나 '취'라고 기록하고 성관을 표시하였다.[84] 적자손의 처를 '실'이라 기록하고 성관을 표시하였으며 서자손의 처에 관하여는 기록하지 아니하였다.[85]

그러나 때로는 적자손과 서자손의 구별 없이 처를 '배'라 기록하고 성관을 표시하였으며 당상관의 처는 '부인'으로 표시하고 성관을 표시하였다.[86]

적서 구별 없이 그 처를 '배'라 하고 성관을 기재하였으나 많은 경우 서자녀를 등재하지 아니하고, 다만 그 아버지의 기사란 끝에 서자 몇인 서녀 몇인이라고만 기재하고 그 이름이나 배우자의 성씨 등에 관한 것은

---

81) 『진성이씨 경자보』.

82) 『의성김씨 경자보』; 『전의이씨 갑술보』.

83) 『풍양조씨 경진보』.

84) 『대구서씨 임오보』; 『동래정씨 기미보』; 『영양남씨 을유보』; 『정선전씨 을묘보』.

85) 『벽진이씨 경인보』; 『능성구씨 병신보』; 『칠원윤씨 신유보』.

86) 『안동권씨 복사공파 갑인보』.

쓰지 않았다.[87)]

적자손이 살아있는 사람의 처는 '실', 죽은 사람의 처는 '배'라 하고 성관을 썼으나 그 남편이 관인인 때에는 부인(당상관의 처)·숙인·의인(당하관의 처) 등 외명부로서의 작위를 쓰고 성관을 기록하였다. 서자손의 경우에는 처에 관해서 아무런 표시를 하지 않았으며, 표시하는 경우에는 적자손과 같이 '배'라 기록하고 성관을 썼다. 비록 그 남편이 노직 통정대부일지라도 그 처를 '부인'이라 기재하고 성관을 기록하였다.[88)] 적자손의 경우 당상관이나 당하관, 그리고 관직이 없는 자도 구별 없이 그 처를 '배'라 기록하고 성관을 표시하였으며, 서자손의 경우에는 그 남편의 관직유무에 상관없이 그 처를 '실'이라 기재하고 성관을 기록하였다.[89)]

조선에는 측실 소생 자녀들이 많이 있었지만 자녀들은 족보에 기재하였어도 그 측실에 관하여는 그 자녀가 아무리 입신양명을 하더라도 언급하지 않았다. 첩의 경우에는, 성씨는 물론 그 소생 자녀의 모계신분을 직접적으로는 기재하지 않았다. 그러나 아주 드물게 '소실 모씨'로 기재하기도 하였다.[90)]

적처(계취·삼취 포함) 모씨 밑에 소생 남녀 몇이라고 기재하거나 '자식이 없다'라는 '무육'이라고 씀으로써 간접적으로 적자녀와 서자녀를 알 수 있도록 하였다. 적서표시가 없어진 뒤에는 첩실을 재취·삼취·사취로 기재하는 경우가 있었다. 전·후실이 모두 자녀를 두었으면 방주에 전실은 몇 남 몇 녀를 출생하였다고 써서 그 나머지 자녀는 후실의 소생임을 나타내었다. 사위의 전·후실은 반드시 자세하게 기록하여 자녀의 잘못된

---

87) 『하동정씨 임진보』.
88) 『서흥김씨 병오보』.
89) 『벽진이씨 병술보』.
90) 『벽진이씨 임자보』.

기록이 없도록 하였다.[91]

중국에서는 적서의 차이를 종보에 기록은 하였지만, 크게 나타내지 않았으며, 사회적으로도 신분의 차별을 후대까지 이어가지 않았다.

성혼과 이이의 학문을 계승하고 당파의 폐해를 몸소 체험한 조헌은 서자의 관직등용에 대한 상소에서 신분제의 유연성으로 천민도 관리가 된 경우가 있는 중국의 예를 들면서 다음과 같이 주장하였다.

> 신이 살펴본 바에 의하면 중국은 인재를 씀에 있어 매우 관대합니다. 오로지 그 재능만을 살펴 그 사람의 문벌만을 논하지 않고 등용합니다.[92]

라고 하며 천민으로서 명나라의 관리가 된 손계고와 성헌의 예를 들었다.

중국 종보에는 자녀들의 기록에 있어서 적자와 서자를 구분하지 않고 출생 순으로 기록하였다.[93]

〈사례 1〉 朱沾(1741~1788)의 세계표[94]

子二 繁 側室 吳出 國珍 正配胡出

女三 賢姑 嫡西陽 胡鴻 勉姑 嫡燕窩裡 洪錫 俱正配胡出 透姑 嫡溪頭都 胡芳 側室 吳出

〈사례 2〉 朱廷首(1755년 생)의 세계표[95]

子七 範 側室 洪出 笲 正配管出, 籌, 洪出, 策, 管出……

女六. 惠姑, 適晏公堂 趙黃, 蒂姑 適書村 管邦, 俱正室管出. 遂姑 適夾梅嶺

91) 『청송심씨 계묘보』.

92) 『葵史』 1, "臣竊見 皇朝作人之路甚廣 惟其有才 則不論其人之門也 而用之".

93) 『요강삼장문장씨』 범례, 1916/ 『중화족보집성』, 中國 : 成都, 巴蜀書社, 1995, 영인본.

94) 『장향도주씨지보』, 1825년(도광 5).

95) 『장향도주씨지보』, 1825년(도광 5).

洪比祥, 側室洪出. 象姑 適石櫃庫 吳松齡 管出. 好姑 適烏石齡 鄭天從, 保姑 適溪頭都 胡廊陞 俱洪出.

〈사례 3〉 陳用敷(1733~1799)의 세전[96]

子七 震 莊敬 緝敬 許出 泰 側室童出 德敬 許出 剛 寬敬 童出……

<사례 1>에서는 "주첨의 아들이 2명이었는데 첫째 아들 주번은 측실 오씨의 아들이며, 둘째 아들 주국진은 정부인 호씨 아들이다. 딸은 셋인데, 큰 딸 현고는 서양에 사는 호홍에게, 둘째 딸 면고는 연와리에 사는 홍석에게 시집갔는데, 이는 모두 정부인 호씨 소생이다. 셋째 딸 투고는 계두도에 있는 호방에게 시집갔는데, 이는 측실인 오씨 소생이다"라고 기록하여, 측실인 오경의 소생인 서자 주번을 먼저 기록하고, 정부인 호경영의 소생인 적통자 주국진을 두 번째로 기록하였다.

<사례 2>에서는 "주정수의 아들은 7명인데 큰 아들 주범은 측실인 홍씨 아들이고, 둘째 아들 주산은 정부인 관씨 아들이다. 셋째 아들 주주는 측실인 홍씨 아들이며, 넷째 아들 주책은 관씨 아들이다……딸은 여섯인데 큰 딸 혜고는 안공당 조황에게, 둘째 딸 체고는 적서촌에 사는 관방에게 시집갔는데 이는 모두 정실인 관씨 소생이다. 셋째 딸 수고는 적협매령에 사는 홍비상에게 시집갔는데 이 딸은 측실인 홍씨 소생이다. 넷째 딸 상고는 석궤고에 사는 오송령에게 시집갔는데 이는 정실인 관씨 소생이다. 다섯째 딸 호고는 오석령에 사는 정천종에게, 여섯째 딸 보고는 계두도에 사는 호랑승에게 시집갔는데, 이는 모두 측실 홍씨 소생이다"라고 하여 측실 홍배연 소생의 큰 아들 주범을 먼저 기록하고 정부인 관정연 소생의 둘째 아들인 주산을 뒤에 기록하였다.

---

96) 『해녕진씨가보』, 1806년(가경 11).

<사례 3>에서는 "진용부는 아들이 7명인데, 큰 아들 진진, 둘째 아들 진장경, 셋째 아들 진집경은 정부인인 허씨 부인의 아들이요, 넷째 아들 진태는 측실인 동씨 부인의 아들이요, 다섯째 아들 진덕경은 정부인인 허씨 부인 아들이요, 여섯째 아들 진강과 일곱째 아들 진관경은 측실인 동씨 부인 아들이다"라고 하여 적서와 관계없이 출생 순으로 기록한 것을 알 수 있다.

이는 아들뿐만이 아니라 딸들에게도 똑 같이 적용되었으며, 딸들의 이름을 일일이 기록하고 누구에게 시집갔는지를 기록하고 있다. 또한 그 딸들의 생모가 측실이더라도 분명하게 측실 누구누구의 딸이라는 것을 기록하였던 것이다.

그러나 서자이름 밑에는 '측출'이라 작게 표시하였다. 때로는 서자의 이름 글자 밑에 '구모출'이라 하여 생모 누구의 소생임을 나타냈으며, 첩의 경우에는 측실 누구라고 명기하고 그 소생 자녀의 이름 밑에 생모의 성씨를 기재하였다. 첩의 아들을 동렬에 쓴 것은 부자관계를 소중하게 생각한 것이고, 글자를 작게 쓴 것은 명분을 바로 하고자 한 것이었다.

입양에 있어서도 적출이나 서출로 입양한 자식의 이름 아래에 생모를 모두 기록하였는데, 이는 적서를 동등하게 대하였을 뿐 아니라, 탄생의 유래를 명백히 하고자 함이었다.[97] 그러나 첩은 자녀가 있는 경우에 한하여 종보에 기록하는 것을 인정하는 경우가 많았다.[98]

다음은 중국 종보에 세계표에 나타난 사례를 중심으로 부인에 대한 기록을 살펴보겠다.

---

97) 『白汜陳氏六修族譜』 범례, 1894/ 『중화족보집성』, 中國 : 成都, 巴蜀書社, 1995, 영인본.

98) 多賀秋五郎, 『宗譜の硏究』 資料篇, 東洋文庫, 1981.

〈사례 4〉 朱沾의 세계표[99]

娶 胡氏 裝英 溪頭都 葵公女 生乾隆 丁卯年……卒……
側室 吳氏 敬 係通州如皐縣人 生卒……

〈사례 5〉 朱廷首의 세계표[100]

娶 管氏 婧蓮, 馬渡橋 柏公女 生乾隆 甲戌年 卒……
側室 洪氏 配蓮 徽州府人 生……

〈사례 6〉 陳用敷의 세전[101]

配 太學生贈大理寺評事 許勉煥女……
子七 震 莊敬 緝敬 許出 泰 側室童出 德敬 許出 剛 寬敬 童出……

위의 <사례 4>에서는 “태학생인 주첨은 휘가 관이고 자는 경부인데, 안휘성 경현 계두도에 사는 호규공의 딸 호경영을 부인으로 맞았다. 그녀는 건륭 정묘년에 태어났다. 측실은 계통주 여고현 사람인 오경을 맞았다”라고 기록하여, 본부인인 호경영뿐만 아니라, 측실인 오경도 계통주 여고현의 사람이라고 분명히 밝혀 정실과 측실의 기록을 차별 없이 동등하게 기록하고 있다.

<사례 5>에서도 “주정수는 자는 기원이요 호는 괴선이고 태학생이다. 안휘성 경현 마도교에 사는 관백공의 딸인 관정연을 부인으로 삼았으며, 건륭 갑술년 출생이다. 측실은 휘주부 사람인 홍배연이다”라고 하여 정부인뿐만 아니라 측실 홍씨도 같이 기록하였다.

<사례 6>에서는 “진용부의 부인은 대리사평사로 증직된 태학생 허면환의 딸이다. 7명의 자녀를 두었는데,……”라고 하여 정실인 허씨 부인은

99) 『장향도주씨지보』, 1825년(도광 5).
100) 『장향도주씨지보』, 1825년(도광 5).
101) 『해녕진씨가보』, 1806년(가경 11), 陳應麟 중편, 陳敬璋 중정.

그의 부친에 대하여 기록을 하였지만, 측실인 동씨 부인의 부친에 대한 기록은 하지 않았다. 그러나 자녀 기록란에 누구의 자식이라는 것을 기록하여 동등하게 취급하였다. 아울러 부인에 대한 기록에는 정실뿐만 아니라 측실에게도 일품부인이라던가 안인이라는 봉호가 국가로부터 주어지기도 하였다.[102) <사례 6>의 진용부의 세전에서 보듯이 부인에 대하여 출생지와 아버지의 이름과 관직 정도만 기록되어 있을 뿐, 그 가문에 대하여는 거의 기록하지 않았다.

또한 적서에 관계없이 조숙한 행실과 정절을 지키어 가문에 모범이 될 만한 자는 반드시 그 행실을 상세히 기록하여 널리 드러내어 알림으로써 기록에서 누락되지 않도록 하였다.[103) 이와 같이 중국에서는 종보상의 기록에 있어서 적실이나 측실에 대한 차별은 별로 없었던 것으로 보인다.

그러나 중국에서도 정실과 측실을 똑같이 취급하지는 않았던 것 같다. 진용부(1733~1799)의 세전에 나타나는 것처럼 정실은 그 출신을 나타냈으나 측실은 언급되지 않았다. 다만 자녀 기재란에 측실 동씨의 소생이라는 것만 기재하였다. 또한 주첨이나 주정수의 세계표에서 나타나듯이 측실인 경우 줄을 바꾸어서 약간 낮추어 기재하였으며,[104) 정실 다음에 측실을 기재하고 있다. 또한 사회적 대우에서는 차별은 없었지만 등과록에서는 등과자가 측실 소생일 경우 어머니의 란에 먼저 적모의 성을 쓰고, 이어서 등과자의 생모를 '생모ㅇ씨'라고 밝히고 있다.

결혼하여 정처, 계처, 측실과 자식이 있으면 바로 부부를 나란히 기록하고, 계취는 '재취 모씨'라고 기록하였다. 자식이 있으면 옆에 기록하고,

102) 『해녕진씨가보』, 1839년(도광 19)에는 아들을 기재하면서 "世儼 贈一品夫人側室黃出……世侃 贈安人側室周出"이라 기록되어 측실도 국가의 봉호를 받았다.
103) 『合肥李氏宗譜』 범례, 1925/ 『중화족보집성』, 中國 : 成都, 巴蜀書社, 1995, 영인본.
104) 『장향도주씨지보』, 1825년(도광 5), 범례, "側室則另行低半格書".

없으면 기록하지 않았다. 절개를 잃은 자는 비록 정처에게 자식이 있어도 기록하지 않아 절개를 매우 중요시 하였다.105)

중국에서의 신분에 대한 사회적 대우의 변화는 10C에 들어와 송나라가 건립되면서 부터였다. 이때부터 능력위주의 관리 선발이라는 제도의 변화로 인하여 적서의 차별이 없어졌기 때문이다. 삼국시대의 혼란이 끝나고 위진남북조시대에 구품중정제의 실시로 말미암아 문벌귀족들이 출현하여 고관대작을 배출하고 사회적 정치적으로 막강한 권세를 누리는 명문대족이 대두하였다. 따라서 이들은 자신의 기득권을 지키기 위해 적서의 차별을 심하게 하였다.106) 그러나 이들은 당말 오대의 혼란기를 거치는 동안 크게 몰락하고 새로운 사대부 계층으로 정치 주체가 바뀌게 된다.

송대에 들어와서 관리임용제로 수·당시대의 초기 과거제보다도 더 강력한 과거제가 실시되면서 이전의 귀족이나 문벌 중심에서 능력 있는 독서인 중심 즉, 능력 위주에 따라 자신의 학문적 업적을 무기로 하여 국가 및 사회의 지도자로 진출한 사대부 중심으로 바뀌었기 때문이다. 또한 강력한 문치주의 중심의 군주전제권의 확립이 이루어지면서, 군주제에 대한 견제 세력으로 작용할 수 있는 문벌귀족이 없어지고 그에 따라 사회체제가 보다 개방적이고 보다 평등한 방향으로 전환되면서 적서의 차별이 없어지게 되는 것이다. 이러한 것은 족보에도 그대로 기록되기 때문에 족보의 기재 방식은 시대의 신분사를 살펴볼 수 있는 매우 중요한

---

105) 『쌍삼왕씨지보』 범례, 1946/ 『중화족보집성』, 中國 : 成都, 巴蜀書社, 1995, 영인본.

106) 錢穆, 『國史大綱』, 1974, 修正版, “河北風俗頓乘 嫡待庶若奴 妻御妾若婢 降及隋代 斯流逐遠 獨孤后普禁庶子不得入侍”. 이는 650년 당나라 초기에 상서좌복야였던 저수량이 천우위의 장교를 선발하는데 있어서 “하북의 풍속은 적자들이 서자들을 노예와 같이 대우하고, 본부인이 첩을 노비와 같이 대하는데, 이는 오래전부터 내려온 것으로 獨孤后는 서자들의 입시를 금하였다”라는 적서의 차별을 논하던 표청의 내용이다. 이런 것으로 보아 당나라에서도 적서의 차별이 심하였던 것 같다.

문헌이라 할 수 있다.107)

이상에서 살펴본 바로 조선과 중국의 족보 기재방식의 차이점을 신분사적 입장에서 비교를 종합해 보면 다음과 같다.

첫째로, 두 나라 족보 모두 적서자녀에 관하여 서출임을 표시하여 적서의 차별성을 서로 인정하고 있으나, 조선의 일반적인 기재방식은 서자의 이름 글자 위에 '서' 또는 '서자'로 표시한 데 반해 중국에서는 이름 글자 밑에 '측출'이라고 표시하고 있다.

둘째로, 조선 족보는 원칙적으로 첩을 기재하지 않았으나, 중국의 종보에서는 측실의 성씨와 출신지를 밝히고 있고, 그 자녀의 생모의 성씨를 기재하여 모계를 분명히 밝히고 있다. 이것은 중국은 사회적으로 측실도 어떠한 신분적 제약을 받지 않고 당당하게 대우를 받았던 것을 입증하는 것이다.

셋째로, 조선은 출생 순에 관계없이 적장자를 먼저 기재하고, 후에 서자를 기재하였으나, 중국은 '선적후서' 방식을 택하지 않고 출생 순으로 기재하여 적자와 서자 사이에 차별을 두지 않았다.

넷째로, 조선은 서자손에 대하여 기재를 하지 않거나 기재하더라도 항렬의 사용에 차별을 둔다던지, 그 처에 관한 표시를 적자손과 달리하는 등 차별성을 두었다. 그러나 중국의 경우 서손 이후부터는 적자손과 똑같이 기재함으로서 적서 차별을 당대에 그치도록 하였을 뿐 아니라, 측실 소생의 자녀들도 당당하게 사회의 일원으로 대우를 받았다. 나아가 과거 응시나 출사에 있어서도 서출이라는 이유로 차별 대우를 받지 않았던 것이다.

이렇듯 중국과 조선과는 유교 문화권에 있으면서도 각기 다른 사회구조

---

107) 송준호, 「족보를 통해서 본 한·중 양국의 전통사회」, 『두계 이병도박사 구순기념 한국사학논총』, 지식산업사, 1987.9, pp.477~492 참고.

를 가지고 있다. 그러나 조선은 지역의 협소로 인하여 단일성과 공통점을 가진데 반해, 중국은 영토의 방대함으로 각 지역 간의 차이성도 많이 나타난다.

중국의 종법제도가 들어오기 이전의 조선 사회는 족보의 기재에서 나타나듯이 중국과는 확연한 차이를 보여주고 있다. 족보의 기재 형태에도 조선 초까지의 부부양계적 사회제도를 그대로 반영하여 친·외손을 전부 기재하는 내외보였다. 양자제도에 있어서도 외손의 제사가 가능했고 혈통의 중요성을 갖지 않았기 때문에 반드시 친가에서 양자를 들일 필요가 없었던 것이다.

또한 중국에서는 적출과 서출을 족보에는 기재를 하였으나 당대에 그칠 뿐 후세대들의 사회적 차별이 크지 않았다. 그러나 조선은 적손과 서손의 차별이 심하여 한번 서자의 자손은 대대로 서자 집안의 대우를 받아오면서 사회 갈등을 일으켰다. 나아가 능력 있는 서손들의 사회진출 제약으로 인재의 정체성을 가져왔으며, 같은 부계의 혈통임에도 불구하고 모계의 신분적 차이로 말미암아 같은 형제들 간의 심각한 심리적 갈등이 사회범죄로 노출되는 등 엄청난 사회적 모순이 나타났던 것이다.

결 론

이상에서 살펴본 바와 같이 계대 기록으로서의 족보는 그 시대의 정치, 사회, 문화의 통합 기능을 담당한 구체적 수단이었다. 이러한 족보 기록의 비교 연구를 통하여 조선과 중국은 유교문화권으로서 동질적인 측면도 상당히 있었지만, 각기 독특한 사회구조적 특성을 띠고 있었던 것으로 파악되었다. 따라서 이처럼 양국의 족보 기록을 비교 분석하는 작업은 조선과 중국의 가족제도의 변화에 대한 시대별 사회상의 특징을 역사적 맥락에서 파악하는 데 매우 필수적인 연구 과제라고 할 수 있다.

그러나 양국의 족보를 비교 연구하는 작업은 지금까지 전하는 족보의 방대함과 기초 연구의 부족 등으로 인하여 대부분 그 기록의 연원, 몇몇 특정 가계의 계통적 분석, 특정 시대 사회 경제사적 분석의 연구 틀 속에서의 부분적인 시론에 그치고 있는 실정이었다. 여기에서는 족보의 비교 연구를 통하여 양국의 가계 기록에 나타난 기록상의 변천 과정을 정치·사회사적 측면에서 분석하고자 시도하였다.

동양의 족보는 서양과 달리 종족 구성원들의 혈연계통만을 기록한 단순한 기록물에 한정되지 않았다. 오히려 종족들의 결속과 문중의 사회적 지위 향상을 위하여 종족들의 권리와 의무를 명시한 종족의 '규약'으로서의 특징이 강하게 나타나고 있다. 즉, 종족들의 결집을 공고히 하고 사회적 활동에 있어서 서로 도우며 사회적 지위를 높이려는 데 상당한 실제적 목적을 가지고 있었다. 구체적으로는 족보를 통하여 종족들에게 의무와 권리가 부여되고, 이를 통하여 종족 내의 계대간 위계적 질서 체제를 확립하고 통제하는 데 그 목적이 있었다. 또한 족인의 교화를 통하여 종족 집단과 사회에서의 일탈 행위를 사전에 막고자 하는 수단으로도 활용되었던 것이다.

종인들은 족보에 기록됨으로 비로소 권한을 갖고 제사에 참여하거나, 그 비용을 부담하였다. 뿐만 아니라, 가훈이나 가범의 준수, 종규, 종약 등의 실천으로 종인으로서 생활 규범의 틀을 강제할 수 있게 되는 것이다. 반면, 이러한 의무를 게을리 할 경우 경고와 제재를 받았다. 심지어는 족보에서 이름이 삭제되고 종인의 자격도 잃게 되는 등 지역 사회에서 철저히 배제당하는 경우도 있었다. 이는 종족집단을 근간으로 한 양국의 전통사회에서는 국가의 형벌보다 더 불명예스러운 것이었다. 따라서 족보를 통한 종족의 결집은 가족질서와 사회질서를 유지해 나가는 데 매우 중요하였으며, 국가도 '명망 있는 종족[망족]'과의 적절한 권력 분배로 장기적인 권력을 유지해 나아갈 수 있었던 것이다.

족보의 성립은 중국과 마찬가지로 사회적으로 종족 개념이 성립되고 혈연적으로 성씨 의식이 정착되는 시기와 관련이 있다. 이는 다른 집단과의 경쟁 및 차별화를 위하여 종족 결집을 강화하고자 혈연계통을 기록으로 남긴 것이라고 할 수 있다. 특히 왕실에서는 왕통의 후계자 문제[선계]와 선민적 혈통 의식을 정리하기 위해 왕실의 계대를 기록하였다. 또한 혼인에 있어서 족보는 출신 가문을 증빙하는 것이었으므로, 이후 왕실과의 혼인 관계에 있는 지배계층으로 점차 확산되었던 것이다.

조선 족보의 발달 과정은 단순한 자신의 혈연계통을 비문이나 묘지명에 기록한 가계 기록의 초기단계와, 과거 응시와 관직진출 및 승음, 그리고 혼인 등 정치적 영향력을 나타내기 위하여 가문의 혈통을 기록한 가승과 같은 내외보 형태인 구보의 시기를 거쳐, 이를 기반으로 15C 중엽부터 약 200여 년간 친손, 외손을 모두 기록한 씨족지 형태의 과도기를 지나, 17C 중엽에 이르러 비로소 중국 종법제도의 영향을 받아 친손만을 기록한 내보 형태를 띤 신보가 나타났다.

조선조에 들어와 정치사회적 변화로 인하여 고려시대의 귀족문벌이 쇠퇴하고 유학을 기반으로 한 신진 사대부계층들이 중앙정계에 등장하게 되었다. 이들은 기존 문벌귀족에 맞서서 자신들의 가문의 격을 높이기 위하여 뛰어난 조상을 시조로 세우고 가계 혈통을 기록하면서 족보의 발달을 가져오는 계기를 만들었다. 또한 상류층을 중심으로 족내혼이 성행했던 고려와 달리 족외혼이 시행되면서 왕실과 혼인관계를 맺고 있던 가문들이 왕실의 요구에 의해 가문의 혈통 계보를 기록하게 되었다. 이어 그 가문과 외척 관계에 있는 집안에서도 족보 편찬이 이루어지면서 양반계층에서의 족보에 대한 인식이 새로워졌다.

신진사대부들은 주자학적 예법과 중국의 종법제도를 받아들이면서 사회의 구조적 변화를 주도하였으며, 이에 따라 일반 민중들에 대한 족보의 중요성에도 커다란 변화가 나타났다. 특히 성리학의 이념에 뿌리를 둔 사림들은 양란 이후 중앙정부의 통제가 약화된 틈을 타 종족들을 중심으로 종족촌을 형성하고 향약과 서당, 서원 등을 통하여 자치권을 확보하면서 강력한 종족집단을 통하여 향촌지배권을 장악하였다.

또한 경제적으로는 농노제 해체 이후 친족 및 혈연공동체를 중심으로 한 경제 생산이 이루어지던 시기로서, 그 기초단위인 소농을 중심으로 종족경제가 활성화 되었는데, 종족들은 이러한 부를 중심으로 사회적 지위를 향상시키며 가문의 발전을 다져나갔다. 조정에서는 전란 극복을 위해 서얼들을 군인으로 확보하고자 서얼허통법의 확대실시로 신분제가 완화되며 노비들의 양민화를 재촉하였다. 이러한 신흥세력은 신분 상승과 함께 다른 가문과의 격을 차별화하기 위한 수단으로 족보를 활발하게 편찬함으로써 족보 편찬의 활성화가 이루어졌다.

조정에서도 이러한 종족집단과 정권의 공존화라는 입장과, 종족 스스로의 자율적 규율로 인한 사회질서의 유지를 위하여 족보 편찬을 지원하거나 관여하기도 하였다.

그러나 후기에 들어오면서 자신의 가문을 과대하게 현양시킬 목적으로 위보가 나타나 사회적인 문제로 비화되고 신분질서를 크게 혼란시키는 원인이 되기도 하였다. 하지만, 이러한 위보 문제는 알려진 것만큼 널리 행해진 것으로 보기 어려운 측면도 있는 것으로 파악된다. 왜냐하면, 조선사회는 신분내혼제로 가문간에 혼인관계로 서로 얽혀 있고, 씨족간, 계파간에도 그 지역 내에서 배타성을 갖고 서로 견제하며 상호 감시역할을 하였기 때문이다. 즉 전통사회에서 족보 위조를 통한 양반사회 편입이 쉬운 일은 아니었다고 할 수 있다.

중국의 종보는 중국 고대 왕실에서 그들의 계보를 기록한 보첩을 만들면서 시작된 것으로 알려져 있다. 그 뒤 『사기』에 기록된 세계를 모델로 사가들에 의해 망족들의 세계를 기록하면서 족보의 형태가 나타났으며, 형태상으로는 갑골문 족보, 금문 족보, 간책 가보, 석문 족보가 등장하였다.

위나라에서는 구품중정제 실시로 문벌에 근거한 관리 선발 및 혼인 등 정치사회적 필요에 의하여 정부가 전담기구를 만들어 족보 편찬을 주관하기도 하였다. 이어 수·당시대에는 완전하지는 않지만 문벌보다는 능력에 의한 과거의 시행으로 관리임용에 있어서 족보 역할이 축소되면서 족보 편찬에 위축을 가져왔다. 그러나 통치세력인 호문사족에게는 선민의식으로 '사서불혼'의 원칙과, 그들만의 결속을 통한 정치적 기득권의 확보 차원에서 족보 편찬은 여전히 중요시되었다. 또한 국가에서도 그들을 통제하고 보호하였으므로 족보의 이러한 역할은 지속되었다.

그 뒤 송나라가 건국되면서 과거제 실시로 문벌에 관계없이 능력에 따라 관리를 선발하였으므로 이전에 족보가 가지고 있던 정치적 기능은 상당 부분 쇠퇴하고 보학도 급격히 쇠락하는 듯하였으나, 구양수와 소순에 의해 근대 족보의 형태를 띤 신보의 출현으로 전환기와 번성기를 맞이하게 되었다.

이들 신보는 순수한 유교적 전통에 따른 덕목으로서 존숭과 효제를 실천하고 씨족의 결합을 위하여 자신의 혈연계통을 기록하기 시작하였다. 이는 족보의 사회 문화적 기능이 확대되는 의미로 해석할 수 있는데, 이러한 신보의 족보 편찬 형태는 후세에 많은 영향을 주어 족보 편찬의 모델이 되었다. 이후 많은 사대부가를 중심으로 족보 편찬이 줄을 잇게 되었다. 조선의 족보도 이들 구, 소의 두 족보 체제를 근간으로 현재까지 이어져 오고 있다.

명·청대에 와서는 종족집단들이 의장이나 의전 등 경제적 조직체를 이루면서 어려운 종족들을 구휼하거나, 교육을 통하여 문중에서 특출한 인물을 배출시켜 가문의 중흥을 꾀하기도 하였다. 또한 한미한 가문에서는 상업을 통한 경제적 자원의 확보를 위한 인적 조직의 필요성에서 종족결집을 요구하기도 하였다. 이에 종보 편찬을 통하여 종족원들 간의 특수한 연계망을 통해 정보를 교환하고 공동체적 사업을 추진하며 가문을 부흥시키려 노력하기도 하였다.

종법제도에 따라 대방과 소방의 서열을 분명히 구분하였다. 또한 종족들의 이동에 관한 내용을 상세히 기록하여 후손들이 그 뿌리를 잊지 않도록 하는 데 힘썼다. 종보의 보관 상황을 수시로 확인하고 종보 편찬 시에는 원보와 상세히 대조하여 각 종보의 자호를 도기로 찍어서 배분하여 자손들이 수장상항을 파악하여 위보를 사전에 철저히 방지하였다. 중국은 조선 족보와 달리 조상들의 상찬을 많이 기록하여 후대인들이 자랑으로 삼을 수 있도록 하였다. 불초한 자식이나 재가녀의 이름을 빼고 그 사실을 기록하지 않았으며, 조상들의 은덕과 덕행을 기록하여 조상들의 영예를 높이고 후손들에게 교육과 화목의 덕목을 갖게 하였다.

자녀들을 종보에 기록하는 데에도 종통을 유지하기 위하여 엄한 기준을 두었다. 어머니가 데리고 온 이성의 아들에 대해서 처가 의혹을 제기하면 종보에 올릴 수가 없었다. 남편이 죽어 재혼했다가 자식이 있어 그 자식을 핑계로 다시 종보에 기재하는 것을 허락하지 않았다. 또한 간통을 하여 낳은 자식을 양육했다고 하여도 종족이 아니라는 이유로 종보에 등재하지 않았다. 뿐만 아니라 개가한 여자가 데리고 온 자식은 다른 성이기 때문에 종보에 수록하지 않았지만, 반대로 개가한 여자가 데리고 간 자식은 본종이기 때문에 모두 종보에 수록하였다. 본종의 아들이 이성에 양육된 경우라도 누구의 성으로 출계했다고 기록하여 본종의 대우를 하였다.

또한 출생의 근거를 분명히 하기 위하여 적출이나 서출로 입양한 자식의 이름 아래 생모를 기록하였으며, 자손 가운데 승려가 된 자는 생모의 이름 아래 기록하였는데, 이는 조선에서는 승려가 된 자는 기록하지 않는 것과 다른 점이다.

양국의 족보를 비교 검토한 결과 여러 면에서 차이가 있는 것을 알 수 있다.

첫째, 족보의 표제를 정함에 있어 조선 족보는 단순하고 획일적인 반면 중국 종보는 다양하게 나타나는 것을 알 수 있다. 특히 종족들의 이동 관계를 표제로 정하기도 하였는데, 이는 중국은 전란이 많아 종족들의 이동이 많았던 관계로 종족들의 이동사를 매우 중요시 하였던 것에 반해 한국은 커다란 종족 이동이 없었기 때문인 것으로 생각된다.

둘째, 편찬 주체도 중국은 조선과 달리 오랫동안 관찬의 성격을 띠면서 기본적으로 국가에서 보첩을 관리하고 통제하였다. 이는 국가에서 통치주체인 전통 문벌들을 보호해줌으로 문벌들의 결속을 통해 이들을 통치하기에 유리하였고, 나아가 그들의 보호 아래 권력을 계속적으로 유지하려 하였기 때문이었던 것으로 파악된다.

족보는 개인의 기록이지만 백성의 인적 사항을 기록하고 있다는 점에서 호적과 더불어 중요한 역할을 하였다. 따라서 고려시대에는 국가의 지원을 받아 편찬되어 향읍이나 읍사에 비치한 적이 있었으나, 조선에서는 별다른 관리를 하지 않았다. 이는 고려와 달리 조선은 강력한 중앙집권체제로 인하여 정권에 도전할 만한 특별한 가문이 형성되지 못하여 그들을 국가에서 관리하고 보호해야 할 필요성이 상대적으로 적었기 때문인 것으로 생각된다.

셋째, 중국의 종법제도가 들어오기 이전인 고려시대에는 고려의 사회요소인 불교사회와 부부 평등적 가족제도, '동성결혼'과 '이성양자'의 허용, 남귀여가혼과 친·외손 자녀들의 재산균등 상속제, 자녀윤회봉사와 같은 남녀 평등적이고 개방적이며 다양한 문화가 주류를 이루었다.

그러나 조선에 들어와서는 중국에서 전래된 성리학의 유교사회로 개혁되면서 부계친족 중심의 가족제도, 동성불혼, 이성양자 금지, 친영례와 장자봉사제, 장남중심의 차등 상속제 등 중국의 종법제도적 사회제도 형태로 점차 변화하면서 족보 기재방식에도 많은 차이가 나타나게 되었다.

영속적인 가계를 잇기 위한 양자제도는 본종 중심으로 중국에서는 오래 전부터 존속하였으며 지역마다 많은 차이가 있었다. 또한 촌수에 있어서도 선택의 탄력성이 있었다. 그러나 조선은 초까지 고려의 영향을 받아 외손 봉사로 인하여 양자제도가 활발하지 않았으며 부계친 중심의 양자의식도 희박하였다. 이후 중국 종법사상의 영향으로 인한 양자제도의 활성화는 2촌간의 형제로부터 시간이 지남에 따라 점차 촌수의 범위가 넓어졌다.

조선 초기 과도기의 족보에서는 자손을 출생 순으로 기재하여 남녀 차이를 두지 않았으며, 친손과 외손을 모두 기재하였던 내외보인데 반해, 중국의 종법제도가 들어온 이후 자손들의 족보 기재에 있어서도 선남후녀 방식과, 점차 외손을 축소하고 본종 중심의 내보 형태로 변화하였다.

조선 족보는 결혼한 딸의 이름 대신에 사위의 이름을 기재하였으나, 중국 종보에서는 딸들의 이름을 기록하고 처나 사위의 기록이 적었다. 이는 가문과 가문의 혼맥으로 인한 연합성의 중요성으로 혼인관계를 맺은 가문에 대한 동등한 예우가 족보에 그대로 나타났기 때문일 것이다.

넷째, 적서의 차별 기재에 있어서도 양국은 많은 차이를 보인다. 중국에서는 서자와 첩의 경우 서자 이름 밑에 '측출'이라 작게 표시하였다. 서자의 이름 글자 밑에 '○○출'이라 하여 생모의 성씨를 명기하였다. 서손 이후부터는 적자손과 차별 없이 기재함으로서 적서차별이 당대에 그치도록 하였다. 따라서 측실 소생의 자녀들도 당당하게 사회의 일원으로 대우를 받았던 것이다. 과거 응시나 출사에 있어서도 서출이라는 이유로 차별대우를 받지 않았던 것이다.

그러나 조선은 중국보다도 더욱 경직된 서얼금고의 신분제도 실행으로 자녀들의 기록에 있어 출생 순이 아닌 적자 우선의 '선적후서'의 순서로 기재하였다. 족보에도 서자의 이름을 아예 기재하지 않거나, 서자녀 표시를 이름 위에 기재하였으며 심지어는 다른 항렬자를 쓰기도 하였다. 만약 적자가 없고 서자만 있을 경우에는, 그 서자를 장남 행에 기록하여 세계를 계승시켰으나, 적녀가 있으면 그 줄을 비워놓고 적녀 다음에 서자를 기록하였다.

처를 '배' 또는 '실'이라 하고 성관을 기록한 데 반해, 서자손의 처의 경우 아예 기록하지 않거나 '취'로 기록하였다. 첩의 경우 성씨는 물론 그 소생 자녀의 모계 신분을 직접적으로는 기재하지 않거나 아주 드물게 '소실 모씨'라 기재하였다. 그러나 1701년(숙종 27)에 간행된 안동권씨 신사보에는 서파 출신이라는 것을 3대까지 기록하였지만, 1734년(영조 10)에 간행된 갑인보에서는 당대만 서파라는 것을 기록하고, 1907년에 간행된 정미보에는 이를 완전히 폐지하여 시대에 따라 기록에 변화가 있음을 알 수 있었다. 이처럼 족보에 기록된 용어의 선택에도 차별을 두어 엄격한 신분의 차이를 나타내었다. 이러한 현상은 위에 지적한대로 유교문화권에 속한 한·중 양국 간의 사회적인 의식의 차이를 족보 기재 형태에서도 드러내 보이는 것이라 할 수 있다.

다섯째, 족보의 명칭에서도 양국은 많은 차이를 나타낸다. 중국은 조선과 다르게 시대별, 지역별로 각각 의미를 갖고 매우 다양한 명칭이 나타난다. 고대 제왕과 귀족의 세계 기록자료에는 '첩'과 '보'가 사용되어 왔다. 이렇게 분리되어 사용되어 오다가 한나라 시대부터 '보첩'으로 합칭하여 사용하였다. 중국에서는 종보를 가장 많이 사용하였으며, 그 다음으로 족보이며, 다음으로 가보가 많이 사용되어 이들 3종류가 67%를 차지하였다.

조선에서는 족보의 명칭도 다르게 나타나서, 보의 명칭은 세보가 3,443회(42.81%), 파보가 1,769회(21.56%), 족보가 1,442회(17.57%)로 이 세 종류가 전체의 81.94%를 차지하였다. 이외에도 족보를 가리키는 용어로서 80여 종의 다양한 명칭이 사용되었다. 또한 세보는 처음부터 사용되어 조선 족보의 대표적 명칭이 되었다. 족보도 초기에 사용되기는 하였지만 일반적으로 16C 중반인 인종, 명종 때부터 사용되었으며, 파보는 그보다 100여 년이나 뒤인 17C 후반 숙종 때부터 사용되었던 것으로 나타나고 있다.

특히 중국에서 일반적으로 사용된 종보라는 명칭은 조선에서는 1635년 귀화성씨인 『신안주씨종보』가 처음으로 사용한 이후 300여 년 동안 쓰이지 않다가 20C에 들어 8개 가문에서만 제한적으로 사용되고 있어서 매우 이채롭다. 또한 조선에서의 일반적인 명칭인 세보는 중국에서는 거의 쓰이지 않는다는 것도 알 수 있는데, 이는 중국의 종법제도와 관련지어 이해할 수 있을 것이다.

양국의 족보는 그 시원과 발전 및 변천 과정, 그리고 각기 당대 사회상을 일정하게 반영하면서 현재에 이르렀다. 따라서 양국의 이러한 족보 기록의 비교 연구는 기록상의 차이를 넘어 양국의 사회상을 구체적으로 파악하는데 매우 긴요한 작업이라고 할 수 있을 것이다.

여기에서는 이러한 작업의 일환으로서 한·중 족보의 편간에 있어서 그 차이점에 주목하여 양국 족보의 형성과 변천 과정의 비교 연구를 통하여 중국 종보의 일정한 영향과 차이점을 구체적으로 파악할 수 있었다. 궁극적으로는 조선과 중국에서의 가계기록의 역사는 당대 사회의 특수한 환경과 정치 사회적 지향에 있어서 혈족 단위의 계대 기록인 족보를 바탕으로 구성원의 사회 통합적 기능을 강화하고자 하는 끊임없는 노력의 소산이었던 것이다.

부 록

[부록 1] 족보를 발간한 성씨의 수 : 150성

번호	성씨	번호	성씨	번호	성씨	번호	성씨	번호	성씨
1	賈氏	31	獨孤氏	61	宣氏	91	元氏	121	朱氏
2	簡氏	32	董氏	62	鮮于氏	92	魏氏	122	池氏
3	甘氏	33	杜氏	63	薛氏	93	兪氏	123	秦氏
4	姜氏	34	馬氏	64	葉氏	94	劉氏	124	陳氏
5	康氏	35	孟氏	65	成氏	95	庾氏	125	車氏
6	堅氏	36	明氏	66	蘇氏	96	柳氏	126	倉氏
7	慶氏	37	牟氏	67	孫氏	97	陸氏	127	蔡氏
8	景氏	38	睦氏	68	宋氏	98	尹氏	128	千氏
9	桂氏	39	文氏	69	承氏	99	殷氏	129	楚氏
10	高氏	40	閔氏	70	愼氏	100	陰氏	130	崔氏
11	公氏	41	朴氏	71	申氏	101	李氏	131	秋氏
12	孔氏	42	潘氏	72	辛氏	102	印氏	132	卓氏
13	郭氏	43	房氏	73	沈氏	103	任氏	133	太氏
14	丘氏	44	方氏	74	安氏	104	林氏	134	判氏
15	具氏	45	龐氏	75	梁氏	105	慈氏	135	片氏
16	鞠氏	46	裵氏	76	楊氏	106	將氏	136	平氏
17	弓氏	47	白氏	77	魚氏	107	張氏	137	表氏
18	權氏	48	范氏	78	嚴氏	108	章氏	138	馮氏
19	琴氏	49	卞氏	79	余氏	109	蔣氏	139	夏氏
20	奇氏	50	邊氏	80	呂氏	110	全氏	140	河氏
21	吉氏	51	卜氏	81	延氏	111	田氏	141	韓氏
22	金氏	52	奉氏	82	廉氏	112	鈿氏	142	咸氏
23	羅氏	53	夫氏	83	芮氏	113	錢氏	143	許氏
24	南宮氏	54	氷氏	84	吳氏	114	丁氏	144	玄氏
25	南氏	55	司空氏	85	玉氏	115	鄭氏	145	邢氏
26	盧氏	56	史氏	86	溫氏	116	諸氏	146	胡氏
27	魯氏	57	尙氏	87	邕氏	117	曺氏	147	洪氏
28	段氏	58	徐氏	88	王氏	118	趙氏	148	化氏
29	都氏	59	昔氏	89	龍氏	119	鍾氏	149	皇甫氏
30	陶氏	60	石氏	90	禹氏	120	周氏	150	黃氏

[부록 2] 족보를 발간한 본관의 수 : 734본

번호	성씨	본관	번호	성씨	본관	번호	성씨	본관	번호	성씨	본관
1	簡氏	加平	185	盧氏	萬頃	369	閔氏	驪興	553	宋氏	鎭川
2	李氏	加平	186	卜氏	沔陽	370	徐氏	連山	554	張氏	鎭川
3	崔氏	杆城	187	朴氏	沔川	371	金氏	延安	555	金氏	鎭海
4	李氏	江東	188	卜氏	沔川	372	宋氏	延安	556	全氏	次川
5	金氏	江陵	189	劉氏	沔川	373	李氏	延安	557	成氏	昌寧
6	朴氏	江陵	190	周氏	溟州	374	車氏	延安	558	張氏	昌寧
7	劉氏	江陵	191	馬氏	木川	375	金氏	延日	559	曺氏	昌寧
8	李氏	江陵	192	尙氏	木川	376	承氏	延日	560	具氏	昌原
9	陳氏	江陵	193	張氏	木川	377	鄭氏	延日	561	朴氏	昌原
10	崔氏	江陵	194	庾氏	茂松	378	玄氏	延州	562	兪氏	昌原
11	咸氏	江陵	195	柳氏	茂松	379	金氏	靈光	563	丁氏	昌原
12	李氏	江陽	196	尹氏	茂松	380	柳氏	靈光	564	黃氏	昌原
13	金氏	康津	197	金氏	務安	381	丁氏	靈光	565	兪氏	川寧
14	李氏	康津	198	朴氏	務安	382	金氏	永山	566	全氏	天安
15	金氏	江華	199	兪氏	務安	383	辛氏	靈山	567	田氏	天安
16	魯氏	江華	200	金氏	茂長	384	丁氏	靈城	568	李氏	鐵城
17	李氏	江華	201	金氏	茂朱	385	太氏	永順	569	金氏	鐵原
18	崔氏	江華	202	宋氏	聞慶	386	鍾氏	靈岩	570	周氏	鐵原
19	高氏	開城	203	錢氏	聞慶	387	朴氏	靈巖	571	金氏	淸道
20	金氏	開城	204	朴氏	文義	388	千氏	潁陽	572	金氏	靑山
21	龐氏	開城	205	金氏	文化	389	金氏	英陽	573	鄭氏	靑山
22	王氏	開城	206	柳氏	文化	390	南氏	英陽	574	金氏	靑松
23	李氏	開城	207	朴氏	密城	391	金氏	寧越	575	沈氏	靑松
24	潘氏	巨濟	208	孫氏	密城	392	辛氏	寧越	576	李氏	靑松
25	愼氏	居昌	209	金氏	密陽	393	嚴氏	寧越	577	崔氏	靑松
26	劉氏	居昌	210	魯氏	密陽	394	鄭氏	迎日	578	李氏	淸安
27	章氏	居昌	211	朴氏	密陽	395	李氏	瀛州	579	慶氏	淸州
28	李氏	結城	212	卞氏	密陽	396	李氏	永川	580	高氏	淸州
29	張氏	結城	213	孫氏	密陽	397	崔氏	永川	581	郭氏	淸州
30	李氏	京山	214	林氏	密陽	398	皇甫氏	永川	582	金氏	淸州
31	全氏	慶山	215	鄭氏	密陽	399	金氏	寧海	583	朴氏	淸州
32	金氏	慶州	216	崔氏	密陽	400	朴氏	寧海	584	史氏	淸州
33	朴氏	慶州	217	朴氏	潘南	401	李氏	寧海	585	孫氏	淸州
34	裵氏	慶州	218	金氏	白川	402	崔氏	永興	586	宋氏	淸州
35	氷氏	慶州	219	劉氏	白川	403	李氏	禮安	587	楊氏	淸州
36	昔氏	慶州	220	趙氏	白川	404	金氏	醴泉	588	李氏	淸州
37	薛氏	慶州	221	李氏	碧珍	405	林氏	醴泉	589	鄭氏	淸州

38	葉氏	慶州	222	宣氏	寶城	406	徐氏	鰲城	590	崔氏	清州
39	孫氏	慶州	223	吳氏	寶城	407	鄭氏	烏川	591	韓氏	清州
40	安氏	慶州	224	林氏	保安	408	張氏	沃溝	592	金氏	清風
41	劉氏	慶州	225	李氏	報恩	409	金氏	玉山	593	李氏	清河
42	李氏	慶州	226	李氏	鳳山	410	張氏	玉山	594	李氏	青海
43	林氏	慶州	227	琴氏	鳳城	411	全氏	玉山	595	卞氏	草溪
44	鄭氏	慶州	228	溫氏	鳳城	412	林氏	沃野	596	鄭氏	草溪
45	趙氏	慶州	229	張氏	鳳城	413	陸氏	沃川	597	周氏	草溪
46	崔氏	慶州	230	琴氏	奉化	414	全氏	沃川	598	崔氏	草溪
47	金氏	鷄林	231	鄭氏	奉化	415	玉氏	玉川	599	李氏	楚山
48	金氏	高靈	232	金氏	扶寧	416	邕氏	玉川	600	秋氏	秋溪
49	朴氏	高靈	233	林氏	扶安	417	趙氏	玉川	601	朴氏	春川
50	申氏	高靈	234	徐氏	扶餘	418	方氏	溫陽	602	金氏	忠州
51	李氏	古阜	235	李氏	扶餘	419	鄭氏	溫陽	603	朴氏	忠州
52	崔氏	古阜	236	金氏	扶寧	420	金氏	完山	604	石氏	忠州
53	金氏	固城	237	洪氏	缶林	421	李氏	完山	605	魚氏	忠州
54	朴氏	固城	238	李氏	富平	422	慈氏	遼陽	606	李氏	忠州
55	李氏	固城	239	金氏	盆城	423	金氏	龍宮	607	池氏	忠州
56	田氏	高陽	240	裵氏	盆城	424	李氏	龍宮	608	崔氏	忠州
57	吳氏	高敞	241	許氏	盆城	425	全氏	龍宮	609	平氏	忠州
58	柳氏	高興	242	朴氏	比安	426	崔氏	龍宮	610	尹氏	漆原
59	孔氏	曲阜	243	林氏	庇仁	427	金氏	龍潭	611	諸氏	漆原
60	盧氏	谷山	244	金氏	泗川	428	宋氏	龍城	612	安氏	耽津
61	延氏	谷山	245	睦氏	泗川	429	李氏	龍仁	613	兪氏	耽津
62	韓氏	谷山	246	朴氏	泗川	430	李氏	羽溪	614	崔氏	耽津
63	裵氏	昆山	247	李氏	泗川	431	金氏	牛峯	615	朴氏	泰安
64	鄭氏	公山	248	崔氏	朔寧	432	朴氏	牛峯	616	李氏	泰安
65	金氏	公州	249	金氏	三陟	433	李氏	牛峯	617	金氏	太原
66	李氏	公州	250	沈氏	三陟	434	黃氏	紆州	618	鮮于氏	太原
67	高氏	廣寧	251	陳氏	三陟	435	朴氏	雲峯	619	李氏	太原
68	陳氏	廣東	252	金氏	商山	436	金氏	蔚山	620	趙氏	太原
69	金氏	光山	253	朴氏	商山	437	朴氏	蔚山	621	朴氏	泰仁
70	盧氏	光山	254	金氏	祥原	438	吳氏	蔚山	622	白氏	泰仁
71	李氏	光山	255	金氏	尙州	439	李氏	蔚山	623	崔氏	泰仁
72	卓氏	光山	256	朴氏	尙州	440	張氏	蔚珍	624	許氏	泰仁
73	金氏	光陽	257	周氏	尙州	441	金氏	熊川	625	弓氏	兎山
74	崔氏	光陽	258	黃氏	尙州	442	金氏	原州	626	李氏	通津
75	盧氏	光州	259	李氏	西林	443	邊氏	原州	627	金氏	通川
76	潘氏	光州	260	宋氏	瑞山	444	元氏	原州	628	崔氏	通川

77	鄭氏	光州	261	柳氏	瑞山	445	李氏	原州	629	金氏	巴陵
78	金氏	廣州	262	李氏	瑞山	446	崔氏	原州	630	楚氏	巴陵
79	董氏	廣州	263	鄭氏	瑞山	447	金氏	月城	631	胡氏	巴陵
80	安氏	廣州	264	鄭氏	西原	448	朴氏	月城	632	廉氏	坡州
81	李氏	廣州	265	李氏	舒川	449	昔氏	月城	633	金氏	坡平
82	崔氏	廣州	266	明氏	西蜀	450	孫氏	月城	634	尹氏	坡平
83	董氏	廣川	267	崔氏	瑞和	451	李氏	月城	635	鄭氏	八溪
84	李氏	廣平	268	金氏	瑞興	452	崔氏	月城	636	林氏	彭城
85	田氏	廣平	269	郭氏	善山	453	金氏	殷栗	637	蔡氏	平康
86	陰氏	槐山	270	吉氏	善山	454	宋氏	恩津	638	申氏	平山
87	崔氏	槐山	271	金氏	善山	455	林氏	恩津	639	庾氏	平山
88	印氏	喬桐	272	朴氏	善山	456	朴氏	陰城	640	李氏	平山
89	金氏	交河	273	柳氏	善山	457	李氏	陰竹	641	趙氏	平山
90	盧氏	交河	274	林氏	善山	458	南氏	宜寧	642	金氏	平壤
91	張氏	求禮	275	千氏	善山	459	余氏	宜寧	643	趙氏	平壤
92	羅氏	軍威	276	金氏	雪城	460	玉氏	宜寧	644	朴氏	平州
93	朴氏	軍威	277	金氏	星山	461	田氏	宜寧	645	李氏	平昌
94	方氏	軍威	278	裵氏	星山	462	金氏	義城	646	朴氏	平澤
95	司空氏	軍威	279	呂氏	星山	463	朴氏	義昌	647	林氏	平澤
96	吳氏	軍威	280	李氏	星山	464	朴氏	義興	648	田氏	平澤
97	李氏	金溝	281	全氏	星山	465	芮氏	義興	649	丘氏	平海
98	金氏	金寧	282	金氏	星州	466	徐氏	利川	650	孫氏	平海
99	金氏	錦山	283	都氏	星州	467	李氏	益山	651	吳氏	平海
100	羅氏	錦城	284	裵氏	星州	468	林氏	益山	652	黃氏	平海
101	范氏	錦城	285	呂氏	星州	469	兪氏	仁同	653	郭氏	苞山
102	丁氏	錦城	286	李氏	星州	470	張氏	仁同	654	鄭氏	豊基
103	鄭氏	錦城	287	全氏	星州	471	鈿氏	仁同	655	秦氏	豊基
104	姜氏	衿川	288	賈氏	蘇州	472	朴氏	麟蹄	656	金氏	豊山
105	金氏	金化	289	羅氏	壽城	473	李氏	麟蹄	657	沈氏	豊山
106	柳氏	杞溪	290	李氏	隋城	474	李氏	仁川	658	柳氏	豊山
107	金氏	金堤	291	崔氏	隋城	475	蔡氏	仁川	659	秦氏	豊山
108	趙氏	金堤	292	桂氏	遂安	476	金氏	一善	660	洪氏	豊山
109	公氏	金浦	293	金氏	遂安	477	孫氏	一直	661	趙氏	豊壤
110	金氏	金浦	294	李氏	遂安	478	馮氏	臨朐	662	盧氏	豊川
111	李氏	金浦	295	吳氏	首陽	479	白氏	林川	663	任氏	豊川
112	鄭氏	金浦	296	金氏	水原	480	林氏	林川	664	鄭氏	河東
113	金氏	金海	297	白氏	水原	481	趙氏	林川	665	李氏	河濱
114	裵氏	金海	298	李氏	水原	482	林氏	臨陂	666	許氏	河陽
115	宋氏	金海	299	崔氏	水原	483	陳氏	臨陂	667	奉氏	河陰

116	許氏	金海	300	朴氏	淳昌	484	李氏	長鬐	668	李氏	河陰
117	金氏	羅州	301	薛氏	淳昌	485	朴氏	長城	669	李氏	鶴城
118	羅氏	羅州	302	林氏	淳昌	486	徐氏	長城	670	李氏	韓山
119	林氏	羅州	303	趙氏	淳昌	487	李氏	長水	671	金氏	漢陽
120	吳氏	羅州	304	金氏	順天	488	黃氏	長水	672	劉氏	漢陽
121	李氏	羅州	305	陶氏	順天	489	盧氏	長淵	673	張氏	漢陽
122	林氏	羅州	306	朴氏	順天	490	李氏	長川	674	趙氏	漢陽
123	張氏	羅州	307	李氏	順天	491	高氏	長澤	675	尹氏	咸安
124	全氏	羅州	308	張氏	順天	492	高氏	長興	676	李氏	咸安
125	丁氏	羅州	309	安氏	順興	493	馬氏	長興	677	趙氏	咸安
126	鄭氏	羅州	310	胡氏	崇安	494	吳氏	長興	678	朴氏	咸陽
127	陳氏	羅州	311	金氏	始興	495	魏氏	長興	679	呂氏	咸陽
128	金氏	樂安	312	陳氏	神光	496	任氏	長興	680	吳氏	咸陽
129	吳氏	樂安	313	李氏	新寧	497	李氏	載寧	681	南宮氏	咸悅
130	金氏	南陽	314	周氏	新安	498	金氏	積城	682	魚氏	咸從
131	房氏	南陽	315	朱氏	新安	499	李氏	全義	683	金氏	咸昌
132	徐氏	南陽	316	康氏	新昌	500	金氏	全州	684	魯氏	咸平
133	宋氏	南陽	317	盧氏	新昌	501	吳氏	全州	685	牟氏	咸平
134	田氏	南陽	318	孟氏	新昌	502	柳氏	全州	686	吳氏	咸平
135	洪氏	南陽	319	表氏	新昌	503	李氏	全州	687	李氏	咸平
136	獨孤氏	南原	320	康氏	信川	504	林氏	全州	688	鄭氏	咸平
137	梁氏	南原	321	宋氏	信川	505	鄭氏	全州	689	秋氏	咸興
138	楊氏	南原	322	宋氏	新平	506	崔氏	全州	690	太氏	陜溪
139	尹氏	南原	323	李氏	新平	507	秋氏	全州	691	李氏	陜川
140	李氏	南原	324	金氏	牙山	508	張氏	浙江	692	金氏	海南
141	田氏	南原	325	朴氏	牙山	509	片氏	浙江	693	尹氏	海南
142	黃氏	南原	326	李氏	牙山	510	朴氏	旌善	694	李氏	海南
143	文氏	南平	327	將氏	牙山	511	李氏	旌善	695	堅氏	海州
144	潘氏	南平	328	蔣氏	牙山	512	全氏	旌善	696	景氏	海州
145	李氏	南平	329	倉氏	牙山	513	李氏	井邑	697	金氏	海州
146	金氏	南海	330	崔氏	牙山	514	金氏	定州	698	魯氏	海州
147	崔氏	朗州	331	申氏	鵝洲	515	周氏	定州	699	吳氏	海州
148	朴氏	寧海	332	李氏	安南	516	黃氏	齊安	700	鄭氏	海州
149	朴氏	魯城	333	權氏	安東	517	高氏	濟州	701	崔氏	海州
150	具氏	綾城	334	金氏	安東	518	夫氏	濟州	702	判氏	海州
151	鄭氏	綾城	335	李氏	安東	519	梁氏	濟州	703	吉氏	海平
152	李氏	丹城	336	林氏	安東	520	林氏	兆陽	704	金氏	海平
153	禹氏	丹陽	337	張氏	安東	521	石氏	潮州	705	尹氏	海平
154	李氏	丹陽	338	鄭氏	安東	522	朴氏	竹山	706	金氏	海豊

155	張氏	丹陽	339	崔氏	安東	523	安氏	竹山	707	奇氏	幸州
156	裵氏	達城	340	金氏	安山	524	陰氏	竹山	708	殷氏	幸州
157	徐氏	達城	341	李氏	安山	525	崔氏	竹山	709	李氏	幸州
158	夏氏	達城	342	金氏	安城	526	張氏	知禮	710	郭氏	玄風
159	鞠氏	潭陽	343	李氏	安城	527	趙氏	稷山	711	金氏	洪州
160	田氏	潭陽	344	李氏	安岳	528	崔氏	稷山	712	宋氏	洪州
161	金氏	唐岳	345	金氏	安義	529	李氏	眞寶	713	龍氏	洪州
162	徐氏	大邱	346	林氏	安義	530	趙氏	眞寶	714	李氏	洪州
163	金氏	大邱	347	周氏	安義	531	姜氏	晉山	715	洪氏	洪州
164	段氏	大興	348	羅氏	安定	532	李氏	眞城	716	石氏	洪川
165	白氏	大興	349	丁氏	押海	533	李氏	鎭安	717	龍氏	洪川
166	李氏	大興	350	宋氏	冶城	534	姜氏	晉陽	718	金氏	花開
167	李氏	德山	351	金氏	野城	535	鄭氏	晉陽	719	李氏	花山
168	黃氏	德山	352	金氏	楊根	536	河氏	晉陽	720	金氏	和順
169	金氏	德水	353	金氏	梁山	537	化氏	晉陽	721	崔氏	和順
170	李氏	德水	354	李氏	梁山	538	朴氏	珍原	722	崔氏	黃州
171	張氏	德水	355	陳氏	梁山	539	金氏	振威	723	李氏	懷德
172	金氏	道康	356	李氏	陽城	540	李氏	振威	724	黃氏	懷德
173	李氏	道康	357	金氏	楊州	541	姜氏	晉州	725	甘氏	檜山
174	金氏	東萊	358	宋氏	楊州	542	金氏	晉州	726	林氏	會津
175	鄭氏	東萊	359	趙氏	楊州	543	蘇氏	晉州	727	趙氏	橫城
176	吳氏	同福	360	崔氏	楊州	544	吳氏	晉州	728	司空氏	孝令
177	崔氏	東州	361	崔氏	陽川	545	柳氏	晉州	729	張氏	興城
178	杜氏	杜陵	362	許氏	陽川	546	李氏	晉州	730	吳氏	興陽
179	鄭氏	羅州	363	金氏	彦陽	547	鄭氏	晉州	731	李氏	興陽
180	朴氏	藍浦	364	宋氏	礪良	548	秦氏	晉州	732	裵氏	興海
181	白氏	藍浦	365	宋氏	礪山	549	崔氏	晉州	733	崔氏	興海
182	鄭氏	瑯琊	366	陳氏	驪陽	550	河氏	晉州	734	金氏	熙川
183	金氏	靈光	367	朴氏	驪州	551	邢氏	晉州			
184	辛氏	靈山	368	李氏	驪州	552	金氏	鎭川			

[부록 3] 5회 이상 족보를 발행한 가문의 연평균 발간회수

순위	성씨	본관	시간연도	종간연도	발간회수	평균발간연도
1	金氏	全州	1915	1985	8	0.113
2	金氏	淸州	1890	1978	10	0.112
3	劉氏	江陵	1761	1957	17	0.086
4	金氏	靈光	1748	1979	19	0.082
5	秋氏	秋溪	1910	1972	5	0.079
6	申氏	鵝洲	1819	1986	13	0.077
7	張氏	仁同	1683	1985	19	0.063
8	文氏	南平	1731	1988	16	0.062
9	李氏	丹陽	1721	1983	15	0.057
10	卞氏	草溪	1742	1987	14	0.057
11	金氏	晉州	1807	1982	10	0.057
12	徐氏	利川	1742	1957	12	0.056
13	安氏	竹山	1744	1976	12	0.052
14	杜氏	杜陵	1812	1986	9	0.051
15	李氏	安城	1746	1984	12	0.050
16	李氏	驪州	1563	1984	21	0.050
17	周氏	尙州	1871	1973	5	0.049
18	李氏	原州	1546	1986	21	0.048
19	金氏	大邱	1847	1978	6	0.046
20	潘氏	南平	1865	1976	5	0.045
21	鄭氏	慶州	1732	1979	11	0.044
22	金氏	永山	1684	1977	13	0.044
23	賈氏	蘇州	1869	1983	5	0.044
24	黃氏	紆州	1804	1988	8	0.043
25	金氏	羅州	1786	1979	8	0.041
26	咸氏	江陵	1764	1984	9	0.041
27	李氏	慶州	1684	1988	12	0.039
28	河氏	晉陽	1451	1984	21	0.039
29	姜氏	晉州	1691	1972	11	0.039
30	張氏	結城	1823	1976	6	0.039
31	車氏	延安	1769	1974	8	0.039
32	趙氏	白川	1716	1978	10	0.038
33	林氏	善山	1766	1977	8	0.038
34	元氏	原州	1457	1988	20	0.038
35	趙氏	玉川	1702	1968	10	0.038
36	石氏	忠州	1769	1983	8	0.037
37	朴氏	江陵	1769	1984	8	0.037

38	高氏	長興	1450	1974	19	0.036
39	李氏	星山	1593	1979	14	0.036
40	金氏	泗川	1842	1980	5	0.036
41	李氏	全義	1476	1978	18	0.036
42	張氏	昌寧	1844	1983	5	0.036
43	金氏	振威	1787	1986	7	0.035
44	林氏	醴泉	1696	1984	10	0.035
45	金氏	舊安東	1580	1984	14	0.035
46	宋氏	南陽	1785	1987	7	0.035
47	李氏	古阜	1782	1985	7	0.034
48	王氏	開城	1798	1974	6	0.034
49	林氏	兆陽	1742	1977	8	0.034
50	將氏	牙山	1773	1979	7	0.034
51	黃氏	平海	1770	1976	7	0.034
52	朴氏	文義	1779	1986	7	0.034
53	李氏	靑海	1720	1987	9	0.034
54	張氏	安東	1831	1982	5	0.033
55	桂氏	遂安	1760	1973	7	0.033
56	李氏	平昌	1740	1984	8	0.033
57	李氏	咸安	1802	1985	6	0.033
58	崔氏	楊州	1769	1984	7	0.032
59	印氏	喬桐	1768	1984	7	0.032
60	安氏	順興	1546	1980	14	0.032
61	金氏	高靈	1726	1974	8	0.032
62	安氏	耽津	1732	1980	8	0.032
63	裵氏	盆城	1764	1981	7	0.032
64	鄭氏	奉化	1765	1982	7	0.032
65	鄭氏	晉陽	1767	1984	7	0.032
66	魯氏	咸平	1781	1939	5	0.031
67	崔氏	隋城	1722	1977	8	0.031
68	李氏	洪州	1720	1976	8	0.031
69	趙氏	平壤	1723	1979	8	0.031
70	金氏	海豊	1791	1983	6	0.031
71	李氏	咸平	1633	1988	11	0.031
72	韓氏	谷山	1751	1977	7	0.031
73	朴氏	密城	1620	1980	11	0.031
74	張氏	德水	1808	1974	5	0.030
75	兪氏	昌原	1726	1959	7	0.030
76	方氏	溫陽	1781	1981	6	0.030
77	諸氏	漆原	1820	1987	5	0.030

78	金氏	延安	1719	1987	8	0.030
79	吳氏	同福	1712	1980	8	0.030
80	朴氏	寧海	1786	1987	6	0.030
81	玄氏	延州	1747	1982	7	0.030
82	李氏	德水	1712	1981	8	0.030
83	金氏	淸道	1747	1984	7	0.029
84	邢氏	晉州	1706	1979	8	0.029
85	張氏	順天	1805	1976	5	0.029
86	崔氏	通川	1775	1981	6	0.029
87	徐氏	達城	1702	1977	8	0.029
88	鄭氏	錦城	1740	1981	7	0.029
89	金氏	原州	1808	1981	5	0.029
90	黃氏	長水	1727	1971	7	0.029
91	李氏	永川	1746	1957	6	0.028
92	朴氏	義興	1810	1986	5	0.028
93	李氏	加平	1771	1983	6	0.028
94	李氏	長水	1771	1984	6	0.028
95	田氏	潭陽	1700	1985	8	0.028
96	李氏	仁川	1694	1982	8	0.028
97	金氏	瑞興	1731	1984	7	0.028
98	崔氏	海州	1744	1961	6	0.028
99	林氏	羅州	1740	1958	6	0.027
100	殷氏	幸州	1724	1979	7	0.027
101	兪氏	務安	1804	1988	5	0.027
102	金氏	善山	1690	1986	8	0.027
103	趙氏	淳昌	1802	1988	5	0.027
104	朴氏	咸陽	1678	1939	7	0.027
105	林氏	平澤	1764	1988	6	0.027
106	金氏	楊州	1799	1987	5	0.027
107	崔氏	江華	1641	1981	9	0.026
108	朴氏	竹山	1771	1960	5	0.026
109	金氏	通川	1761	1988	6	0.026
110	陸氏	沃川	1722	1987	7	0.026
111	鄭氏	瑞山	1749	1977	6	0.026
112	沈氏	三陟	1716	1985	7	0.026
113	金氏	遂安	1755	1986	6	0.026
114	池氏	忠州	1621	1969	9	0.026
115	朴氏	順天	1670	1982	8	0.026
116	尹氏	南原	1706	1979	7	0.026
117	林氏	扶安	1760	1955	5	0.026

118	丁氏	靈城	1761	1956	5	0.026
119	李氏	牙山	1710	1984	7	0.026
120	都氏	星州	1752	1987	6	0.025
121	皇甫氏	永川	1759	1955	5	0.025
122	黃氏	昌原	1703	1978	7	0.025
123	朴氏	蔚山	1672	1987	8	0.025
124	奇氏	幸州	1664	1982	8	0.025
125	蔡氏	平康	1661	1981	8	0.025
126	金氏	光山	1677	1957	7	0.025
127	朴氏	高靈	1707	1987	7	0.025
128	盧氏	交河	1739	1979	6	0.025
129	鄭氏	光州	1736	1977	6	0.025
130	鄭氏	延日	1575	1981	10	0.025
131	琴氏	奉化	1739	1983	6	0.025
132	南宮氏	咸悅	1691	1976	7	0.025
133	明氏	西蜀	1701	1986	7	0.025
134	南氏	英陽	1693	1979	7	0.024
135	崔氏	慶州	1734	1981	6	0.024
136	沈氏	青松	1545	1958	10	0.024
137	梁氏	南原	1482	1979	12	0.024
138	秦氏	豊基	1646	1978	8	0.024
139	鄭氏	海州	1694	1985	7	0.024
140	崔氏	朔寧	1648	1981	8	0.024
141	李氏	固城	1726	1976	6	0.024
142	鞠氏	潭陽	1723	1974	6	0.024
143	愼氏	居昌	1737	1988	6	0.024
144	房氏	南陽	1649	1984	8	0.024
145	金氏	錦山	1770	1980	5	0.024
146	董氏	廣川	1600	1986	9	0.023
147	金氏	樂安	1556	1986	10	0.023
148	陳氏	驪陽	1709	1967	6	0.023
149	吳氏	長興	1764	1979	5	0.023
150	具氏	昌原	1762	1981	5	0.023
151	宋氏	新平	1721	1985	6	0.023
152	蘇氏	晉州	1670	1981	7	0.022
153	慶氏	清州	1670	1983	7	0.022
154	康氏	信川	1710	1979	6	0.022
155	金氏	道康	1609	1972	8	0.022
156	張氏	興城	1750	1977	5	0.022
157	尹氏	漆原	1616	1980	8	0.022

158	蔡氏	仁川	1749	1977	5	0.022
159	兪氏	杞溪	1645	1965	7	0.022
160	崔氏	全州	1567	1981	9	0.022
161	李氏	遂安	1681	1958	6	0.022
162	嚴氏	寧越	1748	1979	5	0.022
163	李氏	寧海	1751	1982	5	0.022
164	楊氏	淸州	1570	1987	9	0.022
165	卜氏	沔川	1705	1985	6	0.021
166	呂氏	咸陽	1704	1985	6	0.021
167	李氏	新平	1650	1978	7	0.021
168	兪氏	仁同	1750	1985	5	0.021
169	羅氏	錦城	1562	1988	9	0.021
170	李氏	碧珍	1628	1961	7	0.021
171	尹氏	坡平	1539	1920	8	0.021
172	李氏	富平	1690	1976	6	0.021
173	奉氏	河陰	1493	1974	10	0.021
174	金氏	淸風	1637	1975	7	0.021
175	申氏	平山	1636	1976	7	0.021
176	李氏	安岳	1691	1985	6	0.020
177	金氏	商山	1625	1970	7	0.020
178	趙氏	豊壤	1731	1978	5	0.020
179	周氏	草溪	1579	1977	8	0.020
180	黃氏	懷德	1678	1977	6	0.020
181	李氏	陽城	1483	1984	10	0.020
182	丁氏	羅州	1660	1961	6	0.020
183	李氏	龍仁	1732	1983	5	0.020
184	閔氏	驪興	1417	1973	11	0.020
185	韓氏	淸州	1617	1924	6	0.020
186	趙氏	楊州	1721	1980	5	0.019
187	鄭氏	草溪	1703	1963	5	0.019
188	孟氏	新昌	1675	1988	6	0.019
189	郭氏	善山	1662	1979	6	0.019
190	趙氏	橫城	1606	1979	7	0.019
191	龍氏	洪川	1709	1976	5	0.019
192	朴氏	珍原	1657	1981	6	0.019
193	李氏	興陽	1600	1979	7	0.018
194	趙氏	漢陽	1524	1959	8	0.018
195	鄭氏	河東	1689	1962	5	0.018
196	洪氏	豊山	1709	1985	5	0.018
197	睦氏	泗川	1709	1988	5	0.018

198	金氏	江陵	1565	1957	7	0.018
199	魚氏	咸從	1581	1973	7	0.018
200	金氏	順天	1704	1984	5	0.018
201	李氏	韓山	1636	1977	6	0.018
202	申氏	高靈	1578	1976	7	0.018
203	邕氏	玉川	1629	1977	6	0.017
204	金氏	海南	1692	1983	5	0.017
205	孫氏	平海	1632	1984	6	0.017
206	具氏	綾城	1575	1986	7	0.017
207	鄭氏	靑山	1569	1982	7	0.017
208	金氏	慶州	1685	1984	5	0.017
209	權氏	安東	1476	1961	8	0.017
210	徐氏	扶餘	1683	1986	5	0.016
211	禹氏	丹陽	1600	1966	6	0.016
212	曺氏	昌寧	1606	1911	5	0.016
213	尹氏	海平	1676	1983	5	0.016
214	李氏	廣州	1613	1987	6	0.016
215	盧氏	豊川	1536	1976	7	0.016
216	趙氏	咸安	1664	1979	5	0.016
217	卓氏	光山	1600	1980	6	0.016
218	宋氏	鎭川	1541	1988	7	0.016
219	李氏	星州	1464	1975	8	0.016
220	李氏	載寧	1636	1956	5	0.016
221	太氏	永順	1624	1959	5	0.015
222	洪氏	南陽	1576	1980	6	0.015
223	朴氏	忠州	1474	1880	6	0.015
224	邊氏	原州	1435	1986	8	0.015
225	金氏	海平	1634	1981	5	0.014
226	金氏	金寧	1624	1977	5	0.014
227	孫氏	一直	1612	1978	5	0.014
228	宋氏	冶城	1608	1976	5	0.014
229	朴氏	陰城	1577	1983	5	0.012
230	吳氏	海州	1401	1981	7	0.012
231	成氏	昌寧	1493	1974	5	0.010
232	崔氏	興海	1458	1969	5	0.010
233	辛氏	靈山	1427	1979	5	0.010

[부록 4] 10회 이상 족보를 편찬한 가문 순위

성씨	본관	발간차수	발간연도	성씨	본관	발간차수	발간연도
李氏	驪州	21	1984	梁氏	南原	12	1979
李氏	原州	21	1986	李氏	慶州	12	1988
河氏	晉陽	21	1984	李氏	安城	12	1984
元氏	原州	20	1988	姜氏	晉州	11	1972
高氏	長興	19	1974	閔氏	驪興	11	1973
金氏	靈光	19	1979	朴氏	密城	11	1980
張氏	仁同	19	1985	李氏	咸平	11	1988
李氏	全義	18	1978	鄭氏	慶州	11	1979
劉氏	江陵	17	1957	金氏	樂安	10	1986
文氏	南平	16	1988	金氏	晉州	10	1982
李氏	丹陽	15	1983	金氏	淸州	10	1978
金氏	安東	14	1984	奉氏	河陰	10	1974
卞氏	草溪	14	1987	沈氏	青松	10	1958
安氏	順興	14	1980	李氏	陽城	10	1984
李氏	星山	14	1979	林氏	醴泉	10	1984
金氏	永川	13	1977	鄭氏	迎日	10	1981
申氏	鵝洲	13	1986	趙氏	白川	10	1978
徐氏	利川	12	1957	趙氏	玉川	10	1968
安氏	竹山	12	1976				

* 순위는 연간 발간 빈도수 순임.

* 종간년도는 1988년을 기준으로 한 것임.

참고문헌

Ⅰ. 史料

『三國史記』 『三國遺事』 『高麗史』
『高麗史節要』 『朝鮮王朝實錄』 『新增東國輿地勝覽』
『增補文獻備考』 『擇里志』 『世宗實錄地理志』
『大典會通』 『燃藜室記述』 『牧民心書』
『星湖先生文集』 『迂書』 『梅泉野錄』
『葵史』 『史記』 『通志』
『司馬榜目』 『春秋左傳』 『國語』
『唐律疏議』 『元典章』 『文獻通考』
『明律集解』 『日知錄』 『大淸新法律』
『姓氏錄』 『隋書』 『舊唐書』
『新唐書』 『漢書』 『宋史』
『歐陽文忠公集外集』 『歐陽文忠公文集』 『歐陽氏譜圖序』
『歐陽氏譜圖』 『嘉祐集』 『蘇氏譜圖』
『蘇氏族譜亭記』

Ⅱ. 연구논저

1. 단행본

金斗憲, 『朝鮮族譜の硏究』, 1937.
金斗憲, 『朝鮮家族制度硏究』, 서울대출판부, 1980.
金龍善, 『高麗墓誌名集成』, 한림대 아시아문화연구소, 1997.
金渭顯 등, 『遼金史硏究』, 裕豊出版社, 1985.

金渭顯,『韓民族과 北方民族과의 關係史研究』, 韓國精神文化研究院, 1995.
朴玉杰,『高麗時代의 歸化人 研究』, 國學資料院, 1996.
柳承宙,『朝鮮後期 社會經濟史 研究入門』, 민족문화사, 1991.
柳承宙,『朝鮮後期 中國과의 貿易史』, 경인문화사, 2002.
윤창현,『朝鮮氏族統譜』, 대창서원, 1924.
李光奎,『韓國家族의 史的研究』, 일지사, 1997.
李範稷,『韓國 中世 禮思想 研究』, 一潮閣, 1991.
李成武,『朝鮮兩班社會研究』, 一潮閣, 1995.
李樹健,『韓國中世社會史研究』, 一潮閣, 1984.
李樹健,『韓國의 姓氏와 族譜』, 서울대 출판부, 2003.
李弘斗,『朝鮮時代 身分變動 研究』, 도서출판 혜안, 1999.
李勛相,『朝鮮後期의 鄕吏』, 一潮閣, 1990.
全海宗,『韓中關係史研究』, 一潮閣, 1974.
鄭炳浣,『韓國族譜舊譜序集』, 한국방송통신대학, 1986.
鄭成一,『朝鮮後期對日貿易』, 신서원, 2000.
崔在錫,『韓國家族制度史』, 일지사, 1983.
何柄棣, 曺永祿 外編,『中國科擧制度의 社會史的 研究』, 東國大學校出版部, 1987.
何柄棣, 정철웅 옮김,『中國의 인구』, 책세상, 1994.
Maurice Freedman, 金光億 譯,『東南部 中國의 宗族組織』, 一潮閣, 1996.
Mark A. Peterson, 金惠貞 옮김,『儒教社會의 創出』, 一潮閣, 2000.
『단성호적대장연구』, 성균관대학교 대동문화연구원, 대동문화총서, 2003.

歐陽宗書,『宗譜家譜』, 北京 : 新華出版社, 1992.
羅香林,『中國族譜研究』, 中國學社, 1971.
來新夏·徐建華,『中國的年譜與家譜』, 臺北 : 臺灣商務印刷館, 1994.
常建華,『宗族志』, 中華文化通志, 上海人民出版社,
徐俊元·張占軍·石玉新,『中國人的姓氏』, 홍콩 : 南奧出版社, 1987.
李宗侗,『中國古代社會史』, 臺北 : 華岡出版, 1977.
陳捷先,『譜系與宗親組織』 1, 臺北 : 中國地方文獻學會, 1985.
多賀秋五郎,『宗譜の研究』 資料篇, 東洋文庫, 1981.
多賀秋五郎,『中國宗譜の研究』 上·下, 東京 : 日本學術振興會, 1981.
大山彦一,『中國人の家族制度の研究』.
藤田亮策,『朝鮮の姓名氏族に關する研究』, 朝鮮總督府中樞院, 1934.
牧野巽,『近世中國宗族研究』(『牧野巽著作集』), 御茶の水書房, 1980.

善生永助, 『朝鮮の姓』, 朝鮮總督府, 民俗苑, 1934.
善生永助, 『朝鮮の聚落』 後篇, 朝鮮總督府, 1935.
滋賀秀三, 『中國家族法の原理』, 東京 : 創文社, 1967.
田代和生, 『近代日朝通交貿易の研究』, 創文社, 1981.
佐伯有淸, 『新撰姓氏錄の研究』, 東京 : 吉川弘文館, 1982.

2. 연구논문

權寧大, 「成化譜攷」, 『學術院論文集』, 人文社會科學編 20, 1981.
金光洙, 「高句麗 建國期의 姓氏賜與」, 『金哲埈華甲紀念韓國史論叢』, 1983.
金光億, 「中國의 親族制度와 宗族組織」, 『韓國親族制度研究』, 歷史學會編, 一潮閣, 1992.
金九鎭, 「明代女眞社會와 姓氏變化」, 『中國學論叢』, 중국학논총간행위원회, 1983. 6.
金九鎭, 「朝鮮前期 韓·中關係史의 試論－朝鮮과 明의 使行과 그 性格」, 『弘益史學』 4, 弘益大學校, 1990.
金九鎭, 「朝鮮初期에 韓民族으로 동화된 土着女眞」, 『白山學報』 58, 2001.
金東洙, 「世宗實錄地理志 姓氏條의 檢討」, 『東亞研究』 6, 서강대 동아연구소, 1985.
김명진, 「韓國姓氏의 由來」, 『국립중앙도서관』, 1974.1.
金世漢, 「姓氏 및 族譜에 대한 概說」, 『안동대학학보』 29, 1983.5.
金龍善, 「高麗時代의 家系記錄과 "族譜"」, 『李基白先生 古稀紀念 韓國史學論叢』 (上)－古代篇·고려시대편, 간행위원회, 1994.10.
金龍善, 「族譜以前의 家系記錄」, 『韓國史 市民講座』 24, 1999.2.
金渭顯, 「高麗對宋遼金投歸的收容策」, 『中韓關係史國際研討會論文集』, 중국한국학연구회, 1983.
金渭顯, 「麗元間의 人的交流考」, 『關東史學』 5·6合輯, 관동대학교, 1994.
金渭顯, 「中國歷代帝王의 出生說話의 可信性問題」, 『人文科學論叢』 13, 명지대학교, 1995.
盧明鎬, 「高麗의 五服親과 親族關係法制」, 『韓國史研究』 33, 1981.
盧明鎬, 「高麗時代 戶籍 記載樣式의 성립과 그 사회적 의미」, 『震檀學報』 79, 1995.
盧明鎬, 「韓國史研究와 族譜」, 『韓國史 市民講座』 24, 1999.2.
朴元熇, 「明淸時代 徽州商人과 宗族組織－歙縣의 柳山 方氏를 中心으로－」, 『明淸史研究』 9, 1998.

朴元熇, 「明·淸時代의 中國 族譜－<方氏會宗統譜>의 예를 통하여」, 『韓國史 市民講座』 24, 一潮閣, 1999.
裵在弘, 「朝鮮後期 庶孼의 許通과 身分地位의 變化」, 경북대 박사학위 논문, 1994.
白承鍾, 「僞造族譜의 流行」, 『韓國史 市民講座』 24－특집 족보가 말하는 한국사, 一潮閣, 1992.2.
孫鉉暻, 「高麗時代의 姓氏와 養子制度」, 『法學硏究』 36-1, 1996.
宋俊浩, 「韓國에 있어서의 家系記錄의 歷史와 그 解釋」, 『歷史學報』 87, 1980.
宋俊浩, 「韓國氏族制에 있어서의 本貫과 始祖의 問題」, 『歷史學報』 109, 1986.
宋俊浩, 「族譜를 통해서 본 韓·中 兩國의 傳統社會」, 『斗溪 李丙燾博士 九旬紀念韓國史學論叢』, 지식산업사, 1987.9.
申明鎬, 「朝鮮傳記 王室整備와 族譜編纂－璿源錄類와 敦寧譜牒을 중심으로－」, 『경기사학』 제2호, 경기사학회, 1998.
宋贊植, 「族譜의 刊行」, 『韓國史 市民講座』 24, 1999.2.
宋贊植, 「族譜」, 『韓國의 社會』, 시사영어사, 1982.
심승구, 「朝鮮初期 野史編纂과 史學史的意味」, 『朝鮮時代의 社會와 思想』, 조선사회연구회, 1998.
심승구, 「朝鮮初期 族譜의 刊行形態에 關한 硏究」, 『國史學論叢』 89, 국사편찬위원회, 2000.3.
柳承宙, 「朝鮮後期 對淸貿易의 展開過程」, 『韓國史論文選集』, 역사학회편, 1976.
柳承宙, 「朝鮮後期 朝淸貿易考」, 『國史學論叢』 30, 국사편찬위원회, 1991.
尹秉俊, 「韓國氏族行列攷」, 『回想社』, 1981.
李建千, 「우리나라 族譜에 關하여」, 『청람어교육』 14, 1995.
李基白, 「新羅六頭品硏究」, 『新羅政治社會史硏究』, 一潮閣, 1974.
李基白, 「金大問과 金長淸」, 『韓國史 市民講座』 1, 一潮閣, 1987.
李基白, 「族譜와 現代社會」, 『韓國史 市民講座』 24－족보가 말하는 한국사, 一潮閣, 1999.2.
李基淳, 「鳳山李氏 族譜를 통해 본 朝鮮時代의 가족규모」, 『弘益史學』 6, 1996.2.
李基淳, 「朝鮮後期 泗川睦氏의 家族規模」, 『民族文化』 19, 민족문화추진위원회, 1996.
李基淳, 「朝鮮後期 高靈申氏의 가족규모」, 『白山學報』 58, 2001.3.
李基淳, 「朝鮮後期 高靈申氏의 혼인 출산과 수명」, 『한국사학보』 10집, 高麗史學會, 2001.3.
李基淳, 「17세기 인물 연구의 동향과 과제」, 『한국인물사연구』 3, 2005.
李基淳, 「朝鮮後期 사족의 출생과 사망」, 『사총』 60, 역사학연구회, 2005.

李範稷,「유교사상의 전래와 정립에 관한 연구」,『한국사론』28, 국사편찬위원회, 1998.
李範稷,「포은과 주자가례」,『인문과학논총』30, 건국대학교 인문과학연구소, 1998.
李樹健,「後三國時代 支配勢力의 姓貫分析」,『대구사학』10, 1976.
李樹健,「高麗前期 土姓研究」,『大邱史學』14, 1978.
李樹健,「韓國 姓氏의 由來와 種類 및 特徵」,『새국어생활』1, 국립국어연구원, 1991.3.
李樹健,「朝鮮前期 姓貫體制와 族譜의 編纂體制」,『水邨朴永錫教授華甲紀念韓國史學論叢』上, 1992.
李樹健,「麗末鮮初 土姓吏族의 成長과 分化－안동권씨를 중심으로－」,『이기백선생고희기념한국사학논총』上, 1994.
李樹健,「朝鮮後期 姓貫意識과 編纂體制의 變化」,『九谷黃鍾東教授停年紀念史學論叢』, 한국학술정보원, 1994.
李樹健,「族譜와 兩班意識」,『韓國史 市民講座』24, 一潮閣, 1999.2.
李純根,「新羅時代 姓氏取得과 그 意味」,『韓國史論』6, 서울대학교 인문대 국사학과, 1980.
李榮薰,「한국 경제사 시대구분 시론－호의 역사적 발전의 관점에서－」,『한국사의 시대구분에 관한 연구』, 한국정신문화연구원, 1995.
李榮薰,「18~19세기 奴婢世襲原理의 변화－江原道 原州牧 權氏 兩班家의 事例研究」,『李樹健教授停年紀念 韓國中世史論叢』, 論叢刊行委員會, 2000.
李榮薰,「朝鮮後期 이래 小農社會의 展開와 意義」,『歷史와 現實』45, 역사비평사, 2002.
李榮薰,「18~19세기 小農社會와 實學－실학재평가」,『한국실학연구』4, 한국실학학회, 2002.
李鍾書,「羅末麗初 姓氏使用의 擴大와 背景」,『韓國史論』37, 서울대 인문대학 국사학과, 1993.6.
李鍾日,「朝鮮後期의 嫡庶身分變動에 대하여」,『韓國史研究』65, 1989.6.
李鍾日,「中國에서 東來歸化한 사람의 姓氏와 그 子孫의 身分地位」,『소헌남도영박사 고희기념 역사학논총』, 1993.
李鍾日,「18·19세기 韓中 族譜上의 嫡庶表示와 身分史的 意義」,『東國史學』37, 2002.
李泰鎭,「15세기 후반기의 '거족'과 명족의식」,『韓國史論』3, 1976.
李泰鎭,「士林과 書院」,『韓國史』12, 국사편찬위원회, 1978.12.
李鉉淙,「外國人의 歸化」,『서울육백년사』1, 서울시사편찬위원회, 1977.

李羲權,「『世宗實錄』地理志의 姓氏條 硏究」,『歷史學報』149, 歷史學會編, 1996.3.
全海宗,「歸化에 대한 小考」,『白山學報』4, 1972.
鄭炳浣,「우리나라 外來姓氏의 舊譜序 比較, 시조고」,『논문집』13, 한국방송통신대학, 1991.12.
정재훈,「海州吳氏族圖考」,『東亞硏究』17, 1989.
車長燮,「朝鮮時代 族譜의 編纂과 意義－강릉김씨 족보를 중심으로－」,『조선시대사학보』2, 조선시대 사학회, 1997.6.
車長燮,「朝鮮時代 族譜의 한 類型－삼척김씨 족보를 중심으로－」,『대구사학』67, 대구사학회, 2002.
車長燮,「中國 族譜의 槪念과 硏究動向」,『慶北史學』25, 경북사학회, 2002.
崔夢龍,「李朝墓誌數例」,『考古美術』129·130 合倂號, 1976.
崔在錫,「同族集團 組織體의 形成에 關한 考察－溫陽方氏와 大邱徐氏를 중심으로」,『大同文化硏究』5, 1968.
崔在錫,「日帝下의 族譜와 同族集團」,『亞細亞硏究』12-4, 아세아문제연구소, 1969.
崔在錫,「朝鮮時代의 相續制에 關한 硏究」,『歷史學報』53·54 合倂號, 1972.
崔在錫,「高麗後期 家族의 類型과 構成」,『韓國學報』3, 1976.
崔在錫,「同族部落」,『韓國史』13, 國史編纂委員會, 1978.
崔在錫,「朝鮮時代의 族譜와 同族意識」,『歷史學報』81, 1979.
崔在錫,「族譜에 있어서의 派의 形成」,『民族文化』7, 민족문화추진위원회, 1981.12.
崔在錫,「朝鮮時代의 親族組織」,『歷史學報』94·95합집, 1982.
崔在錫,「社會史에서의 女·女婿·外孫의 社會的 地位의 變化」,『學術院論文集』24, 人文·社會科學篇, 1985.8.
崔在錫,「『新撰姓氏錄』批判」,『大邱史學』38, 대구사학회, 1989.
崔在錫,「朝鮮時代의 家族·親族制」,『韓國의 社會와 文化』16, 한국정신문화연구원, 1991.
黃雲龍,「高麗賤流顯官考」,『釜山史學』4, 1980.
黃雲龍,「韓國族譜硏究序說」,『石堂論叢』10, 동아대학교부설석당전통문화연구원, 1985.6.
黃雲龍,「歸化姓氏始祖東來說」,『부산여대사학』10·11합집, 부산여대사학회, 1993.12.
黃雲龍,「韓國 歸化姓氏와 土着姓氏의 比較」,『지둔김갑주교수화갑기념사학논총』, 논총간행위원회, 1994.12.
黃元九,「兩班社會의 變化」,『韓國史』13, 국사편찬위원회, 1978.
黃義敦,「朝鮮姓氏의 起源과 發達」,『韓國學硏究叢書』1, 成進文化社, 1971.

洪順敏,「朝鮮後期 王室의 構成과 璿源錄－1681년(肅宗 7)『璿源系譜紀略』의 편찬을 중심으로－」,『韓國文化』 11, 1990.

阮昌銳,「中國族譜的社會功能」,『譜系與宗親組織』 1, 中國地方文獻學會, 1985.
張澤成,「譜牒與門閥士族」(南開大學歷史系編),『中國史論集』, 天津古籍出版社, 1994.
程榕寧,「萬幹一本·萬派一源」,『譜系與宗親組織』 1, 中國地方文獻學會, 1985.
周一良,「魏晉南北朝史學發展的特點」,『魏晉南北朝史論集續編』, 北京大學出版社, 1991.
常建華,「中國族譜收藏與硏究概況簡說」,『譜牒學硏究』 1, 1989.
常建華,「80年代後期以來的中國族譜硏究」,『中國譜牒硏究』, 1999.
盛清沂,「家譜製作方法簡例」,『譜系與宗親組織』 1, 中國地方文獻學會, 1985.
盛清沂,「族譜的界說和名稱」,『譜系與宗親組織』 1, 中國地方文獻學會, 1985.
衛聚賢,「姓氏的起源」,『譜系與宗親組織』 1冊, 臺北：中華民國宗親譜系與宗親組織, 1985.
張志清,「北京圖書館藏中國家譜綜述」,『譜牒學硏究』 3, 1992.
陳捷先,「中國的族譜」,『譜系與宗親組織』 1, 中國地方文獻學會, 1985.
陳捷先,「族譜資料與韓國關係硏究」,『韓國學報』 6, 臺北：中華國民韓國硏究學會, 1986.12.
陳捷先,「從中國族譜學的發展看宋代文化的特質」,『中國學報』, 1987.
陳捷先,「臺灣地區近年族譜的修纂與硏究」,『譜牒學硏究』 1, 1989.
陳捷先,「中韓族譜比較硏究」,『中日韓文化關係演討會』, 臺北：中央硏究院.
壽春山人,「朝鮮姓氏淵源考」,『民族文化論叢』 1·2, 1981.
松原孝俊,「朝鮮の族譜と始祖傳承」,『史淵』, 九州大學 文學部.
藤田亮策,「李子淵と其の家系」(上·下),『青丘學叢』 13·14, 1933.
坂元眞一, 「"明治民法"の姓氏制度と"創氏改名"(朝鮮)·"改姓名"(臺灣)の比較分析」,『法史學硏究』 22, 2000.10.
嗚陸奥彦,「大邱戶籍にみゐ朝鮮後期の家族構造の變化」,『朝鮮學報』 144, 1992.
宮嶋博史,「東アジア小農社會論と思想史硏究」,『韓國實學硏究』 5, 2002.
Beattie, Hilary J., *Land and Lineage in China：A Study of T'ung Ch'eng County, Anwhei in the Ming and Ch'ing Dynasties*, Cambridge：Cambridge University Press, 1979.
Bohannan, L. "*A Genealogical Charter*", *Africa*, vol. xxii, no. 4, October, 1952.
EDWARD W. WAGNER,「1476년 安東權氏成化譜와 1565년 文化柳氏族譜－그

성격과 의미에 대한 고찰－」, 『石堂論叢』 15, 1989.

Freedman, M. H., *Chinese Family and Marriage in Singapore*, London, 1957.

Hu, Hsien Chin, *The Common Descent Group in China and Its Functions*, New York : Viking Fund Publications in Anthropology, no.10, 1948.

Johnson, David G., "The Last Years of a Great Clan : *The Li Family of Chao Chun in Late T'ang and Early Sung*", *Harvard Journal of Asiatic Studies* 37 : 5-102, 1977a J.

M. Deuchler, *The Confucian Transformation of Korea－A study and Ideology*, Harvard University Press, 1992.

Mc Dermott, Joseph P., "*Bondservants in the T'ai-hu Bassin during the Last Ming : A Case of Mistaken Identities*", *Journal of Asian Studies* 40 : 675-701, 1981.

Watson, James L., "*Chinese Kinship Reconsidered : AnthopologicalPerspecti-ves on Historical Research*", *China Quarterly* 92 : 595 982a.

Wolf, Arthur P. and Huang Chieh-shan, *Marriage and Adoption in China, 1845～1945*, Stanford University Press, 1980.